∷ 中華文化促進會主持編纂

∷ 國家"十一五"重點圖書出版規劃項目

∷ 中國社會科學院哲學社會科學創新工程學術出版資助項目

出品人 王石 段先念

今注本二十四史

隋書

唐 魏徵等 撰

馬俊民 張玉興 主持校注

中國社會科學出版社

一三 傳〔四〕

隋書　卷五五

列傳第二十

杜彥

　　杜彥，雲中人也。[1]父遷，[2]屬葛榮之亂，[3]徙家於幽。[4]彥性勇果，善騎射。仕周，[5]釋褐左侍上士，[6]後從柱國陸通擊陳將吳明徹於土州，[7]破之。又擊叛蠻，[8]刳倉搥、白楊二栅，[9]并斬其渠帥。[10]進平郢州賊帥樊志，[11]以戰功，拜大都督。[12]尋遷儀同，[13]治隆山郡事。[14]明年，拜隴州刺史，[15]賜爵永安縣伯。[16]高祖爲丞相，[17]從韋孝寬擊尉迥於相州，[18]每戰有功，賜物三千段，奴婢三十口。進位上開府，[19]改封襄武縣侯，[20]拜魏郡太守。[21]

　　[1]雲中：郡名。漢初治所在今内蒙古托克托縣東北，漢末移治今山西原平市西南。按，此處因言杜氏郡望，故沿用漢郡名，隋時無雲中郡。

　　[2]遷：人名。即杜遷。杜彥之父，北魏末年因避葛榮兵亂而

徙家於豳州。事亦見《北史》卷七三《杜彥傳》。

　　[3]葛榮：人名。北魏孝明帝和孝莊帝時期河北地區農民軍的
領袖，被北魏權臣尒朱榮所鎮壓。事見《魏書》卷九《孝明帝
紀》、卷一〇《孝莊帝紀》、卷七四《尒朱榮傳》，《北史》卷四
《魏孝明帝紀》、卷四八《尒朱榮傳》。

　　[4]豳：州名。北魏時治所在今甘肅寧縣。

　　[5]周：即北周（557—581），都於長安（今陝西西安市西北
郊）。

　　[6]釋褐：官制用語。亦稱解褐。即脫去平民衣服而換上官服，
喻指始任官職。　左侍上士：官名。北周時爲天官府左右宮伯曹的
屬官，與右侍上士對置，位居該曹左右中侍上士之下，同掌宮寢内
部禁衛之事。正三命。

　　[7]柱國：官名。全稱是柱國大將軍。北魏太武帝始置柱國，
以爲開國元勳長孫嵩的加官。北魏末孝莊帝以尒朱榮有擁立之功，
又特置此官以授之，位在丞相之上。西魏文帝以宇文泰有中興之
功，亦置此官授之。後凡屬功參佐命、望實俱重的大臣，也得居
之。至西魏大統十六年（550）以前，任此官者名義上有八人，但
宗室元欣有其名而無實權，宇文泰爲最高統帥，其他六柱國分掌禁
旅，各轄二大將軍，爲府兵系統的最高長官。大統十六年以後，功
臣位至柱國者愈多，遂成爲散秩，無所統御。至北周武帝時，又增
置上柱國等官，形成十一等勳官之制。柱國大將軍是十一等勳官的
第二等，可開府置官屬。正九命。　陸通：人名。北周武帝天和二
年（567）官任柱國、大司寇，部從襄州總管宇文直率軍伐陳，以
援救歸附北周的陳湘州刺史華皎，在土州擊破陳將吳明徹之軍，但
後因南陳援兵繼至，周軍戰敗而歸。傳見《周書》卷三二、《北
史》卷六九。　陳：即南朝陳（557—589），都於建康（今江蘇南
京市）。　吳明徹：人名。南朝陳將。陳廢帝光大元年（亦即北周
武帝天和二年），奉命領軍征討歸附北周的陳湘州刺史華皎，但在
土州遭到北周大將陸通的阻擊，後得陳將淳于量的援助，終於大敗

周軍，討平華皎。至陳宣帝太建十年（578）又率軍北伐呂梁，結果遭到北周大將王軌的圍攻而戰敗被俘，全軍覆沒。傳見《陳書》卷九、《南史》卷六六。　　土州：北周時治所在今湖北隨州市東北。

[8]蠻：古代對長江中游及其以南地區少數民族的泛稱。

[9]倉塠（duī）、白楊：皆爲北周時南方蠻族所屯聚的營寨名。其地當在今湖北隨州市境内。

[10]渠帥：古時對少數民族部落酋長或武裝反叛者首領的泛稱。

[11]郢州：西魏大統十七年置，北周沿之。治所在今湖北鍾祥市。　　樊志：人名。北周武帝時郢州蠻人酋帥，因叛周附陳，結果被杜彦率軍討滅。事亦見《册府元龜》卷三五六《將帥部·立功》。

[12]大都督：官名。北周時屬勳官。北周府兵制中每團的長官均加此勳官名。八命。

[13]儀同：官名。全稱是儀同三司，北周武帝建德四年（575）改稱儀同大將軍。北周時屬勳官。北周府兵制中儀同府的長官均加此勳官名，可開府置官屬。九命。

[14]治：官制用語。通“司”，即掌管某官之職事。此處“治隆山郡事”，即掌管隆山郡太守之職事。　　隆山郡：北周時治所在今四川彭山縣。

[15]隴州：西魏改東秦州置，北周沿之。治所在今陝西隴縣。

[16]永安縣伯：爵名。北周時爲十一等爵的第八等。正七命。

[17]高祖：隋文帝楊堅的廟號。紀見本書卷一、二，《北史》卷一一。　　丞相：官名。此是“左大丞相”或“大丞相”的簡稱。北周静帝大象二年（580）置左、右大丞相，以宗室親王宇文贊爲右大丞相，僅有虚名；而以外戚楊堅爲左大丞相，總攬朝政。旋又去左右之號，獨以楊堅爲大丞相。楊堅由此成爲控制北周朝廷的權臣。

[18]韋孝寬：人名。北周末年位居上柱國，官任行軍元帥，奉詔統軍略定淮南，又討滅相州總管尉遲迥之叛。傳見《周書》卷三

一、《北史》卷六四。　尉迥：人名。即尉遲迥。北周末年官任相州總管，起兵反對楊堅篡周，旋被討滅。傳見《周書》卷二一、《北史》卷六二。　相州：北魏天興四年（401）分冀州始置相州，治所在今河北臨漳縣西南。東魏、北齊時改稱司州，爲都城所在地。北周建德六年滅北齊後復名相州。北周大象二年平定相州總管尉遲迥之叛後，因州城被毀，遂移治今河南安陽市。

　　[19]上開府：官名。全稱是上開府儀同大將軍。北周武帝建德四年始置，爲北周十一等勳官的第五等，可開府置官屬。九命。

　　[20]襄武縣侯：爵名。北周時爲十一等爵的第七等。正八命。

　　[21]魏郡：北周大象二年始置。治所在今河南安陽市。

　　開皇初，[1]授丹州刺史，[2]進爵爲公。[3]後六歲，徵爲左武衛將軍。[4]平陳之役，以行軍總管與新義公韓擒相繼而進。[5]軍至南陵，[6]賊屯據江岸，彥遣儀同樊子蓋率精兵擊破其柵，[7]獲船六百餘艘。渡江，[8]擊南陵城，拔之，擒其守將許翼。[9]進至新林，[10]與擒合軍。及陳平，賜物五千段，粟六千石，進位柱國，[11]賜子寶安爵昌陽縣公。[12]高智慧等之作亂也，[13]復以行軍總管從楊素討之，[14]別解江州圍。[15]智慧餘黨往往屯聚，保投溪洞，[16]彥水陸兼進，攻錦山、陽父、若、石壁四洞，[17]悉平之，皆斬其渠帥。賊李陁擁衆數千，[18]據彭山，[19]彥襲擊破之，斬陁，傳其首。又擊徐州、宜豐二洞，[20]悉平之。賜奴婢百餘口。拜洪州總管，[21]甚有治名。

　　[1]開皇：隋文帝楊堅年號（581—600）。

　　[2]丹州：西魏改汾州置，北周、隋初沿之。治所在今陝西宜川縣東北。

〔3〕公：爵名。此當是襄武縣公的省稱。爲隋九等爵的第五等。從一品。

〔4〕左武衛將軍：官名。爲左武衛府的次官，置二員，協助長官左武衛大將軍掌領外軍宿衛侍從。從三品。

〔5〕行軍總管：北周至隋時所置的統領某部或某路出征軍隊的軍事長官。根據需要其上還可置行軍元帥以統轄全局。屬臨時差遣任命之職，事罷則廢。　新義公：爵名。全稱是新義郡公。爲隋九等爵的第四等。從一品。　韓擒：人名。即韓擒虎，唐人諱省“虎”字。傳見本書卷五二，《北史》卷六八有附傳。

〔6〕南陵：郡、縣名。南朝陳時治所在今安徽安慶市東南長江南岸。

〔7〕儀同：官名。全稱是儀同三司。隋文帝因改北周十一等勳官之制形成十一等散實官，用以酬勤勞，無實際職掌。儀同三司是隋十一等散實官的第八等，可開府置僚佐。正五品上。　樊子蓋：人名。傳見本書卷六三、《北史》卷七六。

〔8〕渡江：“渡”底本原作“度”，宋刻遞修本、殿本與底本同，今據庫本、中華本改。

〔9〕許翼：人名。南朝陳將。南陳末年領兵據守南陵郡，隋開皇九年伐陳時被杜彥率軍攻克其城，並擒獲之。事亦見《册府元龜》卷三五六《將帥部·立功》及卷三六九《將帥部·攻取》。

〔10〕新林：古水名。即新林浦。在今江蘇南京市西南郊，西北流向注入長江。

〔11〕柱國：官名。爲隋十一等散實官的第二等，可開府置僚屬。正二品。

〔12〕寶安：人名。即杜寶安。杜彥之子，隋開皇九年以其父平陳之功被賜爵爲昌陽縣公。事亦見《北史》卷七三《杜彥傳》。昌陽縣公：爵名。爲隋九等爵的第五等。從一品。

〔13〕高智慧：人名。隋時吳州會稽縣人，開皇十年聚衆叛亂，初號東揚州刺史，尋自稱天子，聲勢强勁，楊素率軍屢破之，遂入

海南逃至閩越之地；至開皇十二年被泉州酋帥王國慶俘獲，獻於楊素，斬之。事亦見本書卷二《高祖紀下》、卷三《煬帝紀上》、卷三八《皇甫績傳》、卷四八《楊素傳》、卷五三《史萬歲傳》、卷六〇《于仲文傳》、卷六四《來護兒傳》、卷六五《李景傳》、卷六六《陸知命傳》、卷七一《劉弘傳》、卷七四《崔弘度傳》，《北史》卷四一《楊素傳》、卷七八《張奫傳》、卷七九《段達傳》。

[14]楊素：人名。傳見本書卷四八，《北史》卷四一有附傳。

[15]江州：隋時有兩個江州：一是隋初沿襲北周所置的江州，治所在今湖北宜昌市西，開皇十八年改爲津州；二是開皇九年平陳後沿襲南朝舊置的江州，治所在今江西九江市，隋煬帝大業初改爲九江郡。文中所指當是第二個江州。

[16]溪洞：古代南方少數民族的聚居之地。

[17]錦山、陽父、若、石壁四洞：中華本校勘記按云：“此四洞洞名無考，暫時這樣標點。也不知洞名中是否有脫文。”今從中華本。

[18]李陁：人名。也作“李陀”。隋開皇十年至十二年隨從高智慧聚衆叛亂，領兵數千人據守彭山，結果被杜彥率軍擊破，並斬其首。事亦見《北史·杜彥傳》。

[19]彭山：在今浙江紹興市北。

[20]徐州、宜豐二洞：此二洞洞名無考。按，“宜豐”各本皆同，但《北史·杜彥傳》作“宜封”。

[21]洪州：隋開皇九年平陳後改豫章郡始置洪州，設總管府。治所在今江西南昌市。　總管：官名。全稱是總管刺史加使持節。北周始置諸州總管，隋初承繼，又有增置。總管的統轄範圍可達數州至十餘州，實爲一軍政轄區的最高長官。隋文帝在并、益、荆、揚四州置大總管，其餘州置總管。總管分上、中、下三等，品秩分別爲流内視從二品、視正三品、視從三品。

歲餘，雲州總管賀婁子幹卒，[1]上悼惜者久之，因謂侍臣曰："榆林國之重鎮，[2]安得子幹之輩乎?"後數日，上曰："吾思可以鎮榆林者，莫過杜彥。"於是徵拜雲州總管。突厥來寇，[3]彥輒擒斬之，北夷畏憚，[4]胡馬不敢至塞。[5]後數年，朝廷復追錄前功，賜子寶虔爵承縣公。[6]十八年，遼東之役，[7]以行軍總管從漢王至營州。[8]上以彥曉習軍旅，令總統五十營事。及還，拜朔州總管。[9]突厥復寇雲州，上令楊素擊走之，是後猶恐爲邊患，以彥素爲突厥所憚，復拜雲州總管。未幾，以疾徵還，卒，時年六十。子寶虔，大業末，[10]文城郡丞。[11]

[1]雲州：隋文帝開皇五年改榆關總管府置爲雲州總管府。治所在今内蒙古托克托縣東北，開皇二十年移治今内蒙古和林格爾縣西北。　賀婁子幹：人名。傳見本書卷五三、《北史》卷七三。

[2]榆林：縣名。隋開皇六年置。治所在今内蒙古托克托縣西南。隋時在此屯駐重兵以禦突厥，置爲軍事重鎮，隸屬雲州總管府。

[3]突厥：古族名、國名。公元六世紀初興起於今阿爾泰山西南麓，552年在今鄂爾渾河流域建立突厥汗國，此後其勢力擴展至大漠南北，橫跨蒙古高原，隋開皇二年分裂爲東、西兩部。傳見本書卷八四、《周書》卷五○、《北史》卷九九、《舊唐書》卷一九四、《新唐書》卷二一五。

[4]北夷：古代對北方少數民族的泛稱。此指突厥。

[5]胡：古代對北方和西方少數民族的泛稱。此指突厥。

[6]寶虔：人名。即杜寶虔。隋文帝開皇中以父功被賜爵爲承縣公，隋煬帝大業末年官至文城郡丞。事亦見《北史》卷七三

《杜彥傳》。　承縣公：爵名。爲隋九等爵的第五等。從一品。

[7]遼東：地區名。泛指今遼河以東地區。隋時高麗國在遼東，故文中"遼東之役"即指征伐高麗之事。

[8]漢王：隋文帝第五子楊諒的封爵名，此代指楊諒其人。傳見本書卷四五、《北史》卷七一。　營州：治所在今遼寧朝陽市。

[9]朔州：隋初置總管府。治所在今山西朔州市。按，岑仲勉考校稱："此謂彥征遼東還始授朔州也，但徵諸《本紀二》，則未出師時已授朔州。"（岑仲勉：《隋書求是》，中華書局 2004 年版，第 100 頁）

[10]大業：隋煬帝楊廣年號（605—618）。

[11]文城：郡名。隋煬帝大業初改汾州置。治所在今山西吉縣。　郡丞：官名。隋初沿舊制各郡置郡丞，爲郡太守之副貳。京兆郡之丞爲從五品下，其餘上、中、下三等郡之丞分別爲從七品上、正八品上、從八品上。開皇三年廢郡，郡丞亦罷。隋煬帝大業三年復改州爲郡，併州長史、司馬之職，置贊治（唐人諱稱贊務）一人，爲郡太守之副貳，尋又改贊治稱爲郡丞。京兆、河南二郡之丞爲從四品，其餘上、中、下三等郡之丞分別爲正五品、從五品、正六品。

高勱

高勱字敬德，渤海蓚人也，[1]齊太尉、清河王岳之子也。[2]幼聰敏，美風儀，以仁孝聞，爲齊顯祖所愛。[3]年七歲，襲爵清河王。十四，爲青州刺史，[4]歷右衛將軍、領軍大將軍、祠部尚書、開府儀同三司，[5]改封樂安王。[6]性剛直，有才幹，甚爲時人所重。斛律明月雅敬之，[7]每有征伐，則引之爲副。遷侍中、尚書右僕射。[8]及後主爲周師所敗，[9]勘奉太后歸鄴。[10]時宦官放縱，儀同苟子溢尤稱寵幸，[11]勘將斬之以徇。太后救之，乃釋。劉文殊竊謂勘曰：[12]“子溢之徒，言成禍福，何得如此！”勘攘袂曰：“今者西寇日侵，[13]朝貴多叛，正由此輩弄權，致使衣冠解體。[14]若得今日殺之，明日受誅，無所恨也。”文殊甚愧。既至鄴，勘勸後主：“五品已上家累，[15]悉置三臺之上，[16]因脅之曰：‘若戰不捷，則燒之。’此輩惜妻子，[17]必當死戰，可敗也。”後主不從，遂棄鄴東遁。勘恒後殿，[18]爲周軍所得。武帝見之，[19]與語，大悅，因問齊亡所由。勘發言流涕，悲不自勝，帝亦爲之改容。授開府儀同三司。[20]

[1]渤海：郡名。治所在今山東陽信縣西南。　蓨：縣名。治所在今河北景縣。

[2]齊：即北齊（550—577），都於鄴（今河北臨漳縣西南鄴鎮東）。　太尉：官名。北齊時爲三公之首，可開府置僚屬，參議國家大事，實則無具體職掌，多用爲大臣加官。正一品。　清河王：爵名。全稱是清河郡王。北齊時爲十一等爵的第一等。正一品。　岳：人名。即高岳，高勘之父。出身北齊宗室，北齊文宣帝時官至太尉，爵封清河郡王。傳見《北齊書》卷一三、《北史》卷五一。

[3]齊顯祖：即北齊開國皇帝文宣帝高洋，廟號顯祖。紀見《北齊書》卷四、《北史》卷七。按，“顯”字底本原脫，宋刻遞修本、殿本、庫本與底本同，中華本據《北齊書》卷一三《高勘傳》補“顯”字，今從中華本補。

[4]青州：北齊時治所在今山東青州市。

[5]右衛將軍：官名。北齊時爲右衛府的長官，置一員，掌領

右廂禁軍宿衛侍從。正三品。按，"右衛將軍"各本皆同，但《北齊書·高勵傳》作"武衛將軍"。 領軍大將軍：官名。北齊時爲領軍府的長官，置一員，掌禁衛宮掖，輿駕出入則督攝仗衛，統轄左右衛、領左右等府。正二品。 祠部尚書：官名。北齊時爲尚書省所轄六部之一祠部的長官，置一員，掌醫藥、喪葬、外交、地理、屯田及工程營造等政務，統祠部、主客、虞曹、屯田、起部五曹。正三品。 開府儀同三司：官名。北齊時屬散官，可開府置僚屬。從一品。

[6]樂安王：爵名。全稱是樂安郡王。北齊時爲十一等爵的第一等。正一品。按，"樂安王"各本皆同，《北齊書·高勵傳》亦同，但《北史》卷五一《高勵傳》作"安樂侯"，當誤。

[7]斛律明月：人名。即斛律光，字明月。東魏、北齊時期的功臣名將，常統軍征伐，戰功卓著，官至左丞相，北齊後主時以功高震主而被誅殺。《北齊書》卷一七、《北史》卷五四有附傳。

[8]侍中：官名。北齊時爲門下省的長官，置六員，掌獻納諫正，及司進御之事，統轄領左右、尚食、尚藥、主衣、齋帥、殿中六局，是宰相之職。正三品。 尚書右僕射：官名。北齊時爲尚書省的副長官，與尚書左僕射對置，各一員，輔助長官尚書令總理六部政務。但因尚書令不常置，僕射則成爲尚書省的實際長官，是宰相之職。從二品。

[9]後主：即北齊末代皇帝高緯。紀見《北齊書》卷八、《北史》卷八。

[10]太后：此指北齊後主時的皇太后胡氏。在位期間寵幸宦官佞臣，頗干朝政。傳見《北齊書》卷九、《北史》卷一四。 鄴：都城名。北齊時治所在今河北臨漳縣西南。

[11]儀同：官名。全稱是儀同三司。北齊時屬散官。正二品。苟子溢：人名。北齊後主時的佞幸宦官，甚得後主及胡太后之寵幸，官至儀同三司，頗恃寵干亂朝政。事亦見《北齊書·高勵傳》，《北史》卷五一《高勵傳》、卷九二《齊諸宦者傳》。

　　[12]劉文殊：人名。北齊後主時的外戚勳貴，位居庶姓王。事
亦見《北齊書·高勵傳》《北史·高勵傳》。

　　[13]西寇：此指北周。

　　[14]衣冠：古代對官僚、縉紳、士大夫的代稱。

　　[15]家累：即家屬、家眷。

　　[16]三臺：指三國時曹操在鄴城所建的銅雀臺、金虎臺、冰井
臺。北齊文宣帝時又在此三臺舊基上加以擴建，並改稱銅雀臺爲金
鳳臺，金虎臺爲聖應臺，冰井臺爲崇光臺。三臺故址在今河北臨漳
縣西南三臺村。

　　[17]此：底本、宋刻遞修本、庫本、中華本皆同，但殿本作
“北”，當訛。

　　[18]後殿：指行軍時居於尾部的部隊。

　　[19]武帝：即北周武帝宇文邕。紀見《周書》卷五、六，《北
史》卷一〇。

　　[20]開府儀同三司：官名。亦簡稱開府，北周武帝建德四年改
稱開府儀同大將軍。北周時屬勳官。北周府兵制中二十四軍的每軍
長官均加此勳官名，可開府置官屬。九命。按，文中所述事在北周
武帝建德四年改稱之後，故此處仍稱“開府儀同三司”則欠準確，
當作“開府儀同大將軍”。

　　高祖爲丞相，謂勵曰：“齊所以亡者，由任邪佞。
公父子忠良聞於鄰境，宜善自愛。”勵再拜謝曰：“勵，
亡齊末屬，[1]世荷恩榮，不能扶危定傾，以致淪覆。既
蒙獲宥，[2]恩幸已多，況復濫叨名位，[3]致速官謗。”[4]
高祖甚器之，以勵檢校揚州事。[5]後拜楚州刺史，[6]民安
之。先是，城北有伍子胥廟，[7]其俗敬鬼，祈禱者必以
牛酒，至破産業。勵歎曰：“子胥賢者，豈宜損百姓

乎？”乃告諭所部，自此遂止，百姓賴之。

[1]末屬：指血緣關係較疏遠的宗族支脈。

[2]獲宥：得到赦免寬宥。

[3]濫叨：即過分承受之意。常用作謙詞。

[4]官謗：指因居官不稱職而受到的責難和非議。

[5]檢校：官制用語。指尚未實授某官但已掌其職事，即代理、代辦之意。此處“檢校揚州事”，即代理揚州刺史之職事。　揚州：北周時治所在今安徽壽縣。

[6]楚州：隋開皇元年置。治所在今江蘇淮安市東南。

[7]伍子胥：人名。春秋時期吳國大夫。曾助吳王闔閭稱霸，又領兵攻破楚國以報父仇，吳王夫差時因反對許越求和而被賜劍自盡，後世民間多立祠廟祭奠之。傳見《史記》卷六六。

七年，轉光州刺史，[1]上取陳五策，又上表曰：“臣聞夷凶翦暴，王者之懋功，[2]取亂侮亡，[3]往賢之雅誥。[4]是以苗民逆命，[5]爰興兩階之舞，[6]有扈不賓，[7]終召六師之伐。[8]皆所以寧一宇内，[9]匡濟群生者也。自昔晉氏失馭，天網絕維，[10]群凶於焉蝟起，[11]三方因而鼎立。[12]陳氏乘其際運，拔起細微，[13]蒨、項縱其長蛇，[14]竊據吳會，[15]叔寶肆其昏虐，[16]毒被金陵。[17]數年已來，荒悖滋甚。牝鷄司旦，[18]昵近姦回，[19]尚方役徒，[20]積骸千數，疆場防守，[21]長戍三年。或微行暴露，[22]沉湎王侯之宅，或奔馳駿騎，顛墜康衢之首。[23]有功不賞，無辜獲戮，烽燧日警，[24]未以爲虞，耽淫靡嫚，[25]不知紀極。[26]天厭亂德，妖實人興，或空裏時有犬聲，[27]或行路共傳鬼怪，或刳人肝以祠天狗，[28]或自捨身以厭妖訛。[29]民神怨憤，災異荐發，[30]天時人事，昭然可知。臣以庸才，猥蒙朝寄，頻歷藩任，[31]與其鄰接，密邇仇讎，[32]知其動静，天討有罪，此即其時。若戎車雷動，戈船電邁，臣雖駑怯，請效鷹犬。"[33]高祖覽表嘉之，答以優詔。及大舉伐陳，以勘爲行軍總管，從宜陽公王世積下陳江州。[34]以功拜上開府，[35]賜物三千段。

[1]光州：治所在今河南光山縣。

[2]懋功：即大功。

[3]取亂侮亡：古代國家自視正義的一種對外策略。意謂奪取政治荒亂的國家，侵侮行將滅亡的國家。

[4]雅誥：即雅正的文告或訓誡。

[5]苗民：指古代三苗部族的君主。《尚書·吕刑》："苗民弗用靈，制以刑，惟作五虐之刑曰法。"孔安國傳："三苗之君，習蚩尤之惡，不用善化民，而制以重刑，惟爲五虐之刑，自謂得法。"孔穎達疏："三苗之主，實國君也，頑凶若民，故謂之苗民。"

[6]兩階之舞：典出《尚書·大禹謨》："帝乃誕敷文德，舞干羽于兩階。"孔安國傳："干，楯；羽，翳也。皆舞者所執。修闡文教，舞文舞于賓主階間，抑武事。"後因以"兩階之舞"喻指文教之治。

[7]有扈：指古代有扈國（故址在今陝西户縣北）之君有扈氏。相傳夏啓繼父禹位立爲天子時，其庶兄有扈氏不服而攻啓，啓乃興師伐滅有扈。　不賓：不臣服，不歸順。

[8]六師：本指周天子所統六軍之師。後用以泛稱天子的軍隊。

[9]寧一：安定統一。　宇内：指天下。

[10]天網：喻指朝廷的統治。按，"天網"底本、宋刻遞修本、殿本、中華本皆同，庫本作"天綱"。

[11]蝟起：語出漢代賈誼《新書》卷一《益壤》："高皇帝瓜分天下，以王功臣，反者如蝟毛而起。"後因以"蝟起"比喻紛然而起。

[12]三方：此指北齊、北周、南朝陳三個王朝政權。

[13]細微：此指出身地位的低賤和寒微。

[14]蒨：人名。即南朝陳文帝陳蒨。紀見《陳書》卷三、《南史》卷九。　項：人名。即南朝陳宣帝陳項。紀見《陳書》卷五、《南史》卷一〇。　長蛇：喻指貪殘凶暴。

[15]吳會：即南北朝時吳郡（治所在今江蘇蘇州市）和會稽郡（治所在今浙江紹興市）的合稱。亦常用以泛指江南地區。

[16]叔寶：人名。即南朝陳後主陳叔寶。紀見《陳書》卷六、《南史》卷一〇。　昏虐：昏昧暴虐。

[17]金陵：南朝都城建康的別稱。因戰國時楚威王滅越後在石城山（今江蘇南京市清涼山）置金陵邑而得名。

[18]牝鷄司旦：亦作"牝鷄司晨"。即母鷄報曉。古時貶喻女性掌權，所謂陰陽倒置，將導致家破國亡。語本《尚書·牧誓》："牝鷄無晨，牝鷄之晨，惟家之索。"孔安國傳："喻婦人知外事。雌代雄鳴則家盡，婦奪夫政則國亡。"此處用以指斥陳後主寵信后妃干政。

[19]姦回：指奸惡邪僻之人。

[20]尚方：古代製造帝王所用器物的官署。尚方多以役徒服勞作，因以爲繫罪囚之所。

[21]場：底本、中華本同，宋刻遞修本、殿本、庫本作"塲"。

[22]微行暴露：此謂陳後主時常隱匿身份，易服出行私訪，而於宮外暴露其行踪。

[23]顛墜康衢之首：此謂陳後主時常在騎隊的簇擁下縱馬奔馳於大路通街，肆意踐踏行人。康衢，即四通八達的大路通街。

[24]烽燧：古代邊防報警的信號，白天放煙稱"烽"，夜間舉火稱"燧"。

[25]耽淫靡嫚：意謂沉湎於聲色。

[26]紀極：即終極、限度。

[27]或空裏時有犬聲："空裏"應作"空中"，隋時因諱"中"字而改作"裏"。"犬聲"底本原作"大聲"，宋刻遞修本、中華本及《北史》卷五一《高勱傳》與底本同，但殿本、庫本作"犬聲"。考此句所言灾異與下文"或刳人肝以祠天狗"之語正相對應，故可斷"大聲"當是"犬聲"之訛，今據改。（參見唐華全《中華書局點校本〈隋書〉質疑二十九則》，《河北師範大學學報》2012年第1期）

[28]天狗：星名。《史記·天官書》載："天狗，狀如大奔星，有聲，其下止地，類狗。所墮及，望之如火光炎炎沖天。其下圓如數頃田處，上兑者則有黃色，千里破軍殺將。"裴駰《集解》引孟康曰："星有尾，旁有短彗，下有如狗形者，亦太白之精。"古人以爲天狗星出現乃不祥之兆。

[29]捨身：佛教徒爲宣揚佛法，或爲消灾免禍，自動去寺院作苦行，謂之"捨身"。南朝時此風最盛，梁武帝就曾多次捨身同泰寺爲奴，令王公已下以錢贖之。　厭（yā）：古人以迷信的方法，鎮服或驅避可能出現的灾禍，或致灾禍於他人。

[30]荐發：接連發生。

[31]藩任：指統轄一方邊防重鎮的軍政長官。

[32]密邇：貼近，靠近。

[33]鷹犬：指打獵時追捕禽獸的獵鷹和獵狗。常用以比喻受驅使而奔走效勞的人。

[34]宜陽公：爵名。全稱是宜陽郡公。爲隋九等爵的第四等。從一品。　王世積：人名。傳見本書卷四○，《北史》卷六八有附傳。　江州：南朝陳時治所在今江西九江市。

[35]上開府：官名。全稱是上開府儀同三司。爲隋十一等散實官的第五等，可開府置僚佐。從三品。

隴右諸羌數爲寇亂，[1]朝廷以勱有威名，拜洮州刺史。[2]下車大崇威惠，[3]民夷悦附，其山谷間生羌相率詣府稱謁，[4]前後至者，數千餘户。豪猾屏迹，路不拾遺，在職數年，稱爲治理。後遇吐谷渾來寇，[5]勱遇疾不能拒戰，賊遂大掠而去。憲司奏勱亡失户口，[6]又言受羌饋遺，竟坐免官。後卒於家，時年五十六。子士廉，[7]最知名。

[1]隴右：地區名。亦稱隴西。泛指今甘肅隴山以西地區。羌：古族名。主要分布在今青海、甘肅、四川西北部一帶。秦漢時部落衆多，總稱西羌。其後逐漸與西北地區的漢族及其他民族融合。

[2]洮州：治所在今甘肅臨潭縣。

[3]下車：典出《禮記·樂記》：“武王克殷，反商，未及下車，而封黃帝之後於薊。”後遂稱皇帝初即位或官吏到任爲“下車”。

[4]生羌：古代對尚未進入州郡城邑定居而仍保持舊俗的羌人的一種蔑稱。

[5]吐谷（yù）渾：古族名。本爲遼東鮮卑之種，姓慕容氏，西晋時西遷至群羌故地，北朝至隋唐時期游牧於今青海北部和新疆東南部地區。傳見本書卷八三、《晋書》卷九七、《魏書》卷一〇一、《周書》卷五〇、《北史》卷九六、《舊唐書》卷一九八、《新唐書》卷二二一上。

[6]憲司：魏晋以來對御史的別稱。

[7]士廉：人名。即高士廉，高勱之子，名儉，字士廉，以字顯。隋煬帝時官任治禮郎，唐太宗時官至尚書右僕射，爵封申國公，爲唐代名相。傳見《舊唐書》卷六五、《新唐書》卷九五。

尒朱敞

尒朱敞字乾羅，秀容契胡人，[1]尒朱榮之族子也。[2]父彥伯，[3]官至司徒、博陵王。[4]齊神武帝韓陵之捷，[5]盡誅尒朱氏，敞小，隨母養於宮中。及年十二，自竇而走，[6]至于大街，見童兒群戲者，敞解所著綺羅金翠之服，易衣而遁。追騎尋至，初不識敞，便執綺衣兒。比究問知非，會日已暮，由是得免。遂入一村，見長孫氏媼踞胡床而坐。[7]敞再拜求哀，長孫氏愍之，藏於複壁。[8]三年，購之愈急，[9]迹且至，[10]長孫氏曰：“事急矣，不可久留。”資而遣之。遂詐爲道士，變姓名，隱嵩山，[11]略涉經史。數年之間，人頗異之。嘗獨坐巖石之下，泫然而歎曰：“吾豈終於此乎？伍子胥獨何人也！”於是間行微服，西歸于周。[12]太祖見而禮之，[13]拜大都督、行臺郎中，[14]封靈壽縣伯，[15]邑千五百戶。[16]遷通直散騎常侍，[17]轉車騎大將軍、儀同三司，[18]進爵爲侯。[19]保定中，[20]遷使持節、驃騎大將軍、開府儀同三司。[21]天和中，[22]增邑五百戶，歷信、臨、熊、潼四州刺史，[23]進爵爲公。[24]武帝東征，上表求從，許之。攻城陷陣，所當皆破，進位上開府。除南光州刺史，[25]入爲護軍大將軍。[26]歲餘，轉膠州刺史。[27]於是迎長孫氏及弟置於家，厚資給之。

[1]秀容：縣名。治所在今山西忻州市。　契胡：古部族名。十六國北朝時爲羯人所轄的一個畜牧部落，分布在今山西北部一帶。北魏末年，契胡酋長尒朱榮因鎮壓六鎮兵亂有功而勢力漸盛，

一度掌控北魏朝廷，其後爲部將高歡所敗滅。

[2]尒朱榮：人名。尒朱敞的族父。出身契胡酋長，北魏孝明帝時以鎮壓六鎮兵亂起家，又擁立孝莊帝即位，由此成爲控制北魏朝廷的權臣，後被孝莊帝誅殺。傳見《魏書》卷七四、《北史》卷四八。

[3]彥伯：人名。即尒朱彥伯，尒朱敞之父。北魏節閔帝時官至司徒，爵封博陵郡王，後被高歡所殺。傳見《魏書》卷七五，《北史》卷四八有附傳。

[4]司徒：官名。北魏時爲三公之一，可開府置僚屬，參議國家大事，實則無具體職掌，多用爲大臣加官。正一品。 博陵王：爵名。全稱是博陵郡王。北魏時爲十一等爵的第一等。正一品。

[5]齊神武帝：即高歡。北魏末至東魏時的執政大臣，北齊的奠基者，北齊立國後被追封爲神武帝。紀見《北齊書》卷一、二，《北史》卷六。 韓陵：山名。俗稱“七里岡”。在今河南安陽市東北。北魏後廢帝中興二年（532），高歡在此大敗尒朱氏之軍，並建定國寺以旌功，此後高歡遂取代尒朱氏得以掌控北魏朝廷。

[6]竇：此指宮門旁邊的小窗洞。

[7]媪：古時對老婦人或已婚婦女的通稱。 胡床：亦稱“交床”“繩床”。古時一種可以折疊的輕便坐具，類似現今的“馬扎”。因其傳自於北方胡人，故稱“胡床”。

[8]複壁：即夾墙。兩重而中空，可藏物或匿人。

[9]購：懸賞緝捕。

[10]迹：即追踪、追尋。

[11]嵩山：爲五岳之中岳。在今河南登封市北。按，“嵩山”底本原作“高山”，殿本與底本同，當訛或當是“嵩高山”之脱文，今據宋刻遞修本、庫本、中華本及《北史》卷四八《尒朱敞傳》改。

[12]西歸于周：據文中所述事，當時正值東魏、西魏對峙之際，北周尚未建立，故此處稱“周”欠準確，當稱“西魏”。

[13]太祖：即宇文泰。西魏執政大臣，北周的奠基者，北周立國後被追尊爲太祖。紀見《周書》卷一、二，《北史》卷九。

[14]大都督：官名。西魏時屬勳官。西魏府兵制中每團的長官均加此勳官名。從二品。　行臺郎中：官名。西魏時根據形勢需要，在地方重要軍政特區設置"行臺尚書省"，簡稱行臺，是中央最高行政機關尚書省的派出機構，執掌特區内軍政事務。行臺郎中則是行臺尚書省所轄各曹司的長官，制比中央尚書省的諸曹郎中。

[15]靈壽縣伯：爵名。西魏時爲十一等爵的第七等。正三品。

[16]邑：也稱食邑、封邑。是古代君王封賜給有爵位之人的一種食禄制度，受封者可徵收封地内的民户租税充作食禄。魏晉以後，食邑分爲虚封和實封兩類：虚封一般僅冠以"邑"或"食邑"之名，這衹是一種榮譽性加銜，受封者並不能獲得實際的食禄收入；而實封一般須冠以"真食""食實封"等名，受封者可真正獲得食禄收入。

[17]通直散騎常侍：官名。西魏時屬散官。正四品下。

[18]車騎大將軍：官名。西魏時屬軍號官。西魏府兵制中儀同府的長官均帶此軍號官。從一品。　儀同三司：官名。西魏時屬勳官。西魏府兵制中儀同府的長官均加此勳官名，可開府置官屬。從一品。

[19]侯：爵名。此當是靈壽縣侯的省稱。西魏時爲十一等爵的第五等。正二品。

[20]保定：北周武帝宇文邕年號（561—565）。

[21]使持節：魏晉南北朝至隋代，凡重要軍政長官出鎮或出征時，以及皇帝派遣使臣出巡地方或出使藩邦時，均加使持節、持節、假節等頭銜，以表示其權力和尊崇。使持節可誅殺二千石以下官吏，持節可誅殺無官職之人，假節可誅殺犯軍令之人。　驃騎大將軍：官名。北周時屬軍號官。北周府兵制中二十四軍的每軍長官均帶此軍號官。九命。

[22]天和：北周武帝宇文邕年號（566—572）。

[23]信：州名。北周時治所在今重慶奉節縣東。　臨：州名。北周時治所在今重慶忠縣。　熊：州名。北周時治所在今河南宜陽縣西。　潼：州名。北周時治所在今四川綿陽市東北。

[24]公：爵名。此當是靈壽縣公的省稱。北周時爲十一等爵的第六等。“命數未詳，非正九命則當是九命”（參見王仲犖《北周六典》卷八《封爵第十九》，中華書局1979年版，第548頁）。

[25]除：官制用語。即拜官、授職。　南光州：北周時治所在今山東萊州市。

[26]護軍大將軍：考《通典》及王仲犖《北周六典》等書，均未見北周官制中有“護軍大將軍”之名。而據本傳所載，疑此官當是北周末年仿前朝“護軍將軍”之職而置，掌領外軍宿衛之事。

[27]膠州：北周時治所在今山東諸城市。

　　高祖受禪，[1]改封邊城郡公。[2]黔安蠻叛，[3]命敞討平之。師旋，拜金州總管，[4]尋轉徐州總管。[5]在職數年，號爲明肅，民吏懼之。後以年老，上表乞骸骨，[6]賜二馬軺車，[7]歸於河內，[8]卒於家，時年七十二。子最嗣。[9]

[1]受禪：中國古代王朝更迭時，新皇帝承受舊皇帝讓給的帝位，即稱受禪。此指楊堅於公元581年廢北周靜帝，即位稱皇帝，正式建立隋王朝。

[2]邊城郡公：爵名。爲隋九等爵的第四等。從一品。

[3]黔安：郡名。治所在今重慶彭水苗族土家族自治縣東。

[4]金州：西魏改東梁州置，設總管府，北周、隋初沿之。治所在今陝西安康市。

[5]徐州：北周置總管府，隋初沿之。治所在今江蘇徐州市。

[6]乞骸骨：古代官吏自請退職的一種表達方式。意謂使骸骨

得以歸葬故鄉。

[7]二馬軺車：古代一馬所駕的輕便車即稱“軺車”。二馬軺車，是表示其主人具有優崇的社會地位。

[8]河內：縣名。治所在今河南沁陽市。

[9]最：人名。即尒朱最。尒朱敞的嗣子，隋煬帝時官至朝散大夫、齊王府司馬，襲封邊城郡公。事亦見《北史》卷四八《尒朱敞傳》、《全唐文》卷一九六楊炯《彭城公夫人爾朱氏墓誌銘》、周紹良主編《唐代墓誌彙編》上元〇三六《大唐故銀青光禄大夫定州刺史上柱國爾朱（義琛）府君墓誌》及垂拱〇一二《唐故宋州録事爾朱（旻）府君墓誌銘并序》（上海古籍出版社 1992 年版，第 618、737 頁）。按，“最”字各本皆同，《北史·尒朱敞傳》亦同，但上列三篇墓誌均載作“休最”，岑仲勉認爲此乃隋人習慣將兩字名省稱單名所致（參見岑仲勉《隋書求是》，第 101 頁）。嗣：此指繼承父輩的爵位和家業，以延續香火。

周摇

周摇字世安，其先與後魏同源，[1]初爲普乃氏，[2]及居洛陽，改爲周氏。曾祖拔拔，[3]祖右六肱，[4]俱爲北平王。[5]父恕延，[6]歷行臺僕射、南荆州總管。[7]摇少剛果，有武藝，性謹厚，動遵法度。仕魏，官至開府儀同三司。[8]周閔帝受禪，[9]賜姓車非氏，封金水郡公。[10]歷鳳、楚二州刺史，[11]吏民安之。從帝平齊，每戰有功，超授柱國，進封夔國公。[12]未幾，拜晉州總管。[13]時高祖爲定州總管，[14]文獻皇后自京師詣高祖，[15]路經摇所，主禮甚薄。既而白后曰：“公廨甚富於財，限法不敢輒費。又王臣無得效私。”其質直如此。高祖以其奉法，每嘉之。及爲丞相，徙封濟北郡公，[16] 尋拜豫州總管。[17] 高祖受禪，復姓周氏。

[1] 後魏：即北魏（386—557），亦單稱魏。初都平城（今山西大同市東北），公元494年遷都洛陽（今河南洛陽市東北白馬寺東）。公元534年分裂爲東魏和西魏兩個政權。東魏（534—550）都於鄴（今河北臨漳縣西南鄴鎮東），西魏（535—557）都於長安（今陝西西安市西北郊）。此處是指北魏皇室宗族。

[2] 普乃氏：各本皆同，《北史》卷七三《周搖傳》亦同，但《魏書》卷一一三《官氏志》及《元和姓纂》卷五《周》均載作"普氏"，無"乃"字。

[3] 拔拔：人名。即普乃拔拔，北魏時人，爵封北平郡王。事亦見《北史·周搖傳》。

[4] 右六胘：人名。即普乃右六胘，北魏時人，襲爵爲北平郡王。事亦見《北史·周搖傳》。

[5] 北平王：爵名。全稱是北平郡王。北魏時爲十一等爵的第一等。正一品。

[6] 怒延：人名。即周怒延，西魏時人。官至行臺僕射、南荆州總管。事亦見《北史·周搖傳》。

[7] 行臺僕射：官名。西魏時爲尚書省派駐於地方軍政特區的行政機構行臺尚書省的次官，協助長官行臺尚書令掌領特區內軍政事務，制比中央尚書省的僕射。　南荆州：西魏時治所在今湖北棗陽市。　總管：官名。東魏孝静帝武定六年（548）始置總管，西魏亦置。西魏總管多兼帶刺史，加使持節諸軍事，實爲一軍政轄區的最高長官，職權大於普通州刺史。

[8] 開府儀同三司：官名。亦簡稱開府。西魏時屬勳官。西魏府兵制中二十四軍的長官均加此勳官名，可開府置官屬。從一品。

[9] 周閔帝：即北周孝閔帝宇文覺。北周開國皇帝。紀見《周

書》卷三、《北史》卷九。

　　[10]金水郡公：爵名。北周時爲十一等爵的第五等。正九命。

　　[11]鳳：州名。北周時治所在今陝西鳳縣東北。　楚：州名。南朝梁始置，北周沿之。治所在今重慶市市區。

　　[12]夔國公：爵名。北周時爲十一等爵的第四等。正九命。

　　[13]晉州：北周時先後有兩個晉州：一是北周初始置的晉州，治所在今山西絳縣東南，建德五年州廢；二是北周武帝建德五年攻取北齊舊置的晉州，設總管府，治所在今山西臨汾市。文中所指是第二個晉州。　總管：官名。東魏孝静帝武定六年始置總管，西魏亦置。北周明帝武成元年（559）正式改都督諸州軍事爲總管，加使持節諸軍事，總管之設乃成定制。北周總管或單任，然多兼帶刺史，故總管的職權雖以軍事爲主，實際是一軍政轄區若干州、鎮、防的最高長官。北周總管的命品史無明載，但應不低於五等州刺史的命品。隋初承繼北周之制亦置諸州總管，分上、中、下三等，品秩分別爲流内視從二品、視正三品、視從三品，可作參考。（參見王仲犖《北周六典》卷一○《總管府第二十五》，第623頁）

　　[14]定州：北周時置總管府。治所在今河北定州市。

　　[15]文獻皇后：即隋文帝的皇后獨孤氏。傳見本書卷三六、《北史》卷一四。

　　[16]濟北郡公：爵名。北周時爲十一等爵的第五等。正九命。

　　[17]豫州：北周時置總管府。治所在今河南汝南縣。

　　開皇初，突厥寇邊，燕、薊多被其患，[1]前總管李崇爲虜所殺，[2]上思所以鎮之，臨朝曰：“無以加周摇者。”拜爲幽州總管六州五十鎮諸軍事。[3]摇修鄣塞，[4]謹斥候，[5]邊民以安。後六載，[6]徙爲壽州。[7]初，自以年老，乞骸骨，上召之。既引見，上勞之曰：“公積行累仁，歷仕三代，克終富貴，保兹遐壽，良足善也。”

賜坐褥，歸於第。歲餘，終于家，謚曰恭，時年八十四。[8]

[1]燕：郡名。治所在今北京市西南。　薊：縣名。治所在今北京市西南。

[2]李崇：人名。本書卷三七、《北史》卷五九有附傳。

[3]幽州：北周置總管府，隋初沿之。治所在今北京市西南。

六州五十鎮諸軍事：此表示幽州總管的統轄範圍及其職權。按，下文凡"總管"後所言州鎮數事均表示該總管的統轄範圍及其職權，不再一一出注。

[4]鄣塞：古代防守國境的城堡關塞。

[5]斥候：即偵察、候望。亦指邊防中用以瞭望敵情的烽火城堡。

[6]後六載：岑仲勉考校云："依《本紀一》，搖以三年七月除幽州，十一年三月改壽州，六應作八。"（岑仲勉：《隋書求是》，第101頁）冀英俊亦考證認爲此處"六載"當是"八載"之誤（參見冀英俊《〈隋書〉校正兩則》，《中國史研究》2014年第2期）。

[7]壽州：隋時有兩個壽州：一是隋文帝開皇初所置的壽州，治所在今湖南辰溪縣，開皇十八年改爲充州；二是開皇九年改揚州所置的壽州，設總管府，治所在今安徽壽縣，隋煬帝大業初改置淮南郡。文中所指當是第二個壽州。

[8]"初，自以年老"至"時年八十四"：岑仲勉考校云："此文係緊接上文'後六載徙爲壽州'，按搖以十二年四月，自壽州總管改襄州總管，又仁壽二年九月，襄州總管周搖卒，均見《本紀二》，傳何以不書？且'初'字文氣亦不接。及檢《北史》七三本傳，則云：'徙壽、襄二州總管，俱有能名，進上柱國，以老乞骸骨。'《北史》比《隋書》應有省略，可信今諸本《隋書》均奪去

一行，'壽州'下，應爲'總管'字，'初'字則上承'仁壽'，當涉'壽州''仁壽'之相近而抄胥者誤漏一行，遂成後來之定本也。"（岑仲勉：《隋書求是》，第 101—102 頁）

獨孤楷

獨孤楷字脩則，不知何許人也，本姓李氏。父屯，[1] 從齊神武帝與周師戰于沙苑，[2] 齊師敗績，因爲柱國獨孤信所擒，[3] 配爲士伍，給使信家，漸得親近，因賜姓獨孤氏。楷少謹厚，便弄馬槊，[4] 爲宇文護執刀，[5] 累轉車騎將軍。[6] 其後數從征伐，賜爵廣阿縣公，[7] 邑千户，拜右侍下大夫。[8] 周末，從韋孝寬平淮南，[9] 以功賜子景雲爵西河縣公。[10]

[1] 屯：人名。即獨孤屯，本姓李氏，初爲東魏武將。東魏天平四年（西魏大統三年）隨從高歡攻打西魏，敗於沙苑，因被西魏大將獨孤信所擒，遂歸屬西魏，配爲獨孤信的家臣，賜姓爲獨孤氏。北周時官至開府儀同三司。事亦見《北史》卷七三《獨孤楷傳》、周紹良主編《唐代墓誌彙編》開元〇四〇《冠軍大將軍行右衛將軍上柱國河東郡開國公楊（執一）君亡妻新城郡夫人獨孤氏誌銘并序》（第 1181 頁）。

[2] 沙苑：地名。又名沙阜、沙海、沙窩。在今陝西大荔縣南洛河與渭河之間，東西八十里，南北三十里，地多沙草，宜於畜牧。西魏大統三年，宇文泰在此大敗高歡，史稱"沙苑之戰"。

[3] 獨孤信：人名。西魏、北周時的元勳重臣。曾部從宇文泰參與沙苑之戰，後以功位居柱國大將軍，官至太保、大宗伯，爵封衛國公。傳見《周書》卷一六、《北史》卷六一。

[4]馬矟：古代在馬上使用的長矛兵器。

[5]宇文護：人名。北周初期的宗室權臣，官居大冢宰，都督中外諸軍事，至北周武帝建德元年被誅殺。傳見《周書》卷一一，《北史》卷五七有附傳。　執刀：此指執刀的侍從衞士。

[6]車騎將軍：官名。北周時屬軍號官，可開府置官屬。正八命。

[7]廣阿縣公：爵名。北周時爲十一等爵的第六等。正九命或九命。

[8]右侍下大夫：官名。北周時其隸屬未詳，疑爲天官府左右宫伯曹的屬官，掌宫寝内部禁衞之事。正四命。（參見王仲犖《北周六典》卷七《六官餘録第十三》，第512頁）

[9]淮南：地區名。泛指淮河以南地區。

[10]景雲：人名。即獨孤景雲，北周末年以其父平淮南之功被賜爵爲西河縣公。事亦見《北史・獨孤楷傳》。　西河縣公：爵名。北周時爲十一等爵的第六等。正九命或九命。

高祖爲丞相，進授開府，每督親信兵。[1]及受禪，拜右監門將軍，[2]進封汝陽郡公。[3]數歲，遷右衞將軍。[4]仁壽初，[5]出爲原州總管。[6]時蜀王秀鎮益州，[7]上徵之，猶豫未發。朝廷恐秀生變，拜楷益州總管，馳傳代之。秀果有異志，[8]楷諷諭久之，乃就路。楷察秀有悔色，因勒兵爲備。秀至興樂，[9]去益州四十餘里，將反襲楷，密令左右覘所爲，知楷不可犯而止。楷在益州，甚有惠政，蜀中父老于今稱之。[10]

[1]親信兵：此指北周末年楊堅丞相府所轄的侍從衞士。

[2]右監門將軍：官名。隋初設左右監門府，各置將軍一人爲

本府長官，掌宮殿門禁及守衛之事，從三品。隋煬帝大業三年改稱左右監門將軍爲左右監門郎將，降爲正四品。

［3］汝陽郡公：爵名。爲隋九等爵的第四等。從一品。

［4］右衛將軍：官名。爲右衛府的次官，置二員，協助長官右衛大將軍掌宮掖禁禦，督攝仗衛。從三品。

［5］仁壽：隋文帝楊堅年號（601—604）。

［6］原州：北周置總管府，隋初沿之。治所在今寧夏固原市。

［7］蜀王秀：即隋文帝第四子楊秀。傳見本書卷四五、《北史》卷七一。　益州：北周置總管府，隋開皇二年置西南道行臺，開皇三年改置大總管府。治所在今四川成都市。

［8］秀：底本原脫，今據宋刻遞修本、殿本、庫本、中華本及《北史》卷七三《獨孤楷傳》補。

［9］興樂：縣名。隋開皇十八年改新都縣置。治所在今四川成都市新都區。

［10］蜀中：地區名。泛指古蜀國之地，即今四川中部地區。

　　煬帝即位，[1]轉并州總管。[2]遇疾喪明，上表乞骸骨。帝曰："公先朝舊臣，歷職二代，高風素望，臥以鎮之，無勞躬親簿領也。"[3]遣其長子凌雲監省郡事。[4]其見重如此。數載，轉長平太守，[5]未視事而卒。[6]諡曰恭。子凌雲、平雲、彥雲，[7]皆知名。[8]楷弟盛，[9]見《誠節傳》。

［1］煬帝：即隋煬帝楊廣。紀見本書卷三、四，《北史》卷一二。

［2］并州：北周置總管府，隋開皇二年置河北道行臺，開皇九年改置大總管府。治所在今山西太原市西南古城營。

［3］躬親：親自，親身從事。　簿領：指官府記事的簿册文書。

[4]凌雲：人名。即獨孤凌雲。隋煬帝大業初年因其父坐鎮并州（後改稱太原郡）時遇疾失明，遂奉詔侍從其父左右，以協助處理州郡政務，由此知名。事亦見《北史》卷七三《獨孤楷傳》。

郡：此指太原郡。隋煬帝大業初改并州置。治所在今山西太原市西南古城營。

[5]長平：郡名。隋煬帝大業初改澤州置。治所在今山西晋城市東北高都鎮。

[6]視事：此指就任官職而治理政事。

[7]平雲：人名。即獨孤平雲。事亦見《北史·獨孤楷傳》。

彦雲：人名。即獨孤彦雲。唐太宗時以玄武門政變功臣，官至幽州都督，爵封歷陽郡公，名列凌煙閣功臣表。事亦見《北史·獨孤楷傳》、《舊唐書》卷六五《長孫無忌傳》、《新唐書》卷一○五《長孫無忌傳》及卷一九一《李懃傳》附“唐凌煙閣功臣表”。

[8]皆：底本“皆”下原有“不”字，殿本、庫本與底本同，“不”字當衍，今據宋刻遞修本、中華本及《北史》卷七三《獨孤楷傳》删。

[9]盛：人名。即獨孤盛。傳見本書卷七一，《北史》卷七三有附傳。

乞伏慧

乞伏慧字令和，馬邑鮮卑人也。[1]祖周，[2]魏銀青光禄大夫，[3]父纂，[4]金紫光禄大夫，[5]並爲第一領民酋長。[6]慧少慷慨，有大節，便弓馬，好鷹犬。齊文襄帝時，[7]爲行臺左丞，[8]加蕩寇將軍，[9]累遷右衛將軍、太僕卿，[10]自永寧縣公封宜民郡王。[11]其兄貴和，[12]又以軍功爲王，一門二王，稱爲貴顯。周武平齊，授使持節、開府儀同大將軍，拜伙飛右旅下大夫，[13]轉熊渠中大夫。[14]

[1]馬邑：郡名。治所在今山西朔州市。　鮮卑：古族名。爲東胡族的一支。秦漢時游牧於遼東，附於匈奴。北匈奴西遷後，進入匈奴故地，勢力漸盛。東漢桓帝時，首領檀石槐建立軍事行政聯合體，分東、中、西三部，各置大人統領。檀石槐死後，聯合體瓦解，附屬漢魏。兩晉南北朝時期，鮮卑慕容、乞伏、禿髮、拓跋、宇文等部先後在今華北及西北地區建立燕、西秦、南涼、北魏、北周等政權。隋唐以後漸被漢族同化。傳見《後漢書》卷九〇、《三國志》卷三〇。

[2]周：人名。即乞伏周，北魏時爲鮮卑乞伏部第一領民酋長，位至銀青光禄大夫。事亦見《北史》卷七三《乞伏慧傳》。

[3]銀青光禄大夫：官名。北魏時屬散官。正三品。

[4]纂：人名。即乞伏纂，北魏時世襲爲鮮卑乞伏部第一領民酋長，位至金紫光禄大夫。事亦見《北史・乞伏慧傳》。

[5]金紫光禄大夫：官名。北魏時屬散官。從二品。

[6]第一領民酋長：官名。北魏時爲各少數民族部落的最高行政長官，多以本部族首領世襲充任。

[7]齊文襄帝：即高歡的長子高澄。東魏後期的執政大臣，北齊立國後被追封爲文襄帝。紀見《北齊書》卷三、《北史》卷六。

[8]行臺左丞：官名。東魏時爲尚書省派駐於地方軍政特區的行政機構行臺尚書省的屬官，與行臺右丞對置，分掌行臺日常事務，總判行臺所轄諸司文案，制比中央尚書省的左丞。

[9]蕩寇將軍：官名。魏晉南北朝時因事因人而置有各類名號的將軍，其數繁多，統稱爲“雜號將軍”，多用作加官或散官，並不實際領兵。蕩寇將軍，即爲東魏雜號將軍之一。從七品上。

[10]太僕卿：官名。北齊時爲太僕寺的長官，置一員，掌諸車

輦、馬牛、畜産之事，統驊騮、左右龍、左右牝、駝牛、司羊、乘黄、車府等署。正三品。

[11] 永寧縣公：爵名。北齊時爲十一等爵的第四等。正二品。宜民郡王：爵名。北齊時爲十一等爵的第一等。正一品。

[12] 貴和：人名。即乞伏貴和。北齊時官至開府儀同三司、河陽行臺尚書、洛州刺史，以軍功爵封郡王，與弟並稱顯貴。及北周武帝伐齊時，其兄弟二人俱叛齊入周。事見本書《五行志上》，《北齊書》卷一九《張保洛傳》、卷四一《獨孤永業傳》、《傅伏傳》，《北史》卷五三《綦連猛傳》、卷七三《乞伏慧傳》。

[13] 伙飛右旅下大夫：官名。北周時其隸屬未詳，當是統領伙飛虎賁衛士的軍事副長官。正四命。（參見王仲犖《北周六典》卷七《六官餘録第十三》，第510頁）

[14] 熊渠中大夫：官名。北周時其隸屬未詳，當是統領熊渠虎賁衛士的軍事長官。正五命。（參見王仲犖《北周六典》卷七《六官餘録第十三》，第510頁）

高祖爲丞相，從韋孝寬擊尉惇於武陟，[1] 所當皆破，授大將軍，[2] 賜物八百段。及平尉迴，進位柱國，賜爵西河郡公，[3] 邑三千户，賚物二千三百段。請以官爵讓兄，朝廷不許，論者義之。高祖受禪，拜曹州刺史。[4] 曹土舊俗，民多姦隱，[5] 户口簿帳恒不以實。慧下車按察，得户數萬。遷涼州總管。[6] 先是，突厥屢爲寇抄，慧於是嚴警烽燧，遠爲斥候，虜亦素憚其名，[7] 竟不入境。歲餘，轉齊州刺史，[8] 得隱户數千。遷壽州總管。其年，左轉杞州刺史，[9] 在職數年，遷徐州總管。時年逾七十，上表求致仕，[10] 不許。俄轉荆州總管，[11] 又領潭、桂二州總管三十一州諸軍事。[12] 其俗輕剽，[13] 慧躬行檏素以矯之，風化大洽。曾見人以籆捕魚者，[14]出絹買而放之，其仁心如此。百姓美之，號其處曰西河公籆。轉秦州總管。[15]

［1］尉惇：人名。即尉遲迴之子尉遲惇。北周末年隨同其父起兵反對楊堅篡周，旋被討滅。事亦見《周書》卷二一、《北史》卷六二《尉遲迴傳》。　武陟：鎮名。北周時治所在今河南武陟縣。

［2］大將軍：官名。北周時爲十一等勳官的第四等，可開府置官屬。正九命。

［3］西河郡公：爵名。北周時爲十一等爵的第五等。正九命。

［4］曹州：治所在今山東曹縣西北。

［5］姦隱：此指隱蔽藏匿而逃避國家賦役的户口。

［6］涼州：北周置總管府，隋初沿之。治所在今甘肅武威市。

［7］虜：古時對北方少數民族的蔑稱。此指突厥。

［8］齊州：治所在今山東濟南市。

［9］左轉：官制用語。即降官、貶職。　杞州：隋時先後有兩個杞州：一是開皇九年始置的杞州，治所在今河南滑縣，開皇十六年改爲滑州，隋煬帝大業二年改爲兗州，大業三年改爲東郡；二是開皇十六年始置的杞州，治所在今河南杞縣，隋煬帝大業初廢爲梁郡雍丘縣。岑仲勉依本傳歷官推之，認爲乞伏慧任杞州刺史約當開皇十一年頃，故斷定文中所指當是第一個杞州（參見岑仲勉《隋書求是・隋書州郡牧守編年表》，第168頁）。

［10］致仕：官制用語。即辭官退休。

［11］荆州：隋初置大總管府。治所在今湖北荆州市。

［12］潭：州名。隋開皇九年平陳後改湘州置，設總管府。治所在今湖南長沙市。　桂：州名。南朝梁始置，隋開皇九年平陳後置總管府。治所在今廣西桂林市。

［13］輕剽：輕捷強悍。

[14] 簺（sài）：古時用竹木編成的攔水捕魚工具。

[15] 秦州：北周置總管府，隋初沿之。治所在今甘肅天水市。

煬帝即位，爲天水太守。[1] 大業五年，征吐谷渾，郡濱西境，民苦勞役，又遇帝西巡，坐爲道不整，獻食疏薄，帝大怒，命左右斬之。見其無髮，乃釋，除名爲民。卒於家。

[1] 天水：郡名。隋煬帝大業初改秦州置。治所在今甘肅天水市。

張威

張威，不知何許人也。父琛，[1] 魏弘農太守。[2] 威少倜儻，[3] 有大志，善騎射，膂力過人。在周，數從征伐，位至柱國、京兆尹，[4] 封長壽縣公，[5] 邑千戶。

[1] 琛：人名。即張琛，西魏時人，官至弘農太守。事亦見《北史》卷七三《張威傳》。

[2] 弘農：郡名。西魏時治所在今河南陝縣。

[3] 倜儻：即卓異不凡。

[4] 京兆尹：官名。北周時爲都城長安所在地京兆郡（治所在今陝西西安市西北郊）的行政長官，因與諸郡太守有別而特稱“尹”。八命。

[5] 長壽縣公：爵名。北周時爲十一等爵的第六等。正九命或九命。

王謙作亂，[1]高祖以威爲行軍總管，從元帥梁睿擊之。[2]軍次通谷，[3]謙守將李三王擁勁兵拒守。[4]睿以威爲先鋒。三王初閉壘不戰，威令人罵侮以激怒之，三王果出陣。威令壯士奮擊，三王軍潰，大兵繼至，於是擒斬四千餘人。進至開遠，[5]謙將趙儼衆十萬，[6]連營三十里。威鑿山通道，自西領攻其背，[7]儼遂敗走。追至成都，[8]與謙大戰，威將中軍。及謙平，進位上柱國，[9]拜瀘州總管。[10]

[1]王謙：人名。北周末年官任益州總管，起兵反對楊堅篡周，旋被討滅。傳見《周書》卷二一，《北史》卷六〇有附傳。

[2]元帥：此指“行軍元帥”。北周至隋時出征軍的統帥名。根據需要臨時差遣任命，事罷則廢。　梁睿：人名。傳見本書卷三七，《北史》卷五九有附傳。

[3]通谷：鎮名。北周時治所在今陝西寧強縣北。

[4]李三王：人名。北周末年官任開府儀同大將軍，爲益州總管王謙部下屬將，隨從王謙舉兵反叛，奉命領勁兵據守通谷鎮，結果被張威率軍擊破。事亦見本書《梁睿傳》、《北史》卷五九《梁睿傳》及卷七三《張威傳》。

[5]開遠：戍名。北周時治所在今四川劍閣縣東北。

[6]趙儼：人名。北周末年爲益州總管王謙部下屬將，隨從王謙反叛，領兵十萬據守開遠戍，結果遭到梁睿和張威的前後夾攻，遂大敗潰逃。事亦見本書《梁睿傳》、《北史·梁睿傳》、《北史·張威傳》。

[7]領：宋刻遞修本、殿本、庫本、中華本作“嶺”，二字相通。

[8]成都：城邑名。在今四川成都市。

[9]上柱國：官名。北周武帝建德四年始置，爲北周十一等勳官的第一等，可開府置官屬。正九命。

[10]瀘州：北周時置總管府。治所在今四川瀘州市。

高祖受禪，歷幽、洛二州總管，[1]改封晉熙郡公。[2]尋拜河北道行臺僕射，[3]後督晉王軍府事。[4]數年，拜青州總管，[5]賜錢八十萬，米五百石，雜彩三百段。威在青州，頗治產業，遣家奴於民間鬻蘆菔根，[6]其奴緣此侵擾百姓。上深加譴責，坐廢於家。後從上祠太山，[7]至洛陽，[8]上謂威曰："自朕之有天下，每委公以重鎮，可謂推赤心矣。何乃不修名行，唯利是視？豈直孤負朕心，亦且累卿名德。"[9]因問威曰："公所執笏今安在？"[10]威頓首曰："臣負罪虧憲，無顏復執，謹藏於家。"上曰："可持來。"威明日奉笏以見，上曰："公雖不遵法度，功效實多，朕不忘之。今還公笏。"於是復拜洛州刺史，後封皖城郡公。[11]尋轉相州刺史，[12]卒官。有子植，[13]大業中，至武賁郎將。[14]

[1]洛：州名。北周置總管府，隋開皇二年廢總管府而置河南道行臺，開皇三年又廢行臺而置刺史。治所在今河南洛陽市東北。

[2]晉熙郡公：爵名。爲隋九等爵的第四等。從一品。

[3]河北道：即在黃河中下游以北設置的軍政特區，治所在今山西太原市西南古城營。隋初根據形勢需要於地方設置軍政特區，稱爲"道"，每道範圍包括若干州。　行臺僕射：官名。隋初在各道軍政特區設置行臺尚書省，簡稱行臺，是中央最高行政機關尚書省的派出機構。行臺僕射，則是行臺尚書省的副長官，協助長官行臺尚書令掌領特區內軍政事務。流內視從二品。

[4]督晉王軍府事：此當是隋文帝時晉王楊廣的僚佐官晉王府司馬之職掌。

[5]青州：北周置總管府，隋初沿之，開皇十四年府廢。治所在今山東青州市。

[6]蘆菔根：即蘿蔔。

[7]太山：即今山東境内的泰山，稱爲東岳。古代帝王多在此山舉行封禪典禮。

[8]洛陽：都邑名。在今河南洛陽市東北白馬寺東。

[9]名德：底本、宋刻遞修本、殿本、中華本皆同，庫本作"名節"。

[10]笏：亦稱手板。古代臣子朝見君王時所執的狹長板子，多用玉、象牙、竹木製成。後世唯品官得以執之。

[11]晥城郡公：爵名。爲隋九等爵的第四等。從一品。按，"晥"各本皆同，《北史》卷七三《張威傳》作"皖"，二字相通。

[12]相州：北魏天興四年分冀州始置相州，治所在今河北臨漳縣西南鄴鎮東。東魏、北齊時改稱司州，爲都城所在地。北周建德六年滅北齊後復名相州。北周大象二年平定相州總管尉遲迥之叛後，因州城被毀，遂移治今河南安陽市。隋初沿之，隋煬帝大業初改置魏郡。

[13]植：人名。即張植。張威之子，隋煬帝時官至武賁郎將。事亦見《北史·張威傳》。

[14]武賁郎將：官名。隋煬帝大業三年改革官制，於十二衛每衛置護軍四人，爲各衛將軍之副貳，尋又改稱護軍爲武賁郎將。正四品。

和洪

和洪，汝南人也。[1]少有武力，勇烈過人。周武帝時，數從征伐，以戰功，累遷車騎大將軍、儀同三司。[2]時龍州蠻任公忻、李國立等聚衆爲亂，[3]刺史獨孤善不能禦。[4]朝議以洪有武略，代善爲刺史。月餘，擒公忻、國立，皆斬首梟之，餘黨悉平。從帝攻河陰，[5]洪力戰，陷其西門。帝壯之，賞物千段。復從帝平齊，進位上儀同，[6]賜爵北平侯，[7]邑八百户，拜左勳曹下大夫。[8]柱國王軌之擒吳明徹也，[9]洪有功焉，加位開府，遷折衝中大夫。[10]

[1]汝南：郡名。治所在今河南汝南縣。

[2]車騎大將軍：官名。北周時屬軍號官。北周府兵制中儀同府的長官均帶此軍號官。九命。

[3]龍州：北周時治所在今四川平武縣東南。　任公忻：人名。西魏、北周時龍州蠻人酋帥，數次聚衆爲亂，至北周武帝保定年間，終被龍州刺史和洪率軍討平，擒斬之。事亦見《周書》卷二八《陸騰傳》、《北史》卷二八《陸騰傳》及卷七三《和洪傳》。　李國立：人名。北周武帝時龍州蠻人，部從酋帥任公忻聚衆叛亂，結果被和洪率軍擒獲斬首。事亦見《北史·和洪傳》。

[4]獨孤善：人名。北周元老重臣獨孤信之子。北周武帝保定年間官任龍州刺史，後因無力平息州內蠻人叛亂，遂罷職而爲和洪所替代。事亦見《周書》卷一六、《北史》卷六一《獨孤信傳》。

[5]河陰：縣名。北齊時治所在今河南孟津縣東北。

[6]上儀同：官名。全稱是上儀同大將軍。北周武帝建德四年始置，爲北周十一等勳官的第七等，可開府置官屬。九命。

[7]北平侯：爵名。全稱是北平縣侯。北周時爲十一等爵的第七等。正八命。

[8]左勳曹下大夫：官名。北周時其隸屬、職掌未詳，或當是

北周後期改夏官府司勳下大夫之職而置。正四命。（參見王仲犖《北周六典》卷七《六官餘録第十三》，第 505 頁）

[9]王軌：人名。亦稱烏丸軌。北周武帝宣政元年位居上大將軍，統率諸軍圍攻北侵周境的南朝陳將吳明徹於吕梁，結果大獲全勝，生擒吳明徹，以功進位柱國大將軍，官拜徐州總管。傳見《周書》卷四〇、《北史》卷六二。

[10]折衝中大夫：官名。北周時其隸屬未詳，或當是統領折衝衛士的軍事長官。正五命。（參見王仲犖《北周六典》卷七《六官餘録第十三》，第 509 頁）

尉迥作亂相州，以洪爲行軍總管，從韋孝寬擊之。軍至河陽，[1]迥遣兵圍懷州，[2]洪與總管宇文述等擊走。[3]又破尉惇於武陟。及平相州，每戰有功，拜柱國，封廣武郡公，[4]邑二千户。前後賜物萬段，奴婢五十口，金銀各百挺，牛馬百匹。時東夏初平，[5]物情尚梗，高祖以洪有威名，令領冀州事，[6]甚得人和。數歲，徵入朝，爲漕渠總管監，[7]轉拜泗州刺史。[8]屬突厥寇邊，詔洪爲北道行軍總管，擊走虜，至磧而還。[9]後遷徐州總管，卒，時年六十四。

[1]河陽：城名。北周時在今河南孟州市南。
[2]懷州：北周時治所在今河南沁陽市。
[3]總管：此當是行軍總管的省稱。　宇文述：人名。傳見本書卷六一、《北史》卷七九。
[4]廣武郡公：爵名。北周時爲十一等爵的第五等。正九命。
[5]東夏：地區名。泛指中國東部。此處代指北齊舊境。
[6]領：官制用語。即以較高官兼理較低官之職事。此處“領

冀州事"，即以本官柱國兼理冀州刺史之職事。　　冀州：北周時治所在今河北冀州市。

[7]漕渠總管監：隋初所置的負責關中漕渠開鑿事務的主管官員。屬臨時差遣任命之職，事罷則廢。

[8]泗州：北周改安州置，隋初沿之。治所在今江蘇泗陽縣。

[9]磧：即沙漠。此指今蒙古高原大沙漠地帶。

侯莫陳穎

　　侯莫陳穎字遵道，代人也。[1]與魏南遷，世爲列將。父崇，[2]魏、周之際，歷職顯要，官至大司空。[3]穎少有器量，風神警發，爲時輩所推。魏大統末，[4]以父軍功賜爵廣平侯，[5]累遷開府儀同三司。周武帝時，從滕王逌擊龍泉、文城叛胡，[6]與柱國豆盧勣各帥兵分路而進。[7]穎懸軍五百餘里，[8]破其三柵。先是，稽胡叛亂，輒略邊人爲奴婢。至是詔胡敢有壓匿良人者誅，籍没其妻子。有人言爲胡村所隱匿者，勣將誅之。穎謂勣曰："將在外，君命有所不行。諸胡固非悉反，但相迫脅爲亂耳。大兵臨之，首亂者知懼，脅從者思降。今漸加撫慰，自可不戰而定。如即誅之，轉相驚恐，爲難不細。未若召其渠帥，以隱匿者付之，令自歸首，[9]則群胡可安。"勣從之。群胡感悦，爭來降附，北土以安。遷司武，[10]加振威中大夫。[11]

[1]代：郡名。治所在今山西朔州市。

[2]崇：人名。即侯莫陳崇。西魏、北周時的元勳重臣，位居

柱國大將軍，歷官大司空、大宗伯、大司徒，爵封梁國公。傳見《周書》卷一六、《北史》卷六〇。

〔3〕大司空：官名。全稱是大司空卿。西魏恭帝三年（556）仿《周禮》建六官，置大司空卿一人爲冬官司空府的長官，掌邦事，督百工，以五材九範之徒佐皇帝富邦國，營城郭都邑，立社稷宗廟，造宮宅器械。正七命。北周時制同。

〔4〕大統：西魏文帝元寶炬年號（535—551）。

〔5〕廣平侯：爵名。全稱是廣平縣侯。西魏時爲十二等爵的第五等。正二品。

〔6〕滕王逌（yóu）：即北周宗室親王宇文逌。北周武帝時位居柱國，爵封滕王，建德六年爲行軍總管，率軍征討龍泉、文城等地稽胡之叛，多有戰功。傳見《周書》卷一三、《北史》卷五八。龍泉：郡名。北周時治所在今山西隰縣。 文城：縣名。北周時治所在今山西吉縣西北。 胡：古族名。此指稽胡，亦稱步落稽。或說是匈奴別種，乃十六國時劉淵所統五部匈奴之苗裔；或說是山戎赤狄之後。北朝至隋時主要分布在今山西西部、陝西北部及甘肅東部一帶山區。傳見《周書》卷四九、《北史》卷九六。

〔7〕豆盧勣：人名。傳見本書卷三九，《北史》卷六八有附傳。

〔8〕懸軍：孤軍深入敵方。

〔9〕歸首：即歸降自首。

〔10〕司武：官名。北周時司武的設置史無明載，王仲犖疑是北周武帝建德初年曾改夏官府左右武伯曹而置爲左右司武曹，仍總掌宿衛軍事。其正副長官初仿舊制置有左右司武中大夫、左右小司武下大夫，至周武帝宣政元年（578）又增置左右司武上大夫各一人爲長官。而此處之“司武”，因下文有“加振威中大夫”一語，故疑當是“司武中大夫”或“小司武下大夫”的省稱，其命品則當爲正五命或正四命。（參見王仲犖《北周六典》卷七《六官餘録第十三》，第505—507頁）

〔11〕振威中大夫：官名。北周時其隸屬、職掌未詳，或當是北

周仿襲前朝"振威將軍"之職而置。正五命。（參見王仲犖《北周六典》卷七《六官餘録第十三》，第509頁）

　　高祖爲丞相，拜昌州刺史。[1]會受禪，竟不行，加上開府，進爵昇平郡公。[2]俄拜延州刺史。[3]數年，轉陳州刺史。[4]平陳之役，以行軍總管從秦王俊出魯山道。[5]屬陳將荀法尚、陳紀降，[6]穎與行軍總管段文振度江安集初附。[7]尋拜饒州刺史，[8]未之官，遷瀛州刺史，[9]甚有惠政。在職數年，坐與秦王俊交通免官。百姓將送者，莫不流涕，因相與立碑，頌穎清德。未幾，檢校汾州事，[10]俄拜邢州刺史。[11]仁壽中，吏部尚書牛弘持節巡撫山東，[12]以穎爲第一。高祖嘉歎，優詔褒揚。時朝廷以嶺南刺史、縣令多貪鄙，[13]蠻夷怨叛，[14]妙簡清吏以鎮撫之，[15]於是徵穎入朝。及進見，上與穎言及平生，以爲歡笑。數日，進位大將軍，[16]拜桂州總管十七州諸軍事，賜物而遣之。及到官，大崇恩信，民夷悦服，溪洞生越多來歸附。[17]

　　[1]昌州：西魏改南荆州置，北周沿之。治所在今湖北棗陽市。

　　[2]昇平郡公：爵名。爲隋九等爵的第四等。從一品。

　　[3]延州：西魏改東夏州置，北周、隋初沿之。治所在今陝西延安市東北。

　　[4]陳州：隋初治所在今河南沈丘縣，開皇十六年移治今河南淮陽縣。

　　[5]秦王俊：即隋文帝第三子楊俊。傳見本書卷四五、《北史》卷七一。　魯山道：行軍道路名。因取道於魯山（今湖北武漢市漢陽區東北漢江南岸）而得名。

［6］荀法尚：人名。南朝陳將。陳末官任郢州刺史、都督郢巴武三州諸軍事，隋開皇九年伐陳時降於秦王楊俊，入隋後歷官邵、觀、綿、豐四州刺史及巴東、敦煌二郡太守。《陳書》卷一三、《南史》卷六七有附傳。　陳紀：人名。即陳慧紀的省稱。南朝陳將。出身陳宗室，爵封宜黃縣侯，陳末官任荆州刺史、都督荆信二州諸軍事，隋開皇九年伐陳時戰敗降於秦王楊俊，入隋後官任儀同三司，尋卒。傳見《陳書》卷一五、《南史》卷六五。

［7］段文振：人名。傳見本書卷六〇、《北史》卷七六。

［8］饒州：隋開皇九年平陳後廢鄱陽郡置。治所在今江西鄱陽縣。

［9］瀛州：治所在今河北河間市。

［10］汾州：隋時有兩個汾州：一是隋初沿襲北周所置的汾州，治所在今山西吉縣，開皇十六年改爲耿州，開皇十八年又復名汾州，隋煬帝大業初改置文城郡；二是開皇十六年新置的汾州，治所在今山西霍州市，開皇十八年改爲呂州，大業初州廢。文中所述事似正值開皇中新舊兩汾州改稱之際，但因具體年份不明，故難以斷定所指是哪個汾州。

［11］邢州：隋開皇十六年置。治所在今河北邢臺市。

［12］吏部尚書：官名。爲尚書省所轄六部之一吏部的長官，掌全國文職官員的銓選、考課等政令，統吏部、主爵、司勳、考功四曹。置一員，正三品。　牛弘：人名。傳見本書卷四九、《北史》卷七二。　持節：參見前注“使持節”。　山東：地區名。戰國秦漢時期稱崤山或華山以東地區爲山東，魏晉南北朝隋唐時期亦稱太行山以東地區爲山東。

［13］嶺南：地區名。亦稱“嶺表”“嶺外”。指南嶺以南地區。

［14］蠻夷：古代對四方邊遠地區少數民族的泛稱。亦專指南方少數民族。

［15］妙簡：即精選。

［16］大將軍：官名。爲隋十一等散實官的第四等，可開府置僚

佐。正三品。

[17]生越：古代對尚未進入州郡城邑定居而仍保持舊俗的南方越人的蔑稱。

　　煬帝即位，穎兄梁國公芮坐事徙邊，[1]朝廷恐穎不自安，徵歸京師。數年，拜恒山太守。[2]其年，嶺南、閩越多不附，[3]帝以穎前在桂州有惠政，爲南土所信伏，復拜南海太守。[4]後四歲，卒官。諡曰定。子虔會，[5]最知名。

[1]梁國公：爵名。爲隋九等爵的第三等。從一品。　芮：人名。即侯莫陳芮，侯莫陳穎之兄。北周武帝時襲父爵爲梁國公，後以軍功位居上柱國，官至大司馬；至隋煬帝大業初年以罪除名，配流嶺南，其弟穎亦受此牽連而被免職。事亦見《周書》卷五《武帝紀上》、卷六《武帝紀下》、卷一二《齊煬王憲傳》、卷一六《侯莫陳崇傳》，《北史》卷一〇《周武帝紀》、卷五八《齊煬王憲傳》、卷六〇《侯莫陳崇傳》。

[2]恒山：郡名。隋煬帝大業初改恒州置。治所在今河北正定縣南。

[3]閩越：地區名。指秦漢時閩越族所居之地，即今福建北部和浙江南部一帶。

[4]南海：郡名。隋煬帝大業初改番州置。治所在今廣東廣州市。

[5]虔會：人名。即侯莫陳虔會。事亦見《北史》卷六〇《侯莫陳穎傳》。

　　史臣曰：杜彦東夏、南服屢有戰功，[1]作鎮朔垂，[2]

胡塵不起。[3]高勱死亡之際,志氣懔然,[4]疾彼姦邪,致茲餘慶。[5]佘朱敞幼有權奇,[6]終能止足,[7]崇基墜而復構,[8]不亦仁且智乎!周搖以質實見知,獨孤以恤人流譽,乞伏慧能以國讓,[9]侯莫陳所居治理,或知牧人之道,[10]或踐仁義之路,皆有可稱焉。慧以供帳不厚,至於放黜,並結髮登朝,[11]出入三代,終享禄位,不夭性齡,[12]蓋其任心而行,不爲矯飾之所致也。[13]

[1]南服:古代王畿以外地區分爲五服,故稱南方爲"南服"。此指南朝陳境。

[2]朔垂:泛指北方邊境地區。垂,通"陲"。

[3]胡塵:即胡人兵馬揚起的沙塵,比喻胡兵的凶焰。此指突厥所興的戰事。

[4]懔然:底本、宋刻遞修本、殿本、中華本皆同,庫本作"凜然",義同。

[5]餘慶:指祖先留給子孫後輩的德澤。

[6]權奇:指非凡的智謀。

[7]止足:語出《老子》:"知足不辱,知止不殆,可以長久。"後用以喻謂凡事知止知足,而不貪得無厭。

[8]崇基:此指顯耀的家族基業。

[9]以國讓:此指乞伏慧請以官爵轉讓其兄之事。

[10]牧人:即治民,管理民事。

[11]結髮:即束髮。古代男子自成童開始束髮,遂以指初成年時。

[12]性齡:即天年,自然的壽數。按,"性齡"底本、宋刻遞修本、殿本、中華本皆同,但庫本作"性靈",疑誤。

[13]矯飾:指造作誇飾,以掩蓋本性。

隋書　卷五六

列傳第二十一

盧愷

　　盧愷字長仁，涿郡范陽人也。[1]父柔，[2]終於魏中書監。[3]愷性孝友，神情爽悟，略涉書記，頗解屬文。[4]周齊王憲引爲記室。[5]其後襲爵容城伯，[6]邑千一百户。[7]從憲伐齊，[8]愷説柏杜鎮下之。[9]遷小吏部大夫，[10]增邑七百户。染工上士王神歡者，[11]嘗以賂自進，冢宰宇文護擢爲計部下大夫。[12]愷諫曰："古者登高能賦，可爲大夫，[13]求賢審官，理須詳慎。今神歡出自染工，更無殊異，徒以家富自通，遂與搢紳並列，[14]實恐惟鵜之刺聞之外境。"[15]護竟寢其事。建德中，[16]增邑二百户。歲餘，轉内史下大夫。[17]武帝在雲陽宮，[18]敕諸屯簡老牛，欲以享士。[19]愷進諫曰："昔田子方贖老馬，[20]君子以爲美談。向奉明敕，欲以老牛享士，有虧仁政。"帝美其言而止。轉禮部大夫，[21]爲聘陳使副。[22]先是，行人多從其國禮，[23]及愷爲使，一依本朝，陳人莫能屈。四年秋，李穆攻拔軹關、柏崖二鎮，[24]命愷作露布，[25]帝讀之大悦，曰：“盧愷文章大進，茍景倩故是令君之子。”[26]尋授襄州總管司録，[27]轉治中。[28]大象元年，[29]徵拜東京吏部大夫。[30]

[1]涿郡：治所在今北京市西南。　范陽：縣名。治所在今河北淶水縣。

[2]柔：人名。即盧柔，盧愷之父，西魏時官至中書監，北周初官至内史大夫。傳見《周書》卷三二、《北史》卷三〇。

[3]魏：即北魏（386—557），亦稱後魏。都平城（今山西大同市東北），公元494年遷都洛陽（今河南洛陽市東北白馬寺東）。公元534年分裂爲東魏和西魏兩個政權。東魏（534—550）都於鄴（今河北臨漳縣西南鄴鎮東），西魏（535—557）都於長安（今陝西西安市西北郊）。　中書監：官名。西魏時爲中書省的長官，置一員，掌草擬詔敕，内參機密，議决朝政，是宰相之職。從二品。按，據《周書·盧柔傳》及《北史·盧柔傳》載，盧柔卒於北周孝閔帝即位之後，時官内史大夫，故此處所記盧柔“終於魏中書監”在時間上不準確，實當終於北周初年。

[4]屬（zhǔ）文：撰著文辭。

[5]周：即北周（557—581），都於長安（今陝西西安市西北郊）。　齊王憲：即北周宗室親王宇文憲。北周武帝時爵封齊王，曾多次領兵攻伐北齊。傳見《周書》卷一二、《北史》卷五八。記室：官名。此當是王府記室參軍事的省稱。北周時爲王府所屬列曹參軍之一，掌判府内章表書記之事務。正四命。

[6]容城伯：爵名。全稱是容城縣伯。北周時爲十一等爵的第八等。正七命。

[7]邑：也稱食邑、封邑。是古代君王封賜給有爵位之人的一種食禄制度，受封者可徵收封地内的民户租税充作食禄。魏晉以

後，食邑分爲虛封和實封兩類：虛封一般僅冠以“邑”或“食邑”之名，這祇是一種榮譽性加銜，受封者並不能獲得實際的食禄收入；而實封一般須冠以“真食”“食實封”等名，受封者可真正獲得食禄收入。

[8]齊：即北齊（550—577），都於鄴（今河北臨漳縣西南鄴鎮東）。

[9]柏杜鎮：鎮、城名。北齊時在今山西鄉寧縣西南。按，“柏杜”各本皆同，但《周書·齊煬王憲傳》作“柏社”，《北史·齊煬王憲傳》作“伯杜”，《北史》卷三〇《盧愷傳》作“栢社”。

[10]小吏部大夫：官名。全稱是小吏部下大夫，亦簡稱小吏部。北周時爲夏官府吏部曹的次官，置一員，協助長官吏部中大夫掌官吏銓選之政務。正四命。

[11]染工上士：官名。北周時爲天官府太府曹織染署的長官，置一員，掌染絲帛之事。正三命。　王神歡：人名。北周武帝天和年間通過賄賂手段竟以染工出身官任染工上士，而執政大臣宇文護又擢升他爲小計部下大夫，當時盧愷正協管官吏銓選政務，認爲此事違背選官之道，遂極力諫止，宇文護最終聽從盧愷之諫而罷廢王神歡之官。事亦見《北史·盧愷傳》。

[12]冢宰：官名。全稱是大冢宰卿。西魏恭帝三年（556）仿《周禮》建六官，置大冢宰卿一人爲天官冢宰府的長官，職掌邦治，以建邦之六典輔佐皇帝治邦國，正七命。北周沿置，然其權力則因人而異，若有“五府總於天官”之命，即稱“冢宰”，能總攝百官，實爲大權在握的宰輔；若無此命，即稱“太宰”，與五卿並列，僅統本府官。　宇文護：人名。北周初期的宗室權臣，官居大冢宰卿，都督中外諸軍事，至北周武帝建德元年（572）被誅殺。傳見《周書》卷一一，《北史》卷五七有附傳。　計部下大夫：官名。全稱是小計部下大夫。北周時爲天官府計部曹的次官，協助長官計部中大夫掌賦税出入、財用計賬之政令。正四命。

[13]大夫：官名。周代在國君之下置有卿、大夫、士三等職

官，各等又分上、中、下三級。後因以大夫作爲任官職者的泛稱。

[14]搢紳：亦作“縉紳”。即插笏於腰際紳帶間，爲古時官宦的裝束。後遂用爲官宦或士大夫的代稱。

[15]惟鵜：亦作“維鵜”“鵜翼”。典出《詩·曹風·候人》：“維鵜在梁，不濡其翼。”鄭玄箋：“鵜在梁，當濡其翼，而不濡者，非其常也。以喻小人在朝，亦非其常。”後遂用以比喻小人在朝或居官者才德不稱職。

[16]建德：北周武帝宇文邕年號（572—578）。

[17]内史下大夫：官名。全稱是小内史下大夫，亦簡稱小内史。北周初爲春官府内史曹的次官，北周宣帝大象元年（579）增置内史上大夫爲該曹長官，原長官内史中大夫退居副貳，小内史下大夫遂退爲屬官。其職掌是協助該曹長官撰寫皇帝詔令，參議刑罰爵賞及軍國大事，並修撰國史及起居注。置二員，正四命。

[18]武帝：即北周武帝宇文邕。紀見《周書》卷五、六，《北史》卷一〇。　雲陽宮：北周離宮名。故址在今陝西淳化縣西北甘泉山，爲北周帝王避暑之所。

[19]享士：此指用老牛之肉犒勞士卒。享，通“饗”。

[20]田子方：人名。戰國時期魏國賢士，嘗受學於子夏，後爲魏文侯之師。相傳他曾見君棄老馬，曰：“少盡其力，老而棄之，非仁也。”於是收而養之。事見《史記》卷四四《魏世家》、卷一二一《儒林列傳》，《後漢書》卷四七《班超傳》李賢注等。

[21]禮部大夫：官名。全稱是禮部下大夫。西魏恭帝三年仿《周禮》建六官，於春官府設典命曹，置典命大夫爲該曹長官，掌内外九族之差，及玉帛衣服之令，沙門道士之法。北周初改典命爲大司禮。北周武帝保定四年（564）五月又改大司禮爲禮部，並改置禮部下大夫爲該曹長官，職掌如故。正四命。

[22]聘：指國與國之間的出使訪問。　陳：即南朝陳（557—589），都於建康（今江蘇南京市）。　使副：即副使，爲正使的副貳。屬臨時差遣委命之職，事罷則廢。

〔23〕行人：本爲周代掌管朝覲聘問的職官名，後因以爲出訪使者的通稱。

〔24〕李穆：人名。傳見本書卷三七，《周書》卷三〇、《北史》卷五九有附傳。　軹關：關隘名。因正當軹道之險而得名。故址在今河南濟源市西北，地處豫北平原進入山西高原之要衝，稱爲“太行八陘”中的第一陘，形勢險峻，自古爲兵家必争之地。東魏、北齊時在此築城屯兵，置爲軍事重鎮。　柏崖：鎮、城名。爲東魏時河南守將侯景所築，北齊時仍在此屯兵置爲軍事重鎮。故址在今河南濟源市西南黄河北岸。

〔25〕露布：即軍旅告捷的文書。

〔26〕荀景倩：人名。即荀顗，字景倩。乃漢末名臣、曹操屬下謀主、尚書令荀彧之子，少承家學，博學精思，由此在曹魏至西晉時歷任顯官要職。傳見《晉書》卷三九。按，“倩”字各本皆同，但《北史·盧愷傳》作“蒨”，當訛。　令君之子：據《晉書·荀顗傳》，此乃曹魏末年輔政大臣司馬懿對荀顗的讚揚之語，意謂荀顗不愧爲荀令君之子。令君，是對荀彧所任之官尚書令的敬稱。按，周武帝引用荀顗的典故，意在稱讚盧愷亦像荀顗一樣具有深厚的家學淵源，才識出衆，不愧爲西魏、北周大臣盧柔之子。

〔27〕襄州：西魏置總管府，北周沿之。治所在今湖北襄樊市。　總管司録：官名。北周時爲諸州總管府的上佐官，位居總管長史、司馬之下，總録一府之事。其命品史無明載，但北周諸州府的司録按州等級分爲六命至四命五個等級，故諸州總管府司録的命品亦應與五等州司録的命品略同。

〔28〕治中：官名。全稱是治中從事史。此指總管府治中。北周時爲諸州總管府的屬官，於府内居中治事，主管衆曹文書。其命品史無明載，但北周諸州府的治中按州等級分爲四命、正三命、三命三等，故諸州總管府治中的命品亦應與三等州治中的命品略同。

〔29〕大象：北周宣帝和静帝年號（579—580）。

〔30〕東京吏部大夫：官名。全稱是東京吏部下大夫。北周武帝

建德六年滅北齊後，仿北周六官之制，在相州建置六府官，以統轄北齊舊境。北周宣帝大象元年改洛陽爲東京，並移相州六府於東京，稱爲“東京六府”。東京吏部下大夫，即爲東京六府的官員，位同中央夏官吏部曹的次官小吏部下大夫，執掌東京轄區内的官吏銓選之政務。正四命。按，“東京”各本皆同，但《北史·盧愷傳》作“東都”，當誤。

開皇初，[1]加上儀同三司，[2]除尚書吏部侍郎，[3]進爵爲侯，[4]仍攝尚書左丞。[5]每有敷奏，[6]侃然正色，雖逢喜怒，不改其常。帝嘉愷有吏幹，賜錢二十萬，并賚雜彩三百匹，加散騎常侍。[7]八年，上親考百僚，以愷爲上。愷固讓，不敢受，高祖曰：[8]“吏部勤幹，舊所聞悉。今者上考，僉議攸同，[9]當仁不讓，何愧之有！皆在朕心，無勞飾讓。”

[1]開皇：隋文帝楊堅年號（581—600）。

[2]上儀同三司：官名。亦簡稱上儀同。隋文帝因改北周十一等勳官之制形成十一等散實官，用以酬勤勞，無實際職掌。上儀同三司是十一等散實官的第七等，可開府置僚佐。從四品上。按，“同”字底本原作“司”，顯訛，今據宋刻遞修本、殿本、庫本、中華本及《北史》卷三〇《盧愷傳》改。

[3]除：官制用語。即拜官、授職。　尚書吏部侍郎：官名。隋初於尚書省吏部下轄四曹之一吏部曹置吏部侍郎二員，爲該曹長官，掌文職官吏銓選之政務，正四品上。隋煬帝大業三年改諸曹侍郎爲“郎”，而又於尚書省所轄六部各置“侍郎”一人，爲六部之副長官，正四品。此後，吏部侍郎就成爲吏部的副長官，而原吏部侍郎則改稱爲選部郎。

[4]侯：爵名。此當是容城縣侯的省稱。爲隋九等爵的第六等。

正二品。

[5]攝：官制用語。即以本官代理或兼理他官之職事。　尚書
左丞：官名。爲尚書省的屬官，與尚書右丞對置，各一人，分掌尚
書都省事務，糾駁諸司文案，總判吏、民、禮三部之事。隋初爲從
四品上，隋煬帝大業三年（607）升爲正四品。

[6]敷奏：即臣下向皇帝陳奏政事。

[7]散騎常侍：官名。爲門下省的屬官，置四員，掌陪從朝值，
獻納得失，實則爲閑散虛職，多用作加官。從三品。隋煬帝大業三
年罷廢。

[8]高祖：隋文帝楊堅的廟號。紀見本書卷一、二，《北史》
卷一一。

[9]僉議：此指群臣百官的共同商議。

　　歲餘，拜禮部尚書，[1]攝吏部尚書事。[2]會國子博士
何妥與右僕射蘇威不平，[3]奏威陰事。愷坐與相連，上
以愷屬吏。[4]憲司奏愷曰：[5]“房恭懿者，[6]尉遲迥之
黨，[7]不當仕進。威、愷二人曲相薦達，累轉爲海州刺
史。[8]又吏部預選者甚多，愷不即授官，皆注色而遣。[9]
威之從父弟徹、肅二人，[10]並以鄉正徵詣吏部。[11]徹文
狀後至而先任用，肅左足攣蹇，[12]才用無算，愷以威
故，授朝請郎。[13]愷之朋黨，事甚明白。”上大怒曰：
“愷敢將天官以爲私惠！”[14]愷免冠頓首曰：“皇太子將
以通事舍人蘇夔爲舍人，[15]夔即蘇威之子，臣以夔未當
遷，固啓而止。[16]臣若與威有私，豈當如此！”上曰：
“蘇威之子，朝廷共知，卿乃固執，以徼身倖。至所不
知者，便行朋附，姦臣之行也。”於是除名爲百姓。未
幾，卒于家。自周氏以降，選無清濁，[17]及愷攝吏部，

與薛道衡、陸彥師等甄別士流,[18]故涉黨固之譖,[19]遂及於此。子義恭嗣。[20]

[1]禮部尚書:官名。爲尚書省所轄六部之一禮部的長官,掌禮儀、祭祀、外交、宴享等政令,統禮部、祠部、主客、膳部四曹。置一員,正三品。

[2]吏部尚書:官名。爲尚書省所轄六部之一吏部的長官,掌全國文職官員的銓選、考課等政令,統吏部、主爵、司勳、考功四曹。置一員,正三品。

[3]國子博士:官名。爲國子學的教官,掌以儒經教授國子生,國有疑事則掌承問對。隋初置五人,正五品上,仁壽元年（601）隨國子學罷廢;隋煬帝大業初復置一人,正五品。　何妥:人名。傳見本書卷七五、《北史》卷八二。　右僕射:官名。隋時於尚書省置左、右僕射各一人爲副貳,地位僅次於長官尚書令。但因隋代尚書令不常置,僕射則成爲尚書省的實際長官,是宰相之職。從二品。　蘇威:人名。傳見本書卷四一,《北史》卷六三有附傳。

[4]屬（zhǔ）吏:即將犯罪過之人交給執法官吏去處理。

[5]憲司:魏晋以來對御史的別稱。

[6]房恭懿:人名。傳見本書卷七三,《北史》卷五五有附傳。

[7]尉遲迥:人名。亦省稱"尉迥"。北周末年官任相州總管,起兵反對楊堅篡周,旋被討滅。傳見《周書》卷二一、《北史》卷六二。

[8]海州:治所在今江蘇連雲港市西南。

[9]注色:填寫履歷。色,即脚色,古代指履歷。

[10]徹、肅:人名。即蘇徹、蘇肅。此二人皆是隋初宰相蘇威的堂弟,本爲鄉正吏職,無甚才幹,且蘇肅身有殘疾,但因蘇威的關係,攝吏部尚書盧愷將二人徵至吏部參與銓選,蘇徹優先任官,蘇肅被授爲朝請郎。至開皇十二年,此事被揭發出來,御史遂上奏

彈劾盧愷、蘇威有朋黨徇私之罪，結果盧愷、蘇威均被免官除名。事亦見本書卷四一《蘇威傳》、《北史》卷三〇《盧愷傳》及卷六三《蘇威傳》。

［11］鄉正：吏名。隋初采蘇威建議，以民五百戶爲一鄉，每鄉置鄉正一人，掌理民間訴訟之事。屬流外吏職。開皇十年罷廢。

［12］攣蹇：指足因攣縮而致跛。

［13］朝請郎：官名。隋文帝開皇六年於尚書省吏部別置朝請等八郎，爲散官番直，無具體職掌，常出使監檢。正七品上。隋煬帝大業三年罷廢。

［14］天官：古時對吏部的別稱。亦泛指朝廷所置的職官。

［15］皇太子：此指隋初的皇太子楊勇。傳見本書卷四五、《北史》卷七一。　通事舍人：官名。此指太子通事舍人。爲太子東宮典書坊的屬官，置八員，掌導引宮臣辭見，承令勞問之事，制比朝廷內史省的通事舍人。正七品下。隋煬帝大業三年改稱宣令舍人。

蘇夔：人名。本書卷四一、《北史》卷六三有附傳。　舍人：官名。此指太子舍人。爲太子東宮典書坊的屬官，置八員，掌令書表啓之事，制比朝廷的內史舍人。從六品下。隋煬帝大業三年改稱管記舍人，並減置四員。

［16］啓：即啓奏、稟告。亦泛指奏疏、公文、書函。

［17］清濁：指清官與濁官。魏晋以來，職官有清濁之分：凡職閑位高且升遷迅捷之官，謂之“清官”；凡職冗位卑且升遷遲緩之官，則謂之“濁官”。清官祇能由高門士族擔任，而寒門庶族則祇能擔任濁官，兩者區分甚嚴。

［18］薛道衡：人名。傳見本書卷五七，《北史》卷三六有附傳。　陸彥師：人名。傳見本書卷七二，《北史》卷二八有附傳。

士流：指出身士族的人。與“寒流”“寒人”對稱。

［19］黨固：亦作“黨錮”。本指東漢桓帝、靈帝時發生的“黨錮之禁”，事詳《後漢書》卷六七《黨錮列傳》。後因以泛指禁止黨人擔任官職並限制其活動。

[20] 義恭：人名。即盧義恭，盧愷的嗣子，唐太宗時官至工部侍郎。事亦見《舊唐書》卷一二六《盧慈傳》，周紹良主編《唐代墓誌彙編》貞觀〇五二《大唐故特進尚書右僕射上柱國虞恭公温（彥博）公墓誌》、開元一九二《大唐正議大夫持節仙州諸軍事守仙州刺史上柱國司馬公故夫人范陽郡君盧氏墓誌銘并序》、開元四六八《有唐薛氏故夫人實信優婆夷未曾有功德塔銘并序》（上海古籍出版社 1992 年版，第 42、1291、1479 頁）。　嗣：此指繼承父輩的爵位和家業，以延續香火。

令狐熙

令狐熙字長熙，燉煌人也，[1]代爲西州豪右。[2]父整，[3]仕周，官至大將軍、始、豐二州刺史。[4]熙性嚴重，有雅量，雖在私室，終日儼然。不妄通賓客，凡所交結，必一時名士。博覽群書，尤明《三禮》，[5]善騎射，頗知音律。起家以通經爲吏部上士，[6]尋授都督、輔國將軍，[7]轉夏官府都上士，[8]俱有能名。以母憂去職，[9]殆不勝喪。其父戒之曰："大孝在於安親，義不絶嗣。吾今見存，汝又隻立，[10]何得過爾毁頓，[11]貽吾憂也！"熙自是稍加饘粥。[12]服闋，[13]除小駕部。[14]復丁父憂，[15]非杖不起，[16]人有聞其哭聲，莫不爲之下泣。河陰之役，[17]詔令墨縗從事，[18]還授職方下大夫，[19]襲爵彭陽縣公，[20]邑二千一百户。及武帝平齊，以留守功，增邑六百户。進位儀同，[21]歷司勳、吏部二曹中大夫，[22]甚有當時之譽。

[1]燉煌：郡名。亦作“敦煌”。治所在今甘肅敦煌市西。

[2]西州：地區名。漢晋時稱古涼州之地爲西州，以在中原之西而得名。約當今甘肅、青海等地。　豪右：古代泛指世家大族或豪强大户。

[3]整：人名。即令狐整，令狐熙之父，北魏末至北周時人。位居大將軍，官至豐、始二州刺史，爵封彭陽縣公。傳見《周書》卷三六、《北史》卷六七。

[4]大將軍：官名。北周時爲十一等勳官的第四等，可開府置官屬。正九命。　始：州名。西魏改安州置，北周沿之。治所在今四川劍閣縣。　豐：州名。西魏改興州置，北周沿之。治所在今湖北丹江口市西北。

[5]《三禮》：即《周禮》《儀禮》《禮記》三部儒家禮制經典的合稱。

[6]起家：官制用語。即從家中徵召出來，始授以官職。　吏部上士：官名。全稱是小吏部上士。北周時爲夏官府吏部曹的屬官，輔助該曹正副長官掌官吏銓選之政令，總判本曹日常事務。正三命。

[7]都督：官名。北周時屬勳官。北周府兵制中每隊的長官均加此勳官名。七命。按，“都督”底本、殿本、庫本皆同，宋刻遞修本、中華本作“帥都督”。　輔國將軍：官名。北周時屬軍號官，可開府置僚佐，多用作加官。七命。

[8]夏官府都上士：官名。北周時爲夏官府的屬官，掌判本都府日常事務。正三命。

[9]母憂：即遭逢母親喪事。古代喪服禮制規定，父母死後，子女須守喪，三年内不得做官、婚娶、赴宴、應考、舉樂，等等。

[10]隻立：此指無兄弟而唯有己身以單丁孤立存在。

[11]毀頓：指因居喪過哀而致精神委頓。

[12]饘（zhān）粥：稀飯。

[13]服闋：指守喪期滿而除服。闋，即終了。

[14]小駕部：官名。全稱是小駕部下大夫。北周時爲夏官府駕部曹的次官，協助長官駕部中大夫掌車乘、廄牧馬畜及傳驛之政令。正四命。

[15]丁父憂：即遭逢父親喪事。參見前注"母憂"。

[16]非杖不起：意謂居喪過哀而身體病弱，以致不扶喪棒則不能起身。

[17]河陰：縣名。北齊時治所在今河南孟津縣東北。北周武帝建德四年親征北齊時，周、齊兩軍曾在此展開激烈的爭奪戰，史稱"河陰之役"。

[18]墨縗：即黑色喪服。古時官員守喪期未滿者，若遇國有戰事之需，則按例改易墨縗以從役，此屬特殊情況下的一種權宜喪服。

[19]職方下大夫：官名。全稱是小職方下大夫。北周時爲夏官府職方曹的次官，協助長官職方中大夫掌天下地理形勝之政令，主四方之職貢。正四命。

[20]彭陽縣公：爵名。北周時爲十一等爵的第六等。"命數未詳，非正九命則當是九命"（參見王仲犖《北周六典》卷八《封爵第十九》，中華書局 1979 年版，第 548 頁）。按，"彭陽"底本、殿本、庫本、中華本皆同，《周書·令狐整傳》及《新唐書·宰相世系表五下》亦同，宋刻遞修本殘缺，但《北史》卷六七《令狐整傳》和《令狐熙傳》均作"彭城"，疑誤。

[21]儀同：官名。全稱是儀同三司，北周武帝建德四年改稱"儀同大將軍"。北周時屬勳官。北周府兵制中儀同府的長官均加此勳官名，可開府置官屬。九命。

[22]司勳、吏部二曹中大夫：即"司勳中大夫"和"吏部中大夫"的合稱。司勳中大夫，官名。北周時爲夏官府司勳曹的長官，掌六勳之賞令，以等其功。正五命。吏部中大夫，官名。北周時爲夏官府吏部曹的長官，置一員，掌官吏銓選之政務。正五命。

高祖受禪之際，[1]熙以本官行納言事。[2]尋除司徒左長史，[3]加上儀同，進爵河南郡公。[4]時吐谷渾寇邊，[5]以行軍長史從元帥元諧討之，[6]以功進位上開府。[7]會蜀王秀出鎮於蜀，[8]綱紀之選，[9]咸屬正人，以熙爲益州總管長史。[10]未之官，拜滄州刺史。[11]時山東承齊之弊，[12]户口簿籍類不以實。熙曉諭之，令自歸首，至者一萬户。在職數年，風教大洽，稱爲良二千石。[13]開皇四年，上幸洛陽，[14]熙來朝，吏民恐其遷易，悲泣於道。及熙復還，百姓出境迎謁，歡叫盈路。在州獲白烏、白獐、嘉麥，[15]甘露降於庭前柳樹。[16]八年，徙爲河北道行臺度支尚書，[17]吏民追思，相與立碑頌德。及行臺廢，授并州總管司馬。[18]後徵爲雍州别駕。[19]尋爲長史，[20]遷鴻臚卿。[21]後以本官兼吏部尚書，往判五曹尚書事，[22]號爲明幹，上甚任之。

[1]受禪：中國古代王朝更迭時，新皇帝承受舊皇帝讓給的帝位，即稱受禪。此指楊堅於公元581年廢北周静帝，即位稱皇帝，正式建立隋王朝。

[2]行：官制用語。即以較高官攝理較低官之職事。　納言：官名。全稱是納言中大夫，亦簡稱大納言。北周武帝保定四年改天官府御伯曹爲納言曹，置納言中大夫二人爲該曹長官，掌封駁制敕，參議政令的制定。正五命。

[3]司徒左長史：官名。隋文帝即位初，沿北齊舊制置司徒左長史，爲司徒府的上佐官，職掌選舉事務。從三品。尋罷司徒府，司徒左長史亦隨之罷廢。

[4]河南郡公：爵名。爲隋九等爵的第四等。從一品。

[5]吐谷（yù）渾：古族名。本爲遼東鮮卑之種，姓慕容氏，

西晉時西遷至群羌故地，北朝至隋唐時期游牧於今青海北部和新疆東南部地區。傳見本書卷八三、《晉書》卷九七、《魏書》卷一〇一、《周書》卷五〇、《北史》卷九六、《舊唐書》卷一九八、《新唐書》卷二二一上。

[6]行軍長史：北周至隋時出征軍統帥屬下的幕府僚佐官，位居幕府內衆幕僚之首，掌領幕府行政事務。屬臨時差遣任命之職，事罷則廢。　元帥：此指行軍元帥。北周至隋時出征軍的統帥名。根據需要臨時差遣任命，事罷則廢。　元諧：人名。傳見本書卷四〇、《北史》卷七三。

[7]上開府：官名。全稱是上開府儀同三司。爲隋十一等散實官的第五等，可開府置僚佐。從三品。

[8]蜀王秀：即隋文帝第四子楊秀。傳見本書卷四五、《北史》卷七一。　蜀：地區名。泛指古蜀國之地，即今四川一帶。

[9]綱紀：泛指公府及州郡的僚佐官吏。此處特指蜀王楊秀鎮蜀時的屬下僚佐官。

[10]益州：北周置總管府，隋開皇二年置西南道行臺，開皇三年改置大總管府。治所在今四川成都市。　總管長史：官名。爲諸州總管府的上佐官，位居府中衆屬官之首，輔助總管統領府中政務。其品階史無明載，但隋代諸州總管府和諸州府均分爲上、中、下三等，三等州長史的品階分別爲正五品上、從五品上、正六品上，故三等總管府長史的品階亦當與三等州長史略同。而益州爲大總管府，其長史更應高於上州長史，當在正五品上以上。

[11]滄州：隋時先後有兩個滄州：一是隋初沿襲北齊、北周所置的滄州，治所在今河北鹽山縣西南，隋煬帝大業初廢；二是隋煬帝大業二年改棣州所置的滄州，治所在今山東陽信縣西南，大業三年改置渤海郡。文中所指是前一個滄州。

[12]山東：地區名。戰國秦漢時期稱崤山或華山以東地區爲山東，魏晉南北朝隋唐時期亦稱太行山以東地區爲山東。此處代指北齊舊境之地。

　　［13］二千石：漢制郡守禄秩爲二千石，後世遂以“二千石”代稱地方州郡長官。

　　［14］洛陽：都邑名。在今河南洛陽市東北白馬寺東。

　　［15］白烏：即白羽的烏鴉。古時以爲祥瑞之物。　白獐：即色白的獐子。古時以爲祥瑞之物。　嘉麥：即生長奇異壯碩的麥穗。古人以爲吉祥之兆。

　　［16］甘露：即甘美的露水。古人認爲甘露降，是太平之瑞徵。

　　［17］河北道：即在黃河中下游以北設置的軍政特區，治所在今山西太原市西南古城營。隋初根據形勢需要於地方設置軍政特區，稱爲“道”，每道的統轄範圍包括若干州。　行臺度支尚書：官名。隋初在各道軍政特區設置行臺尚書省，簡稱行臺，是中央最高行政機關尚書省的派出機構。行臺度支尚書，則是行臺尚書省所轄民部的長官，主管特區內土地户口、賦税錢糧等政務，並兼掌行臺刑部和工部之政務。流内視正三品。按，據本書《百官志下》及《通典》卷二三《職官·户部尚書》，隋文帝開皇三年已改度支尚書爲民部尚書，各道行臺度支尚書亦相應改稱行臺民部尚書，而文中所述事在開皇八年（588），故此處仍載稱“行臺度支尚書”則欠準確，當作“行臺民部尚書”。（參見唐華全《〈隋書〉勘誤 18 則》，《南昌航空大學學報》2012 年第 2 期）

　　［18］并州：北周置總管府，隋開皇二年置河北道行臺，開皇九年改置大總管府。治所在今山西太原市西南古城營。　總管司馬：官名。爲諸州總管府的上佐官，協助總管統領府中軍務。其品階史無明載，但隋代諸州總管府和諸州府均分爲上、中、下三等，三等州司馬的品階分別爲正五品下、從五品下、正六品下，故三等總管府司馬的品階亦當與三等州司馬略同。而并州爲大總管府，其司馬更應高於上州司馬，當在正五品下以上。

　　［19］雍州别駕：官名。爲隋都長安所在地雍州（治所在今陝西西安市及其南郊）的上佐官，位居州府内衆屬官之首，輔佐長官雍州牧掌領州府行政事務。從四品上。按，本書《百官志下》載稱

隋文帝開皇三年已令改別駕以爲長史，但據本傳所載，雍州別駕則遲至開皇九年以後仍存而未改。

〔20〕長史：官名。此指雍州長史。是由雍州別駕改置的職官，改置時間據本傳所載似在開皇九年以後至開皇十二年之前，其職掌、品階仍同於雍州別駕。

〔21〕鴻臚卿：官名。爲鴻臚寺的長官，置一員，掌册封諸藩、接待外使及喪葬禮儀等事務。開皇三年曾廢鴻臚寺，將其職掌歸入太常寺，開皇十二年又復置。隋初爲正三品，隋煬帝時降爲從三品。

〔22〕判：官制用語。即以本官代理或兼理他官之職事。　五曹尚書事：此指民、禮、兵、刑、工五部尚書之職事。

　　及上祠太山還，[1]次汴州，[2]惡其殷盛，多有姦俠，[3]於是以熙爲汴州刺史。下車禁游食，[4]抑工商，民有向街開門者杜之，船客停於郭外星居者勒爲聚落，[5]僑人逐令歸本，[6]其有滯獄，[7]並決遣之，令行禁止，稱爲良政。上聞而嘉之，顧謂侍臣曰：“鄴都，[8]天下難理處也。敕相州刺史豆盧通令習熙之法。”[9]其年來朝，考績爲天下之最，賜帛三百匹，頒告天下。

〔1〕太山：即今山東境内的泰山，稱爲東岳。古代帝王多在此山舉行封禪典禮。

〔2〕汴州：治所在今河南開封市。

〔3〕姦俠：指地方上多結私交、行爲不法的人。

〔4〕下車：典出《禮記·樂記》：“武王克殷，反商，未及下車，而封黃帝之後於薊。”後遂稱皇帝初即位或官吏到任爲“下車”。
　游食：指居處不定，到處謀食。亦指居無定所而四處謀食之人。

〔5〕聚落：即人户聚居的村落。

[6] 僑人：泛指寄居外鄉的人。此處指寓居汴州的外鄉人口。

[7] 滯獄：指因積壓或拖延而未予審決的刑獄案件。

[8] 鄴都：都邑名。東魏、北齊的都城，北周相州總管府的治所，在今河北臨漳縣西南。北周靜帝大象二年平定相州總管尉遲迥之叛時，城被焚毀，遂移至今河南安陽市，仍爲相州治所。隋時沿之。

[9] 相州：北魏天興四年（401）分冀州始置相州，治所在今河北臨漳縣西南。東魏、北齊時改稱司州，爲都城所在地。北周建德六年滅北齊後復名相州。北周靜帝大象二年平定相州總管尉遲迥之叛後，因州城被毀，遂移治今河南安陽市。隋初沿之，隋煬帝大業初改置魏郡。　豆盧通：人名。本書卷三九、《北史》卷六八有附傳。

　　上以嶺南夷越數爲反亂，[1] 徵拜桂州總管十七州諸軍事，[2] 許以便宜從事，[3] 刺史以下官得承制補授。[4] 給帳內五百人，[5] 賜帛五百匹，發傳送其家累，[6] 改封武康郡公。[7] 熙至部，大弘恩信，其溪洞渠帥更相謂曰：[8]“前時總管皆以兵威相脅，今者乃以手教相諭，[9] 我輩其可違乎？”於是相率歸附。先是，州縣生梗，[10] 長吏多不得之官，寄政於總管府。熙悉遣之，爲建城邑，開設學校，華夷感敬，[11] 稱爲大化。時有甯猛力者，[12] 與陳後主同日生，[13] 自言貌有貴相。在陳日，已據南海，[14] 平陳後，高祖因而撫之，即拜安州刺史。[15] 然驕倨，恃其阻險，未嘗參謁。熙手書諭之，申以交友之分。其母有疾，[16] 熙復遺以藥物。猛力感之，詣府請謁，不敢爲非。熙以州縣多有同名者，於是奏改安州爲欽州，[17] 黃州爲峰州，[18] 利州爲智州，[19] 德州爲驩州，[20] 東寧爲融州，[21]上皆從之。在職數年，上表曰："臣忝寄嶺表，四載于兹，犬馬之年，[22]六十有一。才輕任重，愧懼兼深，常願收拙避賢，稍免官謗。[23]然所管遐曠，綏撫尤難，雖未能頓革夷風，[24]頗亦漸識皇化。但臣夙患消渴，[25]比更增甚，筋力精神，轉就衰邁。昔在壯齒，[26]猶不如人，況今年疾俱侵，豈可猶當重寄！請解所任。"優詔不許，賜以醫藥。熙奉詔，令交州渠帥李佛子入朝，[27]佛子欲爲亂，請至仲冬上道，熙意在羈縻，[28]遂從之。有人詣闕訟熙受佛子賂而捨之，[29]上聞而固疑之。既而佛子反問至，[30]上大怒，以爲信然，遣使者鎖熙詣闕。熙性素剛，鬱鬱不得志，行至永州，[31]憂憤發病而卒，時年六十三。上怒不解，於是没其家財。及行軍總管劉方擒佛子送於京師，[32]言熙實無贓貨，上乃悟，於是召其四子，聽預仕焉。少子德棻，[33]最知名。

[1]嶺南：地區名。亦稱"嶺表""嶺外"。指南嶺以南地區。夷越：古代對長江中下游以南各少數民族的泛稱。

[2]桂州：南朝梁始置，隋開皇九年平陳後置總管府。治所在今廣西桂林市。　總管：官名。全稱是總管刺史加使持節。北周始置諸州總管，隋初承繼，又有增置。總管的統轄範圍可達數州至十餘州，實爲一軍政轄區的最高長官。隋文帝在并、益、荆、揚四州置大總管，其餘州置總管。總管分上、中、下三等，品秩分別爲流內視從二品、視正三品、視從三品。　十七州諸軍事：此表示桂州總管的統轄範圍及其職權。

[3]便宜從事：亦作"便宜行事"。古代重要軍政長官出征、出使或出鎮時，由皇帝授予的一種職權特令。即可斟酌情勢，不拘規制條文，不須請示，自行處理前方軍政事務。

[4]承制：即秉承皇帝旨意而便宜行事。

[5]帳內：指在軍政長官幕府中供職的將佐及侍從衛士。

[6]發傳（zhuàn）：發派驛站車馬。　家累：即家屬、家眷。

[7]武康郡公：爵名。爲隋九等爵的第四等。從一品。

[8]溪洞：古代南方少數民族的聚居之地。　渠帥：古時對少數民族部落酋長或武裝反叛者首領的泛稱。

[9]手教：即手書，親筆寫的書信。常用作對來信的敬稱。

[10]生梗：意謂桀驁不馴。

[11]華夷：指漢族與少數民族。

[12]甯猛力：人名。南朝陳至隋時嶺南俚獠部族的首領。南陳末年割據南海，隋開皇九年平陳後降隋，任爲安州刺史，但自以爲與陳後主同生日，有天子貴相，遂恃險作亂，不服隋朝統治。至令狐熙任桂州總管時，以恩信多方感化之，遂心服隋朝統治而不敢爲亂，開皇末年病卒。事亦見本書卷六八《何稠傳》、《北史》卷六七《令狐熙傳》及卷九〇《何稠傳》、《新唐書》卷二二二下《南平獠傳》。

[13]陳後主：即南朝陳末代皇帝陳叔寶。紀見《陳書》卷六、《南史》卷一〇。

[14]南海：郡名。南朝陳時治所在今廣東廣州市。

[15]安州：南朝梁始置，隋開皇九年平陳後沿之。治所在今廣西欽州市東北。

[16]疢（chèn）：即煩熱之病。亦泛指疾病。

[17]欽州：隋開皇十八年改安州置。治所在今廣西欽州市東北。

[18]黃州：南朝梁始置，隋開皇九年平陳後沿之，開皇十八年改爲玉州。治所在今廣西東興市東南。　峰州：隋開皇十八年改興州置。治所在今越南越池市。按，奏改“黃州爲峰州”，底本、殿本、庫本、中華本皆同，《北史·令狐熙傳》亦同，宋刻遞修本殘缺，但中華本校勘記引錢大昕《廿二史考異》云：“《地理志》‘開

皇十八年改黄州爲玉州，改興州曰峰州'，此傳恐有脱文。"另岑仲勉也校正云："應作'改興州爲峰州'，傳誤。"（岑仲勉：《隋書求是》，中華書局 2004 年版，第 102 頁）

[19]利州：南朝梁始置，隋開皇九年平陳後沿之。治所在今越南香溪縣。 智州：隋開皇十八年改利州置。治所在今越南香溪縣。

[20]德州：南朝梁始置，隋開皇九年平陳後沿之。治所在今越南榮市。 驩州：隋開皇十八年改德州置。治所在今越南榮市。

[21]東寧：州名。南朝始置，隋開皇九年平陳後沿之。治所在今廣西融水苗族自治縣。 融州：隋開皇十八年改東寧州置。治所在今廣西融水苗族自治縣。

[22]犬馬之年：古人對自己年齡的謙稱。

[23]官謗：指因居官不稱職而受到的責難和非議。

[24]未：底本、中華本皆同，宋刻遞修本殘缺，但殿本、庫本作"近"，疑誤。

[25]消渴：中醫學病名。症狀爲口渴，善饑，尿多，消瘦。包括今糖尿病、尿崩症等疾病。

[26]壯齒：即壯年。齒，即年齒。

[27]交州：治所在今越南河内市。 李佛子：人名。隋時交州俚族酋帥。隋文帝仁壽二年徵其入朝，但他借故拖延，竟得到桂州總管令狐熙的准許，隨後又舉兵反叛。於是隋文帝遂以縱敵爲亂之罪派使者將令狐熙收治送京，另遣行軍總管劉方領兵討平叛亂，李佛子被執送於長安。事亦見本書卷二《高祖紀下》、卷五三《劉方傳》，《北史》卷一一《隋文帝紀》、卷六七《令狐熙傳》、卷七三《劉方傳》。

[28]羈縻：即以籠絡和懷柔之策對某人或某地進行控制。

[29]詣闕：指赴朝堂或赴京都。

[30]反問：此指反叛的音訊消息。

[31]永州：隋時先後有兩個永州：一是隋初沿襲北齊所置的永

州，治所在今河南信陽市北，開皇九年廢入純州；二是開皇九年平陳後新置的永州，治所在今湖南永州市，隋煬帝大業初改置零陵郡。文中所指當是第二個永州。

[32]行軍總管：北周至隋時所置的統領某部或某路出征軍隊的軍事長官。根據需要其上還可置行軍元帥以統轄全局。屬臨時差遣任命之職，事罷則廢。　劉方：人名。傳見本書卷五三、《北史》卷七三。

[33]德棻：人名。即令狐德棻，令狐熙的少子，博通文史，歷仕唐高祖、唐太宗、唐高宗三朝，官至金紫光祿大夫、國子祭酒、崇賢館學士，爵封彭陽縣公。曾長期擔任史官，預修《周書》《晉書》《五代史志》《藝文類聚》等書，爲唐代著名史學家。傳見《舊唐書》卷七三、《新唐書》卷一〇二。

薛胄

薛胄字紹玄，河東汾陰人也。[1]父端，[2]周蔡州刺史。[3]胄少聰明，每覽異書，便曉其義。常歎訓注者不會聖人深旨，輒以意辯之，諸儒莫不稱善。性慷慨，志立功名。周明帝時，[4]襲爵文城郡公。[5]累遷上儀同，[6]尋拜司金大夫，[7]後加開府。[8]

[1]河東：郡名。治所在今山西永濟市西蒲州鎮。　汾陰：縣名。治所在今山西臨猗縣西北。

[2]端：人名。即薛端，薛胄之父，西魏、北周時人。官至蔡州、基州刺史，爵封文城郡公。傳見《周書》卷三五，《北史》卷三六有附傳。

[3]蔡州：西魏改南雍州置，北周沿之。治所在今湖北襄陽市

西南。

　　〔4〕周明帝：即北周明帝宇文毓。紀見《周書》卷四、《北史》卷九。

　　〔5〕文城郡公：爵名。北周時爲十一等爵的第五等。正九命。

　　〔6〕上儀同：官名。全稱是上儀同大將軍。北周武帝建德四年始置，爲北周十一等勳官的第七等，可開府置官屬。九命。

　　〔7〕司金大夫：官名。全稱是司金中大夫。北周時爲冬官府司金曹的長官，掌礦冶鑄造之政令。正五命。

　　〔8〕開府：官名。全稱是開府儀同三司，北周武帝建德四年改稱開府儀同大將軍。北周時屬勳官。北周府兵制中二十四軍的每軍長官均加此勳官名，可開府置官屬。九命。

　　高祖受禪，擢拜魯州刺史，[1]未之官，檢校廬州總管事。[2]尋除兗州刺史。[3]及到官，繫囚數百，[4]冑剖斷旬日便了，囹圄空虛。有陳州人向道力者，[5]僞作高平郡守，[6]將之官，冑遇諸塗，察其有異，將留詰之。司馬王君馥固諫，[7]乃聽詣郡。既而悔之，即遣主簿追禁道力。[8]有部人徐俱羅者，[9]嘗任海陵郡守，[10]先是已爲道力僞代之。比至秩滿，公私不悟。俱羅遂語君馥曰："向道力以經代俱羅爲郡，使君豈容疑之？"[11]君馥以俱羅所陳，又固請冑。冑呵君馥曰："吾已察知此人詐也。司馬容姦，當連其坐！"君馥乃止。遂往收之，道力懼而引僞。其發姦摘伏，[12]皆此類也，時人謂爲神明。先是，兗州城東沂、泗二水合而南流，[13]泛濫大澤中，冑遂積石堰之，使決令西注，陂澤盡爲良田。又通轉運，利盡淮海，[14]百姓賴之，號爲薛公豐兗渠。冑以天下太平，登封告禪，[15]帝王盛烈，遂遣博士登太山，[16]觀古迹，撰《封禪圖》及儀上之。高祖謙讓不許。後轉鄆州刺史，[17]前後俱有惠政。徵拜衛尉卿，[18]尋轉大理卿，[19]持法寬平，名爲稱職。

[1]魯州：治所在今河南魯山縣。按，岑仲勉考校稱此“魯州實是廣州（非嶺南之廣州），隋人避諱而追改”（參見岑仲勉《隋書求是》，第 102 頁）。

[2]檢校：官制用語。指尚未實授某官但已掌其職事，即代理、代辦之意。　廬州：隋開皇初改合州置，設總管府。治所在今安徽合肥市。

[3]兗州：治所在今山東兗州市。

[4]繫囚：即在押的囚犯。

[5]陳州：隋初治所在今河南沈丘縣，開皇十六年移治今河南淮陽縣。　向道力：人名。曾僞造官狀冒任海陵郡太守，後又冒任高平郡太守，但在赴任途中被兗州刺史薛冑察覺其僞，薛冑遂派州主簿將其收捕，並揭其奸罪。事亦見《北史》卷三六《薛冑傳》。

[6]高平郡：隋初沿舊置，爲兗州屬郡，開皇三年郡廢。治所在今山東濟寧市。

[7]司馬：官名。此指州司馬。爲諸州府的上佐官，掌領府中軍務，通判列曹事。上州司馬爲正五品下，中州司馬爲從五品下，下州司馬爲正六品下。　王君馥：人名。隋初官任兗州司馬，曾極力勸阻刺史薛冑追查向道力冒任郡守之事，結果遭到薛冑的嚴厲斥責。事亦見《北史·薛冑傳》。

[8]主簿：官名。此指州主簿。爲諸州府的僚佐官，掌州府監印，檢核文書簿籍，勾稽缺失等事。雍州主簿爲流内視正八品，其餘諸州主簿爲流内視從八品。

[9]徐俱羅：人名。隋初兗州人，曾任海陵郡太守，後被假冒太守向道力替代歸家，竟信而不疑，毫無察覺。事亦見《北史·薛

胄傳》。

[10]海陵郡：南朝梁始置，隋初沿之，開皇三年郡廢。治所在今江蘇泰州市。

[11]使君：漢以後對州刺史的尊稱。

[12]摘（tī）伏：揭發隱秘的壞人壞事。

[13]沂：古水名。源出今山東曲阜市東南尼山，西流至兗州合於泗水。　泗：古水名。亦稱清水。源出今山東泗水縣東蒙山南麓，西流經曲阜、兗州，折南流經江蘇沛縣、徐州，又折東南流至淮安市注入淮河，是淮河下游第一大支流。

[14]淮海：此指淮河。

[15]登封告禪：指古代帝王登臨泰山及梁父山舉行祭天祭地的封禪大典。

[16]博士：官名。此指州博士。爲諸州府的學官，掌以儒經技藝教授生徒，兼掌州府文教禮制之事。隋代州博士的品階史無明載，但唐代諸州博士按州等級分上、中、下三等，品階分別爲從八品下、正九品上、正九品下，可作參考。

[17]郢州：西魏大統十七年（551）置，北周、隋時沿之。治所在今湖北鍾祥市。

[18]衛尉卿：官名。爲衛尉寺的長官，置一員，掌宮廷及祭祀、朝會之儀衛兵仗與帳幕供設等事務。開皇三年曾廢衛尉寺，將其職事歸入太常寺和尚書省，開皇十二年又復置。隋初爲正三品，隋煬帝大業三年降爲從三品。

[19]大理卿：官名。爲大理寺的長官，置一員，掌審獄，定刑名，決諸疑案。隋初爲正三品，隋煬帝大業三年降爲從三品。

　　後遷刑部尚書。[1]時左僕射高熲稍被疏忌，[2]及王世積之誅也，[3]熲事與相連，上因此欲成熲罪。胄明雪之，正議其獄。由是忤旨，械繫之，[4]久而得免。檢校相州事，甚有能名。會漢王諒作亂并州，[5]遣僞將綦良東略地，[6]攻逼慈州。[7]刺史上官政請援於胄，[8]胄畏諒兵鋒，不敢拒。良又引兵攻胄，胄欲以計却之，遣親人魯世範説良曰：[9]"天下事未可知，胄爲人臣，去就須得其所，何遽相攻也？"良於是釋去，進圖黎陽。[10]及良爲史祥所攻，[11]棄軍歸胄。朝廷以胄懷貳心，鎖詣大理。[12]相州吏人素懷其恩，詣闕理胄者百餘人，胄竟坐除名，配防嶺南，道病卒。有子筠、獻，[13]並知名。

[1]刑部尚書：官名。隋初沿北魏、北齊舊制置都官尚書，開皇三年改稱刑部尚書，爲尚書省所轄六部之一刑部的長官，掌刑法、徒隸、勾覆及關禁之政令，統刑部、都官、比部、司門四曹。置一員，正三品。

[2]左僕射：官名。隋時於尚書省置左、右僕射各一人爲副貳，地位僅次於長官尚書令。但因隋代尚書令不常置，僕射則成爲尚書省的實際長官，是宰相之職。從二品。 高熲：人名。傳見本書卷四一、《北史》卷七二。

[3]王世積：人名。傳見本書卷四〇，《北史》卷六八有附傳。

[4]械繫：戴上枷鎖鐐銬，拘禁起來。

[5]漢王諒：即隋文帝第五子楊諒。傳見本書卷四五、《北史》卷七一。

[6]綦良：人名。隋文帝仁壽末年爲并州大總管漢王楊諒的部下屬將，隋煬帝即位初部從楊諒反叛，領兵東出滏口，攻略慈州、相州、黎陽等地。其間曾被檢校相州刺史薛胄派人説服而棄攻相州，故至黎陽兵敗後，遂棄軍歸依薛胄。叛亂平定後，隋煬帝由此疑忌薛胄懷有二心，遂將其收捕治罪，幸得相州吏民爲薛胄開釋，纔免於死罪而被配流嶺南。事亦見本書卷四五《庶人諒傳》、卷六

三《史祥傳》、卷八〇《元務光母傳》，《北史》卷三六《薛冑傳》、卷六一《史祥傳》、卷七一《庶人諒傳》、卷九一《元務光母盧氏傳》。

[7]慈州：隋開皇十年置。治所在今河北磁縣。

[8]上官政：人名。隋煬帝即位初官任慈州刺史，其州遭到叛將綦良的攻掠，遂向鄰近的相州求援，但檢校相州刺史薛冑畏懼叛軍兵鋒，竟不敢出兵援救慈州。事亦見本書卷四〇《元冑傳》、卷八〇《元務光母傳》，《北史》卷三六《薛冑傳》、卷七三《元冑傳》、卷九一《元務光母盧氏傳》。

[9]親人：此指親信、親近之人。　魯世範：人名。隋煬帝即位初爲檢校相州刺史薛冑的屬下親信，叛將綦良攻略相州時，曾奉薛冑之命前去游説綦良，終使綦良放棄攻打相州。事亦見《北史·薛冑傳》。

[10]黎陽：縣名。治所在今河南浚縣東北。

[11]史祥：人名。傳見本書卷六三，《北史》卷六一有附傳。

[12]大理：此指大理寺。官署名。爲隋九寺之一，掌鞫獄，定刑名，並覆核諸州刑獄。屬執法機關，政令仰承尚書省刑部。凡諸司解送犯徒以上罪、百官九品以上判免官罪、百姓判流死以上罪，皆由本寺詳正並呈送刑部審覆；重大疑獄則由本寺與御史臺、刑部組成三司會審。長官爲大理卿，次官爲大理少卿，屬官有正、丞、主簿、司直、評事等。

[13]筠：人名。即薛筠，薛冑之子。事亦見《北史·薛冑傳》。　獻：人名。即薛獻，薛冑之子，隋末扈從李淵起兵，任爲招慰大使；唐初以元從功臣官至金紫光禄大夫、工部侍郎、泉資定隴四州刺史，爵封内陽郡公，卒贈洪州都督。事亦見《北史·薛冑傳》、《舊唐書》卷五九《任瓌傳》、《新唐書》卷七三下《宰相世系表三下》及卷九〇《任瓌傳》、周紹良主編《唐代墓誌彙編》顯慶〇八七《大唐太子左衛杜（延基）長史故妻薛氏墓誌銘并序》及貞元一〇五《唐故河南府密縣丞河東薛（迅）府君墓誌銘并叙》

（第283、1913頁）。

宇文㢸

宇文㢸字公輔，河南洛陽人也，[1]其先與周同出。[2]祖直力覲，[3]魏鉅鹿太守。[4]父珍，[5]周宕州刺史。[6]㢸慷慨有大節，博學多通。仕周爲禮部上士，[7]嘗奉使鄧至國及黑水、龍涸諸羌，[8]前後降附三十餘部。及還，奉詔修定五禮，[9]書成奏之，賜公田十二頃，[10]粟百石。累遷少吏部，[11]擢八人爲縣令，皆有異績，時以爲知人。轉內史都上士。[12]武帝將出兵河陽以伐齊，[13]謀及臣下，㢸進策曰："齊氏建國，于今累葉，[14]雖曰無道，藩屏之寄，[15]尚有其人。今之用兵，須擇其地。河陽衝要，精兵所聚，盡力攻圍，恐難得志。如臣所見，彼汾之曲，[16]戍小山平，[17]攻之易拔。用武之地，莫過於此，願陛下詳之。"帝不納，師竟無功。建德五年，大舉伐齊，卒用㢸計。㢸於是募三輔豪俠少年數百人以爲別隊，[18]從帝攻拔晉州。[19]身被三創，[20]苦戰不息，帝奇而壯之。後從帝平齊，以功拜上儀同，封武威縣公，[21]邑千五百戶，賜物千五百段，奴婢百五十口，馬牛羊千餘頭，拜司州總管司錄。[22]

[1]河南：郡名。治所在今河南洛陽市東北白馬寺東。 洛陽：縣名。治所在今河南洛陽市東北白馬寺東。

[2]周：此指北周皇室宇文氏。

[3]直力覲：人名。本傳載爲宇文㢸之祖，但《北史》卷七五

《宇文敱傳》載宇文敱之祖名"直力勤"；《元和姓纂》卷六《宇文》載宇文敱之曾祖名"勤"，祖名"賢"；《新唐書·宰相世系表一下》載宇文敱之曾祖名"直力勤"，祖名"賢"。岑仲勉考校認爲"勤、覲袛一音之異，但《姓纂》等苟不誤，則傳以曾祖爲祖"（參見岑仲勉《隋書求是》，第102頁）。故據上所考，直力覲當爲"直力勤"之訛，是宇文敱的曾祖，北魏時人，官至鉅鹿太守。而宇文敱之祖名賢，字大雅，北魏時官至定州刺史。

[4]鉅鹿：郡名。北魏時治所在今河北晉州市。

[5]珍：人名。宇文敱之父，北周時官至宕州刺史，爵封壽張縣公。按，"珍"各本皆同，《北史·宇文敱傳》亦同，但《元和姓纂》卷六《宇文》載宇文敱之父名"漳"，而《新唐書·宰相世系表一下》載宇文敱之父名"瑋"，字"法珍"。岑仲勉考校認爲"珍乃法珍之省稱，且以字爲名也"（參見岑仲勉《隋書求是》，第102頁）。

[6]宕州：北周武帝天和元年（566）置。治所在今甘肅宕昌縣東南。

[7]禮部上士：官名。全稱是小禮部上士。西魏末至北周初於春官府設禮部曹，置小禮部上士爲該曹次官，協助長官禮部中大夫掌吉凶禮制，正三命。北周武帝保定四年改禮部曹爲司宗曹，小禮部上士遂改稱爲司宗上士。但同時周武帝又另改春官府大司禮曹爲禮部曹，仍置小禮部上士爲該曹次官，協助長官禮部下大夫掌內外九族之差，及玉帛衣服之令，沙門道士之法，正三命。故保定四年之前和之後的小禮部上士，雖名稱、命品皆同，但其隸屬和職掌並不相同。宇文敱所任的小禮部上士，王仲犖認爲是保定四年以前所置，而非保定四年以後所置（參見王仲犖《北周六典》卷四《春官府第九》，第164頁）。

[8]鄧至國：古國名。爲北朝時白水羌（亦稱鄧至羌）所建之國，轄境約當今甘肅與四川交界地帶。傳見《魏書》卷一〇一、《周書》卷四九、《北史》卷九六。　黑水：古水名。源出今甘肅

舟曲縣西南山區，南流至四川九寨溝縣西北匯入白水江。北朝時有羌部居此，號爲黑水羌。　龍涸：郡名。北周時治所在今四川松潘縣。　羌：古族名。主要分布在今青海、甘肅、四川西北部一帶。秦漢時部落衆多，總稱西羌。其後漸與西北地區的漢族及其他民族融合。

[9]五禮：古代的五種禮制，即吉禮、凶禮、軍禮、賓禮、嘉禮。

[10]賜公田十二頃：此句各本皆同，但《北史·宇文貰傳》作"賜田二頃"，疑有脱誤。

[11]少吏部：官名。此當是北周小吏部上士的省稱和別稱。參見前注"吏部上士"。

[12]内史都上士：官名。北周時爲春官府内史曹的屬官，輔助正副長官掌撰皇帝詔令，參議軍國政事，並總判本曹日常事務。正三命。

[13]河陽：鎮、城名。北齊時在今河南孟州市南。北周武帝建德四年曾自此出兵親征北齊，結果受阻，無功而返。

[14]累葉：即累世；接連數代。

[15]藩屏：即國之屏障。此喻指邊防重鎮。

[16]汾之曲：古地名。即汾曲。指汾河南流至今山西新絳縣而折向西流的曲折之處。

[17]戍：南北朝至隋唐時設在邊防要衝地帶的軍事據點，其規模建制略小於鎮。

[18]三輔：西漢時稱京兆尹、右扶風、左馮翊三個管治京畿的職官及其所轄之地爲三輔。後遂泛稱京城附近地區爲三輔。

[19]晋州：北齊時治所在今山西臨汾市。

[20]身被三創："創"字底本原作"瘡"，宋刻遞修本、殿本、庫本及《北史·宇文貰傳》與底本同，今據中華本改。

[21]武威縣公：爵名。北周時爲十一等爵的第六等。正九命或九命。

[22]司州：考本書《地理志》，北周無司州，此當是北周武帝建德六年滅北齊之後臨時沿用北齊司州之名，尋改稱司州爲相州，置總管府，治所在北齊舊都鄴城（今河北臨漳縣西南鄴鎮東）。

宣帝嗣位，[1]遷左守廟大夫。[2]時突厥寇甘州，[3]帝令侯莫陳昶率兵擊之，[4]勣爲監軍。[5]勣謂昶曰：“黠虜之勢，[6]來如激矢，去若絶弦，[7]若欲追躡，良爲難及。且宜選精騎，直趨祈連之西。[8]賊若收軍，必自蓼泉之北，[9]此地險隘，兼復下濕，[10]度其人馬，三日方度，緩轡追討，何慮不及？彼勞我逸，破之必矣。若邀此路，真上策也。”昶不能用之，西取合黎，[11]大軍行遲，虜已出塞。其年，勣又率兵從梁士彦攻拔壽陽，[12]尋改封安樂縣公，[13]增邑六百户，賜物六百段，加以口馬。[14]除滄州刺史，[15]俄轉南司州刺史。[16]後司馬消難之奔陳也，[17]勣追之不及。遇陳將樊毅，[18]戰於漳口，[19]自旦及午，三戰三捷，虜獲三千人。除黃州刺史，[20]尋轉南定州刺史。[21]

[1]宣帝：即北周宣帝宇文贇。紀見《周書》卷七、《北史》卷一〇。

[2]左守廟大夫：《北史》卷七五《宇文勣傳》無“左”字，故王仲犖疑此處“左”字是衍文（參見王仲犖《北周六典》卷四《春官府第九》，第166頁），當從之。守廟大夫，官名。全稱是守廟中大夫。北周時爲春官府守廟曹的長官，掌太廟供設、祭祀、配享及日常守護等政令。正五命。

[3]突厥：古族名、國名。公元六世紀初興起於今阿爾泰山西南麓，552年在今鄂爾渾河流域建立突厥汗國，此後其勢力擴展至

大漠南北，橫跨蒙古高原，隋開皇二年分裂爲東、西兩部。傳見本
書卷八四、《周書》卷五〇、《北史》卷九九、《舊唐書》卷一九
四、《新唐書》卷二一五。　甘州：北周時治所在今甘肅張掖市。

　　[4]侯莫陳昶：人名。本名劉昶，因其父劉亮在西魏時被賜姓
侯莫陳氏，故稱侯莫陳昶，隋時又復名劉昶。北周宣帝即位初年，
官居柱國大將軍，奉命領兵至甘州抗擊入侵的突厥，結果無功而
返。事亦見本書卷二《高祖紀下》、卷五一《長孫晟傳》、卷八
〇《劉昶女傳》、卷八四《突厥傳》，《周書》卷一七《劉亮傳》，
《北史》卷一一《隋文帝紀》、卷二二《長孫晟傳》、卷六五《劉亮
傳》、卷七五《宇文馟傳》、卷九一《劉昶女傳》、卷九九《突厥
傳》。

　　[5]監軍：北周朝廷派往出征軍隊執掌監督任務的官員。屬臨
時差遣委命之職，事罷則廢。

　　[6]黠虜：狡猾的外族敵人。此指突厥。

　　[7]絕弦：離弦之箭。比喻速度極快。

　　[8]祈連：山名。即祁連山，匈奴語意爲“天山”。廣義的祁
連山是對今甘肅西部和青海東北部邊境山地的總稱，西北至東南走
向，綿延二千里；狹義的祁連山是指其最北的一支。按，“祈連”
底本、殿本、庫本及《北史·宇文馟傳》皆同，宋刻遞修本、中華
本作“祁連”，乃音譯之別。

　　[9]蓼泉：地名。在今甘肅臨澤縣西北黑河西南岸。

　　[10]下濕：地勢低窪。

　　[11]合黎：山名。在今甘肅張掖市西北。

　　[12]梁士彥：人名。傳見本書卷四〇、《周書》卷三一、《北
史》卷七三。　壽陽：鎮、城名。南朝陳時在今安徽壽縣淮河南
岸。因其地處南北交通要衝，故南北朝時爲駐防淮南地區的軍事
重鎮。

　　[13]安樂縣公：爵名。北周時爲十一等爵的第六等。正九命或
九命。

［14］口馬：即口北出産的馬。亦泛指良馬。

［15］滄州：北周時治所在今河南固始縣。

［16］南司州：北齊始置，北周滅北齊後沿之。治所在今湖北武漢市黃陂區。

［17］司馬消難：人名。北周末年官任鄖州總管，起兵反對楊堅篡周，旋被討滅，逃奔南朝陳。傳見《周書》卷二一，《北史》卷五四有附傳。

［18］樊毅：人名。南朝陳將，陳宣帝太建十二年（亦即北周大象二年）官任鎮西將軍、督沔漢諸軍事，奉命率軍接應敗逃的北周鄖州總管司馬消難入陳，在漳口與北周南司州刺史宇文弼所率追兵相遇接戰，結果連戰連敗。傳見《陳書》卷三一、《南史》卷六七。

［19］漳口：地名。在今湖北漢川市西北漳水注入大富水之河口處。

［20］黃州：北周末年改南司州置。治所在今湖北武漢市黃陂區。

［21］南定州：北周末年改南朝陳的定州置，尋又改稱亭州。治所在今湖北麻城市東北。

開皇初，以前功封平昌縣公，[1]加邑一千二百户，入爲尚書右丞。[2]時西羌内附，詔弼持節安集之，[3]置鹽澤、蒲昌二郡而還。[4]遷尚書左丞，當官正色，爲百僚所憚。三年，突厥寇甘州，[5]以行軍司馬從元帥竇榮定擊破之。[6]還除太僕少卿，[7]轉吏部侍郎。平陳之役，楊素出信州道，[8]令弼持節爲諸軍節度，[9]仍領行軍總管。劉仁恩之破陳將呂仲肅也，[10]弼有謀焉。加開府，[11]擢拜刑部尚書，領太子虞候率。[12]上嘗親臨釋奠，[13]弼與博士論議，[14]詞致清遠，觀者屬目。[15]上大悅，顧謂侍臣曰：「朕今睹周公之制禮，[16]見宣尼之論孝，[17]實慰朕心。」於是頒賜各有差。時朝廷以晉陽爲重鎮，[18]并州總管必屬親王，其長史、司馬亦一時高選。[19]前長史王韶卒，[20]以敬有文武幹用，出爲并州長史。俄以父艱去職，[21]尋詔起之。十八年，遼東之役，[22]授元帥漢王府司馬，[23]仍尋領行軍總管。軍還之後，歷朔、代、吳三州總管，[24]皆有能名。

[1]平昌縣公：爵名。爲隋九等爵的第五等。從一品。

[2]尚書右丞：官名。爲尚書省的屬官，與尚書左丞對置，各一人，分掌尚書都省事務，糾駁諸司文案，總判兵、刑、工三部之事。隋初爲從四品下，隋煬帝大業三年升爲正四品。

[3]持節：魏晉南北朝至隋代，凡重要軍政長官出鎮或出征時，以及皇帝派遣使臣出巡地方或出使藩邦時，均加使持節、持節、假節等頭銜，以表示其權力和尊崇。使持節可誅殺二千石以下官吏，持節可誅殺無官職之人，假節可誅殺犯軍令之人。

[4]鹽澤、蒲昌二郡：考本書《地理志》及其他地理志書，均未見隋初宇文㢸所置的鹽澤、蒲昌二郡，故此二郡的地理位置未詳。但據本傳所述事及二郡之名推測，疑此二郡似在今新疆若羌縣東北的蒲昌海（亦名鹽澤）一帶。

[5]甘州：治所在今甘肅張掖市。

[6]行軍司馬：北周至隋時出征軍統帥屬下的幕府僚佐官，掌領幕府軍務。屬臨時差遣任命之職，事罷則廢。　竇榮定：人名。傳見本書卷三九，《北史》卷六一有附傳。

[7]太僕少卿：官名。爲太僕寺的次官，協助長官太僕卿掌國家廐牧、車輿等事務。隋初置一員，尋又加置一員，正四品上；隋

煬帝大業三年定置二員，降爲從四品。

　　[8]楊素：人名。傳見本書卷四八，《北史》卷四一有附傳。

　　信州道：行軍道路名。因取道於信州（治所在今重慶奉節縣東）而得名。

　　[9]節度：即調度；指揮。

　　[10]劉仁恩：人名。本書卷四六有附傳，另事見本書卷一《高祖紀上》、卷二《高祖紀下》、卷三九《源雄傳》、卷四八《楊素傳》，《北史》卷七五《張奫傳》等。　　呂仲肅：人名。南朝陳將，本名“呂忠肅”，隋人避諱“忠”字而改稱“呂仲肅”或“呂肅”。南陳末年官任南康內史，隋開皇九年正月信州道行軍元帥楊素統率水軍沿江東下伐陳時，調任爲長江上游西陵峽一帶的陳軍守將，力圖阻擋隋軍東下，結果被楊素及其部將劉仁恩、宇文弼等揮軍擊破，慘敗而逃。事亦見本書卷四六《劉仁恩傳》、卷四八《楊素傳》，《北史》卷四一《楊素傳》、卷七五《宇文弼傳》，《陳書》卷一五《陳慧紀傳》，《南史》卷六五《宜黃侯慧紀傳》。

　　[11]開府：官名。全稱是“開府儀同三司”。爲隋十一等散實官的第六等，可開府置僚佐。正四品上。隋煬帝大業三年廢十一等散實官，唯保留開府儀同三司一官，並改爲位次王公，從一品。

　　[12]領：官制用語。即以較高官兼理較低官之職事。　　太子虞候率：官名。隋初於太子東宮所轄左右虞候府各置開府一人爲本府長官，掌斥候伺非之警衛事務，正四品上。隋煬帝大業三年改左右虞候開府爲左右虞候率，正四品。按，文中所述事在隋文帝開皇中，此時左右虞候開府尚未改稱左右虞候率，故此處所載“太子虞候率”欠準確，應正作“太子虞候開府”。（參見唐華全《〈隋書〉勘誤18則》）

　　[13]釋奠：古代在學校設置酒食以奠祭先聖先師的一種典禮。

　　[14]博士：官名。此當指國子寺所轄國子學、太學、四門學、書算學的博士，爲各學的教官，掌以儒經技藝教授各學生徒，國有疑事則掌承問對。國子學博士爲正五品上，太學博士爲從七品下，

四門學博士爲從八品上，書算學博士爲從九品下。

[15]屬目：注目、注視。

[16]周公：即周公旦。詳見《史記》卷三三《魯周公世家》。

[17]宣尼：即孔子。西漢平帝元始元年（1）追謚孔子爲"褒成宣尼公"，後遂稱孔子爲宣尼。詳見《史記》卷四七《孔子世家》。

[18]晉陽：城邑名。在今山西太原市西南古城營。隋文帝時爲河北道行臺及并州大總管府的治所。

[19]長史、司馬：此指并州大總管府的長史、司馬。參見前注"總管長史""總管司馬"。

[20]王韶：人名。傳見本書卷六二、《北史》卷七五。

[21]父艱：即遭逢父親喪事。參見前注"丁父憂""母憂"。

[22]遼東：地區名。泛指今遼河以東地區。隋時高麗國在遼東，故文中"遼東之役"即指征伐高麗之事。

[23]元帥漢王府司馬：此指開皇十八年漢王楊諒領兵征伐高麗時所建行軍元帥府屬下的行軍司馬。參見前注"行軍司馬"。

[24]朔：州名。隋開皇初置總管府。治所在今山西朔州市。

代：州名。隋開皇五年改肆州置，設總管府。治所在今山西代縣。

吳：州名。隋時先後有三個吳州，文中所指是開皇九年平陳後改東揚州所置的吳州，治所在今浙江紹興市，大業初改稱越州，大業三年改爲會稽郡。

　　煬帝即位，[1]徵拜刑部尚書，仍持節巡省河北。[2]還除泉州刺史。[3]歲餘，復拜刑部尚書，尋轉禮部尚書。勍既以才能著稱，歷職顯要，聲望甚重，物議時談，多見推許，帝頗忌之。時帝漸好聲色，尤勤遠略，[4]勍謂高熲曰："昔周天元好聲色而國亡，[5]以今方之，不亦甚乎？"又言"長城之役，[6]幸非急務"。有人奏之，竟坐誅死，時年六十二，天下冤之。所著辭賦二十餘萬言，爲《尚書》《孝經》注，[7]行於時。有子儉、瑗。[8]

[1]煬帝：即隋煬帝楊廣。紀見本書卷三、四，《北史》卷一二。

[2]河北：地區名。指黃河中下游以北地區。

[3]泉州：隋開皇九年平陳後改豐州置。治所在今福建福州市。

[4]遠略：此指經略遠方之地。

[5]周天元：即北周宣帝宇文贇。天元乃其尊號。紀見《周書》卷七、《北史》卷一〇。

[6]長城之役：此指隋煬帝大業三年爲防禦突厥而徵發百餘萬民丁修築長城的勞役。

[7]《尚書》：亦簡稱《書》。相傳是孔子編選而成的一部上古文獻著作彙編，爲儒家經典之一。　《孝經》：孔子的後學門徒所作的一部儒家經典，漢代列爲"七經"之一。

[8]儉：人名。即宇文儉，宇文㢸的長子，唐初官至九隴縣令。事亦見《北史》卷七五《宇文㢸傳》、《新唐書·宰相世系表一下》、《元和姓纂》卷六《宇文》。　瑗：人名。即宇文瑗，宇文㢸的次子。事亦見《北史·宇文㢸傳》《新唐書·宰相世系表一下》。

張衡

張衡字建平，河內人也。[1]祖嶷，[2]魏河陽太守。[3]父光，[4]周萬州刺史。[5]衡幼懷志尚，有骨鯁之風。年十五，詣太學受業，[6]研精覃思，爲同輩所推。周武帝居太后憂，[7]與左右出獵，衡露髮輿櫬，[8]扣馬切諫。帝嘉焉，賜衣一襲，馬一匹，擢拜漢王侍讀。[9]衡又就沈重受《三禮》，[10]略究大旨。累遷掌朝大夫。[11]

[1]河內：郡名。治所在今河南沁陽市。

[2]嶷：人名。即張嶷，張衡之祖，北魏時人，官至河陽郡太守。事亦見《北史》卷七四《張衡傳》。

[3]河陽：郡名。北魏時治所在今河南孟州市南。

[4]光：人名。即張光。張衡之父，北周時官至萬州刺史。事亦見《北史·張衡傳》。按，“光”字各本皆同，但《北史·張衡傳》作“允”。

[5]萬州：考本書《地理志》，南朝梁始置萬州，西魏改稱通州，北周、隋時沿之，則北周時已無萬州之名，故此處之萬州當是沿用南朝梁時的舊州名。治所在今四川達州市。

[6]太學：古代設在京城的最高學府。西周始置，兩漢時建制漸趨完善，規模不斷擴大。其後歷代皆沿置太學，制度亦有變化，但均爲傳授儒家經典的最高學府。

[7]居太后憂：指帝王處在太后的喪期中。按古代禮制規定，帝王居親喪期間，須恪守孝道，力行克儉，不得宴享游獵。

[8]露髮輿櫬：意謂披散頭髮，載棺相隨。用以表示決死之心。

[9]漢王：北周宗室親王宇文贊的封爵名。傳見《周書》卷一三、《北史》卷五八。　侍讀：官名。北周時凡太子、宗室諸王皆置侍讀，掌爲太子、諸王講導經學辭章。命品未詳。

[10]沈重：人名。南朝梁至隋初時人，爲當世名儒，精通《詩》《禮》及《左氏春秋》，北周武帝時官至開府儀同三司、露門館博士。傳見《周書》卷四五、《北史》卷八二。

[11]掌朝大夫：官名。全稱是掌朝下大夫。北周時爲秋官府掌朝曹的長官，掌正內外朝儀之位，辨其貴賤之等，糾察非違。正四命。

高祖受禪，拜司門侍郎。[1]及晉王廣爲河北行臺，[2]衡歷刑部、度支二曹郎。[3]後以臺廢，拜并州總管掾。[4]及王轉牧揚州，[5]衡復爲掾，王甚親任之。衡亦竭慮盡誠事之，奪宗之計，[6]多衡所建也。以母憂去職，歲餘，起授揚州總管司馬，賜物三百段。開皇中，熙州李英林聚衆反，[7]署置百官，以衡爲行軍總管，率步騎五萬人討平之。拜開府，賜奴婢一百三十口，物五百段，金銀雜畜稱是。及王爲皇太子，拜衡右庶子，[8]仍領給事黄門侍郎。[9]

[1]司門侍郎：官名。爲尚書省刑部所轄四曹之一司門曹的長官，置二員，掌全國關塞禁防、道路過所之政令。隋初爲正六品上，開皇三年升爲從五品。隋煬帝大業三年改諸曹侍郎爲郎，司門侍郎遂改稱司門郎。

[2]晉王廣：即楊廣。紀見本書卷三、四，《北史》卷一二。
河北：此指河北道。參見前注"河北道"。 行臺：官名。此是行臺尚書令的省稱。爲行臺尚書省的最高長官，總掌行臺所轄特區内的軍政事務。流内視正二品。

[3]刑部、度支二曹郎：此指行臺刑部侍郎和行臺度支侍郎兩個官名的併省之稱。行臺刑部侍郎，爲行臺尚書省之刑部下轄刑部曹的長官，掌行臺所轄特區内的司法刑獄之政務。流内視正六品。行臺度支侍郎，爲行臺尚書省之民部下轄度支曹的長官，掌行臺所轄特區内的租賦物産及收支出納之政務。流内視正六品。

[4]總管掾：官名。爲諸州總管府的屬官，掌領府中列曹參軍，統轄列曹事務。隋時諸州總管府掾的品階史無明載，但并、益、揚三州爲大總管府，例由親王出鎮，故此三州總管府掾則等同於親王府掾，其品階當爲正六品上。

[5]牧：指出任地方長官。此處“牧揚州”是指晉王楊廣出任揚州總管。　揚州：隋開皇九年改吳州置，設大總管府。治所在今江蘇揚州市。按，“揚”字底本原作“楊”，今據宋刻遞修本、殿本、庫本、中華本及《北史》卷七四《張衡傳》改。

[6]奪宗：古時稱奪取嫡長子或太子之位爲“奪宗”。此指晉王楊廣篡奪皇太子之位。

[7]熙州：隋開皇初改南朝陳之晉州置。治所在今安徽潛山縣。李英林：人名。隋時熙州人，隋文帝開皇二十年聚衆反叛，朝廷任命揚州總管司馬張衡爲行軍總管，率軍討平之。事亦見本書卷二《高祖紀下》、《北史》卷一一《隋文帝紀》及卷七四《張衡傳》。

[8]右庶子：官名。爲太子東宮所轄典書坊的長官，置二員，掌侍從、獻納、啓奏等事務，制比朝廷中的内史令。正四品下。

[9]給事黄門侍郎：官名。隋初於門下省置給事黄門侍郎四員，爲門下省的次官，協助長官納言掌封駁制敕，參議政令的制定。正四品上。隋煬帝大業三年去“給事”之名，但稱“黄門侍郎”，並減置二員。正四品。

煬帝嗣位，除給事黄門侍郎，進位銀青光禄大夫，[1]俄遷御史大夫，[2]甚見親重。大業三年，[3]帝幸榆林郡，[4]還至太原，[5]謂衡曰：“朕欲過公宅，可爲朕作主人。”衡於是馳至河内，與宗族具牛酒。帝上太行，[6]開直道九十里，以抵其宅。帝悦其山泉，留宴三日，因謂衡曰：“往從先皇拜太山之始，塗經洛陽，瞻望於此，深恨不得相過，不謂今日得諧宿願。”衡俯伏辭謝，奉觴上壽。帝益歡，賜其宅傍田三十頃，良馬一匹，金帶，縑彩六百段，衣一襲，御食器一具。衡固讓，帝曰：“天子所至稱幸者，蓋爲此也，不足爲辭。”衡復獻食於帝，帝令頒賜公卿，下至衛士，無不霑洽。[7]

[1]銀青光祿大夫：官名。屬散實官。隋初爲正三品，隋煬帝大業三年降爲從三品。

[2]御史大夫：官名。爲御史臺的長官，置一員，掌國家刑憲典章之政令，糾察彈劾百官。隋初爲從三品，隋煬帝大業五年（據本書《百官志下》，而《唐六典》卷一三《御史臺》載作“大業八年”）降爲正四品。

[3]大業：隋煬帝楊廣年號（605—618）。

[4]榆林郡：隋大業初改勝州置。治所在今內蒙古准格爾旗東北十二連城。

[5]太原：郡名。隋大業初改并州置。治所在今山西太原市西南古城營。

[6]太行：山名。即今山西、河北兩省之間的太行山，其南端延伸至晉豫邊境黃河沿岸。

[7]霑洽：意謂普遍受惠。

衡以藩邸之舊，[1]恩寵莫與爲比，頗自驕貴。明年，帝幸汾陽宮，[2]宴從官，特賜絹五百匹。帝欲大汾陽宮，[3]令衡與紀弘整具圖奏之。[4]衡承間進諫曰：“比年勞役繁多，百姓疲敝，伏願留神，稍加折損。”帝意甚不平。後嘗目衡謂侍臣曰：“張衡自謂由其計畫，令我有天下也。”時齊王暕失愛於上，[5]帝密令人求暕罪失。有人譖暕違制，將伊闕令皇甫詡從之汾陽宮。[6]又錄前幸涿郡及祠恒岳時，[7]父老謁見者，衣冠多不整。帝譴衡以憲司皆不能舉正，出爲榆林太守。明年，帝復幸汾陽宮，衡督役築樓煩城，[8]因而謁帝。帝惡衡不損瘦，以爲不念咎，因謂衡曰："公甚肥澤，宜且還郡。"衡復之榆林。俄而敕衡督役江都宮。[9]有人詣衡訟宮監者，[10]衡不爲理，還以訟書付監，其人大爲監所困。禮部尚書楊玄感使至江都，[11]其人詣玄感稱冤。玄感固以衡爲不可。及與衡相見，未有所言，又先謂玄感曰："薛道衡真爲枉死。"玄感具上其事，江都丞王世充又奏衡頻減頓具。[12]帝於是發怒，鎖衡詣江都市，[13]將斬之，久而乃釋，除名爲民，放還田里。帝每令親人覘衡所爲。八年，帝自遼東還都，衡妾言衡怨望，謗訕朝政，竟賜盡于家。臨死大言曰："我爲人作何物事，而望久活！"監刑者塞耳，促令殺之。義寧中，[14]以死非其罪，贈大將軍、南陽郡公，[15]諡曰忠。[16]有子希玄。[17]

[1]藩邸：即藩王之府邸。此指隋煬帝即位之前所居的晋王府邸。

[2]汾陽宮：隋行宮名。始建於大業四年，位於今山西寧武縣南管涔山上，爲隋煬帝北巡避暑之所。

[3]帝欲大汾陽宮：此句底本、殿本、庫本皆同，宋刻遞修本、中華本及《北史》卷七四《張衡傳》"帝"上有"時"字。

[4]紀弘整：人名。隋煬帝時官至太府少卿、吏部侍郎，曾於大業四年奉煬帝之命與御史大夫張衡共同設計圖紙，以擴建汾陽行宮。事亦見《北史·張衡傳》、周紹良主編《唐代墓誌彙編》開元二〇七《大唐故雍州明堂縣丞紀（茂重）君墓誌銘并序》（第1301頁）。

[5]齊王暕：即隋煬帝第二子楊暕。傳見本書卷五九、《北史》卷七一。

[6]伊闕：縣名。隋開皇十八年改新城縣置。治所在今河南伊

川縣西南。　皇甫詡：人名。隋煬帝大業四年官任伊闕縣令，因受河南尹齊王楊暕寵信，竟違制擅離職守，隨從楊暕前往汾陽行宮參與圍獵活動。稍後楊暕失寵，御史遂希旨奏告此事，結果楊暕和御史大夫張衡皆因此遭到隋煬帝的責罰而被貶官。事亦見本書卷五九《齊王暕傳》、《北史》卷七一《齊王暕傳》及卷七四《張衡傳》。

　　[7]涿郡：隋大業初改幽州置。治所在今北京市西南。　恒岳：山名。即五岳中的北岳恒山。在今河北曲陽縣西北與山西省接壤處。隋煬帝大業四年曾在此山舉行封禪典禮。

　　[8]樓煩城：城名。在今山西寧武縣東北長城樓煩關地段。

　　[9]江都宮：隋行宮名。隋煬帝大業元年始建於揚州，後三游其地，並卒於此。故址在今江蘇揚州市。

　　[10]宮監：官名。隋煬帝大業初於各行宮所在地置總監，亦簡稱監，掌理行宮諸事務。上宮監爲正五品，中宮監爲從五品，下宮監爲正七品。此指江都宮監。

　　[11]楊玄感：人名。傳見本書卷七〇、《北史》卷四一。　江都：郡名。隋大業初改揚州置。治所在今江蘇揚州市。

　　[12]丞：官名。此指郡丞。隋初沿舊制於各郡置郡丞，爲郡太守之副貳。京兆郡之丞爲從五品下，其餘上、中、下三等郡之丞分別爲從七品上、正八品上、從八品上。開皇三年廢郡，郡丞亦罷。隋煬帝大業三年復改州爲郡，廢併州長史、司馬之職而置贊治（唐人諱稱贊務）一人，爲郡太守之副貳，尋又改稱贊治爲郡丞。京兆、河南二郡之丞爲從四品，其餘上、中、下三等郡之丞分別爲正五品、從五品、正六品。　王世充：人名。唐時亦諱稱“王充”。傳見本書卷八五、《北史》卷七九、《舊唐書》卷五四、《新唐書》卷八五。　頓具：此指行宮中所擺設的器具。

　　[13]市：指城市中劃定的商業貿易區。古代亦爲公開處決犯人的地方。

　　[14]義寧：隋恭帝楊侑年號（617—618）。按，“義寧中”各本皆同，但《北史·張衡傳》作“武德初”，疑誤。

[15]大將軍：贈官。正三品。　南陽郡公：贈爵。從一品。

[16]謚：古代帝王、貴族、大臣、士大夫或其他有地位的人死後，據其生前業迹評定的一種帶有褒貶意義的稱號。

[17]希玄：人名。即張希玄，張衡之子。事亦見《北史・張衡傳》。

楊汪

楊汪字元度，本弘農華陰人也，[1]曾祖順，[2]徙居河東。父琛，[3]儀同三司，[4]及汪貴，追贈平鄉縣公。[5]汪少凶疏，[6]好與人群鬬，拳所毆擊，無不顛踣。[7]長更折節勤學，專精《左氏傳》，通《三禮》。解褐周冀王侍讀，[8]王甚重之，每曰：“楊侍讀德業優深，孤之穆生也。”[9]其後問《禮》於沈重，[10]受《漢書》於劉臻，[11]二人推許之曰：“吾弗如也。”由是知名，累遷夏官府都上士。及高祖居相，[12]引知兵事，遷掌朝下大夫。

[1]弘農：郡名。治所在今河南靈寶市。　華陰：縣名。治所在今陝西華陰市。

[2]順：人名。即楊順，楊汪的曾祖，北魏時人。自弘農徙家於河東，官至冀州刺史，爵封三門縣公。《魏書》卷五八、《北史》卷四一有附傳。按，《新唐書・宰相世系表一下》載楊順爲楊汪之祖，與本傳及《北史》卷七四《楊汪傳》所載之“曾祖”異。而考周紹良主編《唐代墓誌彙編》永徽〇三三《唐故范陽令楊（基）君墓誌銘并序》（第152頁），可知楊汪之祖名“忻”，北魏或西魏時官至鴻臚卿、汾隰二州刺史，爵封林慮郡公，故《新唐書・宰相世系表一下》所載之世系有脫誤，當漏記楊忻一代。

[3]琛：人名。即楊琛，楊汪之父，西魏、北周時人。官至儀同三司、和疊始三州刺史，後因楊汪顯貴，被追贈平鄉縣公。事亦見《北史·楊汪傳》、《新唐書·宰相世系表一下》、周紹良主編《唐代墓誌彙編》永徽〇三二《唐故玄武丞楊（仁方）君墓誌銘并序》及永徽〇三三《唐故范陽令楊（基）君墓誌銘并序》（第151、152頁）。

[4]儀同三司：此官名未冠以朝代名，但從楊琛所處時代推斷，此當是北周時的儀同三司。故依照叙史慣例，疑此處"儀同三司"之上當脱"周"字。

[5]平鄉縣公：贈爵名。北周時爲正九命或九命。

[6]凶疏：凶悍粗野。

[7]顛蹄：跌倒，跌落。

[8]解褐：官制用語。亦稱釋褐。即脱去平民衣服而換上官服，喻指始任官職。　冀王：北周宗室親王宇文絢的封爵名。事亦見《周書》卷一三《冀康公通傳》、《北史》卷五八《冀康公通傳》及卷七四《楊汪傳》。

[9]穆生：人名。西漢魯人，精於治《詩》，楚王劉交召爲中大夫，備受禮敬，常爲之設醴。後劉交之孫劉戊嗣立，忘設醴，穆生知其意怠，遂去。事見《漢書》卷三六《楚元王劉交傳》。

[10]《禮》：《儀禮》的簡稱。亦稱《禮經》或《士禮》。相傳爲孔子所制定的上古禮制彙編，爲儒家經典之一。後亦泛指《周禮》《儀禮》《禮記》三部言禮之書，合稱《三禮》。

[11]劉臻：人名。傳見本書卷七六、《北史》卷八三。

[12]相：官名。即丞相。此是"左大丞相"或"大丞相"的簡稱。北周靜帝大象二年置左、右大丞相，以宗室親王宇文贊爲右大丞相，僅有虛名；而以外戚楊堅爲左大丞相，總攬朝政。旋又去左右之號，獨以楊堅爲大丞相。楊堅由此成爲控制北周朝廷的權臣。

高祖受禪，賜爵平鄉縣伯，[1]邑二百户。歷尚書司勳兵部二曹侍郎、秦州總管長史，[2]名爲明幹。遷尚書左丞，坐事免。後歷荊、洛二州長史，[3]每聽政之暇，必延生徒講授，時人稱之。數年，高祖謂諫議大夫王達曰：[4]“卿爲我覓一好左丞。”達遂私於汪曰：“我當薦君爲左丞，若事果，當以良田相報也。”汪以達所言奏之，達竟以獲罪，卒拜汪爲尚書左丞。汪明習法令，果於剖斷，當時號爲稱職。

[1]平鄉縣伯：爵名。爲隋九等爵的第七等。正三品。

[2]尚書司勳兵部二曹侍郎：此是尚書省司勳侍郎和兵部侍郎兩個官名的併省之稱。司勳侍郎，爲尚書省吏部所轄四曹之一司勳曹的長官，置二員，掌校定勳績及授予勳散官告身等事。隋初爲正六品上，開皇三年升爲從五品。隋煬帝大業三年改諸曹侍郎爲郎，司勳侍郎遂改稱司勳郎。兵部侍郎，隋初爲尚書省兵部所轄四曹之一兵部曹的長官，置二員，掌武官勳禄品級、軍籍及軍隊調遣等政令，正六品上，開皇三年升爲從五品。隋煬帝大業三年改諸曹侍郎爲“郎”，而又於尚書省所轄六部各置“侍郎”一人，爲六部之副長官，正四品。此後，兵部侍郎就成爲兵部的副長官，而原兵部侍郎則改稱爲兵曹郎。　秦州：北周置總管府，隋初沿之。治所在今甘肅天水市。

[3]荊：州名。隋初置大總管府。治所在今湖北荊州市。　洛：州名。北周置總管府，隋開皇二年改置河南道行臺，開皇三年又廢行臺而置刺史。治所在今河南洛陽市東北。　州長史：官名。爲諸州府的上佐官，位居府中衆屬官之首，輔佐州長官統領府中政務。上州長史爲正五品上，中州長史爲從五品上，下州長史爲正六品上。

[4]諫議大夫：官名。爲門下省的屬官，置七員，掌侍從規諫，實則多爲虛職，常用作加官。從四品下。隋煬帝大業三年罷廢。
王達：人名。隋文帝時官任諫議大夫，曾奉文帝之命尋覓能任尚書左丞的人選，欲推薦楊汪，但又私下向楊汪索要良田作爲回報。於是楊汪遂將此事奏告文帝，結果王達竟由此獲罪，而楊汪最終被任爲尚書左丞。事亦見《北史》卷七四《楊汪傳》。

　　煬帝即位，守大理卿。[1]汪視事二日，[2]帝將親省囚徒。其時繫囚二百餘人，汪通宵究審，詰朝而奏，[3]曲盡事情，一無遺誤，帝甚嘉之。歲餘，拜國子祭酒。[4]帝令百僚就學，與汪講論，天下通儒碩學多萃焉，論難鋒起，皆不能屈。帝令御史書其問答奏之，[5]省而大悦，賜良馬一匹。大業中，爲銀青光禄大夫。

　　[1]守：官制用語。即以較低官階署理較高官職。
　　[2]視事：就任官職而治理政事。
　　[3]詰朝（zhāo）：即平明，翌日清晨。
　　[4]國子祭酒：官名。隋初爲太常寺所轄國子寺的長官，置一員，掌儒學訓導之政，統國子、太學、四門、書算等學。從三品。開皇十三年國子寺罷隸太常，並改寺爲學，國子祭酒則爲國子學的長官。仁壽元年又罷國子學，唯立太學一所，以太學博士總知學事，國子祭酒則被廢省。隋煬帝大業初復立國子學，並改稱國子監，依舊置國子祭酒一人爲本監長官，職掌、品階均同隋初。
　　[5]御史：官名。隋煬帝大業中於御史臺增置御史若干人，爲臺内屬官，掌侍從糾彈。從九品。尋又廢省之。

　　及楊玄感反，河南贊治裴弘策出師禦之，[1]戰不利，

弘策出還，遇汪而屏人交語。既而留守樊子蓋斬弘
策，[2]以狀奏汪，帝疑之，出爲梁郡通守。[3]後李密已逼
東都，[4]其徒頻寇梁郡，汪勒兵拒之，頻挫其銳。煬帝
崩，王世充推越王侗爲主，[5]徵拜吏部尚書，[6]頗見親
委。及世充僭號，[7]汪復用事，[8]世充平，以凶黨誅死。

[1]河南：郡名。隋煬帝大業三年改豫州置。治所在今河南洛
陽市東北。按，中華本將“河南”斷屬上句作“及楊玄感反河
南”，當誤，今據文意斷屬下句而與“贊治”連爲一個官名（參見
唐華全《中華書局點校本〈隋書〉質疑二十九則》，《河北師範大
學學報》2012年第1期）。　贊治：官名。隋煬帝大業三年改州爲
郡，併省州長史、司馬之職而於各郡置贊治一人，爲郡太守之副
貳，後又改稱贊治爲郡丞。京兆、河南二郡之贊治爲從四品，其餘
上、中、下三等郡之贊治分別爲正五品、從五品、正六品。按，
“贊治”各本皆同，但《北史》卷七四《楊汪傳》作“贊務”，乃
避唐高宗李治之諱而改。又按，據本書《百官志下》，隋煬帝大業
三年改州爲郡時於各郡置贊治，後又改稱贊治爲郡丞，而文中所述
事在大業九年楊玄感反叛期間，此時贊治早已改稱爲郡丞，故此處
仍載稱“贊治”則欠準確，似應正作“郡丞”。　裴弘策：人名。
隋煬帝大業九年官任河南郡贊治（似應正作“河南郡丞”），適逢
楊玄感舉兵反叛，圍攻東都洛陽，東都留守樊子蓋派遣裴弘策出兵
抗擊叛軍，但反爲叛軍所敗，退還途中又遇國子祭酒楊汪而與其私
語國事。於是樊子蓋遂將裴弘策斬首，並向隋煬帝上書奏告裴、楊
二人私語之事，結果楊汪由此被貶爲梁郡通守。事亦見本書卷四
《煬帝紀下》、卷六三《樊子蓋傳》、卷七〇《楊玄感傳》，《北史》
卷一二《隋煬帝紀》、卷四一《楊玄感傳》、卷七四《楊汪傳》、卷
七六《樊子蓋傳》。
[2]留守：隋時皇帝出巡或親征時，均命親信大臣督守京城，

許以便宜行事，謂之京城留守；其陪京和行都亦常設留守，多以本地軍政長官兼任。隋時留守屬臨時委命之職，皇帝還京歸都後則罷廢。此處之留守是指"東都留守"。　樊子蓋：人名。傳見本書卷六三、《北史》卷七六。

[3]梁郡：隋煬帝大業初改宋州置。治所在今河南商丘市南。

通守：官名。隋煬帝大業中始於各郡加置通守一人，位在太守之下、郡丞之上，協助太守掌領本郡軍政事務。京兆、河南二郡則特稱之爲"內史"。

[4]李密：人名。傳見本書卷七〇、《舊唐書》卷五三、《新唐書》卷八四，《北史》卷六〇有附傳。　東都：即洛陽（今河南洛陽市東北白馬寺東）。隋煬帝即位初營建洛陽爲東京，大業五年又改稱東京爲東都。

[5]越王侗：即隋煬帝之孫楊侗。傳見本書卷五九、《北史》卷七一。

[6]吏部尚書：官名。此是隋末皇泰帝楊侗政權沿襲隋朝官制而設置的職官。參見前注"吏部尚書"。

[7]僭號：即冒用帝王的稱號。此指王世充於公元619年廢皇泰帝楊侗，自稱皇帝，建國號爲"鄭"。

[8]用事：即執政當權。

史臣曰：盧愷諫説可稱，令狐熙所居而治，薛冑執憲平允，宇文弢聲望攸歸，張衡以鯁正立名，楊汪以學業自許。然皆有善始，鮮克令終，[1]九仞之基，[2]俱傾於一匱，[3]惜哉！夫忠爲令德，施非其人尚或不可，况托足邪徑，[4]而又不得其人者歟！語曰："無爲權首，將受其咎。"[5]又曰："無始禍，無召亂。"[6]張衡既召亂源，實爲權首，動不以順，其能不及於此乎？

〔1〕鮮克令終：意謂很少能夠保持善名而死。

〔2〕九仞：形容極高或極深。仞，古代度量單位，一説七尺爲仞，一説八尺爲仞。

〔3〕一匱：指一筐之土。匱，通"簣"，指盛土的竹筐。

〔4〕托足：容身，立脚。

〔5〕無爲權首，將受其咎：語出《漢書》卷三五《吴王劉濞傳》贊曰："晁錯爲國遠慮，禍反及身。'毋爲權首，將受其咎'，豈謂錯哉！"顔師古注："此《逸周書》之言。贊引之者，謂錯適當此言耳。"權首，指主謀，首先起事之人。

〔6〕無始禍，無召亂：語出《左傳》僖公十五年："且史佚有言曰：'無始禍，無怙亂，無重怒。'"此處改"無怙亂"爲"無召亂"，與原文意稍異。無，通"毋"。

隋書　卷五七

列傳第二十二

盧思道 　從父兄昌衡

　　盧思道字子行，范陽人也。[1] 祖陽烏，[2] 魏秘書監。[3] 父道亮，[4] 隱居不仕。思道聰爽俊辯，通侻不羈。[5] 年十六，遇中山劉松，[6] 松爲人作碑銘，以示思道。思道讀之，多所不解，於是感激，閉户讀書，師事河間邢子才。[7] 後思道復爲文，以示劉松，松又不能甚解。思道乃喟然嘆曰：“學之有益，豈徒然哉！”因就魏收借異書，[8] 數年之間，才學兼著。然不持操行，好輕侮人。齊天保中，[9]《魏史》未出，[10] 思道先已誦之，由是大被笞辱。前後屢犯，因而不調。[11] 其後左僕射楊遵彥薦之於朝，[12] 解褐司空行參軍，[13] 長兼員外散騎侍郎，[14] 直中書省。[15] 文宣帝崩，[16] 當朝文士各作挽歌十首，擇其善者而用之。魏收、陽休之、祖孝徵等不過得三首，[17] 唯思道獨得八首。故時人稱爲“八米盧郎”。[18] 後漏泄省中語，出爲丞相西閤祭酒，[19] 歷太子舍人、司徒録事參軍。[20]每居官，多被譴辱。後以擅用庫錢，免歸於家。嘗於薊北悵然感慨，[21]爲五言詩以見意，人以爲工。數年，復爲京畿主簿，[22]歷主客郎、給事黃門侍郎，[23]待詔文林館。[24]周武帝平齊，[25]授儀同三司，[26]追赴長安，[27]與同輩陽休之等數人作《聽蟬鳴篇》。思道所爲，詞意清切，爲時人所重。新野庾信遍覽諸同作者，[28]而深嘆美之。未幾，以母疾還鄉，遇同郡祖英伯及從兄昌期、宋護等舉兵作亂，[29]思道預焉。周遣柱國宇文神舉討平之，[30]罪當法，已在死中。神舉素聞其名，引出之，令作露布。[31]思道援筆立成，文無加點，[32]神舉嘉而宥之。後除掌教上士。[33]

[1]范陽：郡名。治所在今河北涿州市。

[2]陽烏：人名。即盧淵，字伯源，小名陽烏。盧思道之祖，北魏時人，官至秘書監。《魏書》卷四七、《北史》卷三〇有附傳。按，本書因避唐高祖李淵之諱，故此處改稱盧淵之小名“陽烏”，而《北史》卷三〇則改稱盧淵之字“伯源”。

[3]魏：即北魏（386—557），亦稱後魏。初都平城（今山西大同市東北），公元494年遷都洛陽（今河南洛陽市東北白馬寺東）。公元534年分裂爲東魏和西魏兩個政權。東魏（534—550）都於鄴（今河北臨漳縣西南鄴鎮東），西魏（535—557）都於長安（今陝西西安市西北郊）。　秘書監：官名。北魏時爲秘書監的長官，置一員，掌圖書經籍之事。正三品。

[4]道亮：人名。即盧道亮，盧思道之父，北魏至東魏時人，隱居不仕。事亦見《魏書》卷四七《盧淵傳》、《北史》卷三〇《盧伯源傳》及卷三五《王瓊傳》、《新唐書·宰相世系表三上》等。

［5］通侻：亦作“通脱”。指性情放達，不拘小節。

［6］中山：郡名。東魏、北齊時治所在今河北定州市。　劉松：人名。東魏、北齊時中山郡人，善屬文，尤以碑銘見稱。盧思道年輕時曾與他交流文章，切磋才學。事亦見《北史》卷三〇《盧思道傳》。

［7］河間：郡名。北魏至北齊時治所在今河北河間市。　邢子才：人名。即邢邵，字子才。北魏末至北齊時河間郡人，博通經史，尤精文學，歷仕北魏、東魏、北齊三朝，官至特進、太常卿、中書監、攝國子祭酒，盧思道年輕時曾師從之。傳見《北齊書》卷三六，《北史》卷四三有附傳。

［8］魏收：人名。北魏末至北齊時人，博學多識，通曉經史文章，官至尚書右僕射，曾奉北齊文宣帝之命撰著《魏書》。盧思道年輕時與他多有往來，並向他借閱奇異之書，由此才學兼著。傳見《北齊書》卷三七、《北史》卷五六。

［9］齊：即北齊（550—577），都於鄴（今河北臨漳縣西南鄴鎮東）。　天保：北齊文宣帝高洋年號（550—559）。

［10］《魏史》：即北齊天保年間魏收奉詔修撰的《魏書》，爲二十四史之一。

［11］不調：此指不能參選做官。

［12］左僕射：官名。北齊時爲尚書省的副長官，與右僕射對置，各一人，協助長官尚書令掌領尚書省政務。但因北齊尚書令不常置，左右僕射則成爲尚書省的實際長官，是宰相之職。從二品。　楊遵彥：人名。即楊愔，字遵彥。北齊文宣帝天保八年官任尚書左僕射，翌年升任尚書令，曾薦舉盧思道入朝做官。傳見《北齊書》卷三四，《北史》卷四一有附傳。

［13］解褐：官制用語。亦稱“釋褐”。即脱去平民衣服而換上官服，喻指始任官職。　司空行參軍：官名。北齊時爲司空府的屬官，掌參議本府所轄列曹之事。從七品上。

［14］長（zhǎng）兼：官制用語。加在官職名稱前，表示非正

式任命而實已參掌該官之職事。　員外散騎侍郎：官名。北齊時爲集書省的屬官，置一百二十人，掌侍從諷諫，獻納得失，實則爲閑散虛職，多用作加官。正七品上。

[15]直中書省：即在中書省當值充任，署理本省之職事。屬臨時差遣之職。中書省是北齊掌撰皇帝詔敕、參議政令制定的權要機構。

[16]文宣帝：即北齊開國皇帝高洋。紀見《北齊書》卷四、《北史》卷七。

[17]陽休之：人名。北齊文宣帝駕崩時官任中山郡太守，因善屬文、曉禮儀而被召至陪都晋陽經紀喪禮，撰作挽歌。北齊後主時官至尚書右僕射，領中書監。北周武帝平齊後，與盧思道、李孝貞、薛道衡等十八人同被召赴長安，授爲開府儀同大將軍，後官至納言中大夫。傳見《北齊書》卷四二，《北史》卷四七有附傳。祖孝徵：人名。即祖珽，字孝徵。北齊文宣帝時以其文詞典麗令直中書省執掌詔誥，北齊後主時官至尚書左僕射，頗受寵信。傳見《北齊書》卷三九，《北史》卷四七有附傳。　不過得三首：“三首”底本、殿本、庫本皆同，但宋刻遞修本、中華本及《北史·盧思道傳》作“一二首”，疑是。

[18]八米：指從稻穀出米達到八成，意謂出米率很高。此處借喻才學之高。按，宋人朱翌《猗覺寮雜記》卷上稱：“（盧思道）時人稱爲‘八米盧郎’。‘米’字蓋‘采’字之誤也，十首中采八首耳。”

[19]丞相西閣祭酒：官名。北齊時爲丞相府的屬官，與東閣祭酒對置，分掌府內接對賓客之事。正七品上。

[20]太子舍人：官名。北齊時爲太子東宮典書坊的屬官，置二十八員，掌令書表啓之事，制比朝廷的中書舍人。從六品下。　司徒錄事參軍：官名。北齊時爲司徒府的屬官，掌檢核府內文書簿籍，監守符印，糾彈列曹官員之過失。正六品上。

[21]薊：縣名。北齊時治所在今北京市西南。

[22]京畿主簿：官名。東魏至北齊武成帝時，於首都鄴城置京畿大都督府，以高氏宗室親王充任本府大都督，掌領京畿兵宿衛京城。北齊後主武平二年（571），始罷京畿大都督府併入領軍府。京畿主簿，即爲京畿大都督府的屬官，掌本府監印，檢核文書簿籍，勾稽缺失等事。從六品下。

[23]主客郎：官名。全稱是主客郎中。北齊時爲尚書省祠部所轄五曹之一主客曹的長官，置一員，掌諸蕃朝覲之政，接對外國使臣賓客。正六品上。　給事黃門侍郎：官名。北齊時爲門下省的次官，置六員，協助長官侍中掌獻納諫正，封駁制敕，兼管進御侍奉皇帝之事。正四品上。

[24]待詔文林館：北齊後主武平四年於内廷置文林館，召集文學優長之朝士入館供奉待詔，令其在館内講論文學，修撰書籍文翰。凡被召入館之士，即統稱爲"待詔文林館"。此屬臨時差遣之任，多爲朝官之兼職。

[25]周武帝：即北周武帝宇文邕。紀見《周書》卷五、六，《北史》卷一〇。

[26]儀同三司：官名。亦簡稱儀同，北周武帝建德四年（575）改稱儀同大將軍。北周時屬勳官。北周府兵制中儀同府的長官均加此勳官名，可開府置官屬。九命。按，文中所述事在北周武帝建德六年滅北齊之後，此時儀同三司早已改稱儀同大將軍，故此處仍載稱"儀同三司"則欠準確，應正作"儀同大將軍"或"儀同"。

[27]長安：北周都城名。在今陝西西安市西北郊。

[28]新野：郡名。北周時治所在今河南新野縣。　庾信：人名。南朝梁至北周時新野郡人，博覽群書，尤善《左傳》，文章綺艷，世號"徐、庾體"，北周武帝時官至司宗中大夫。傳見《周書》卷四一、《北史》卷八三。

[29]祖英伯：人名。北齊范陽郡人，北齊滅亡後不願臣服於北周的統治，遂趁北周武帝暴崩之機，與同郡人盧昌期、盧思道、宋護等勾結北齊殘餘勢力，於北周宣政元年（578）閏六月占據范陽

城舉兵反叛，北周朝廷派遣柱國大將軍宇文神舉率兵討平之。事亦見《周書》卷四〇《宇文神舉傳》、《北史·盧思道傳》。　昌期：人名。即盧昌期，盧思道的堂兄，北周宣政元年與祖英伯等人在范陽舉兵反叛，旋被討滅。事亦見本書《天文志下》、卷七四《崔弘度傳》，《魏書》卷四七《盧道虔傳》，《北齊書》卷一二《范陽王紹義傳》、卷四一《高保寧傳》，《周書》卷七《宣帝紀》、卷四〇《宇文神舉傳》，《北史》卷三〇《盧思道傳》、《盧道虔傳》等。

宋護：人名。北周宣政元年與祖英伯等人同反，旋被討滅。事亦見《通志》卷一六四《盧思道傳》。

[30]周：即北周（557—581），都於長安（今陝西西安市西北郊）。　柱國：官名。全稱是柱國大將軍。北魏太武帝始置柱國，以爲開國元勳長孫嵩的加官。北魏末孝莊帝以尒朱榮有擁立之功，又特置此官以授之，位在丞相之上。西魏文帝以宇文泰有中興之功，亦置此官授之。後凡屬功參佐命、望實俱重的大臣，也得居之。至西魏大統十六年（550）以前，任此官者名義上有八人，但宗室元欣有其名而無實權，宇文泰爲最高統帥，其他六柱國分掌禁旅，各轄二大將軍，爲府兵系統的最高長官。大統十六年以後，功臣位至柱國者愈多，遂成爲散秩，無所統御。至北周武帝時，又增置上柱國等官，形成十一等勳官之制。柱國大將軍是十一等勳官的第二等，可開府置官屬。正九命。　宇文神舉：人名。北周武帝時位居柱國大將軍，北周宣帝宣政元年閏六月奉詔率兵討平祖英伯等人在范陽發動的叛亂，但因愛惜盧思道的才學而特免其死罪。傳見《周書》卷四〇、《北史》卷五七。

[31]露布：即軍旅告捷的文書。

[32]文無加點：亦作“文不加點”。指作文一氣呵成，無須修改。加點，即寫作時有所增删而加以點抹。

[33]除：官制用語。即拜官、授職。　掌教上士：官名。北周時其隸屬、職掌未詳，王仲犖疑爲“春官之屬”。正三命。（參見王仲犖《北周六典》卷七《六官餘録第十三》，中華書局1979年

版，第 498 頁）

高祖爲丞相，[1]遷武陽太守，[2]非其好也。爲《孤鴻賦》以寄其情曰：

　　[1]高祖：隋文帝楊堅的廟號。紀見本書卷一、二，《北史》卷一一。　　丞相：官名。此是“左大丞相”或“大丞相”的簡稱。北周靜帝大象二年（580）置左、右大丞相，以宗室親王宇文贊爲右大丞相，僅有虛名；而以外戚楊堅爲左大丞相，總攬朝政。旋又去左右之號，獨以楊堅爲大丞相。楊堅由此成爲控制北周朝廷的權臣。

　　[2]武陽：郡名。北周時治所在今山東莘縣。

　　余志學之歲，[1]自鄉里游京師，便見識知音，歷受群公之眷。年登弱冠，[2]甫就朝列，談者過誤，[3]遂竊虛名。通人楊令君、邢特進已下，[4]皆分庭致禮，倒屣相接，[5]翦拂吹噓，[6]長其光價。[7]而才本駑拙，性實疏懶，勢利貨殖，淡然不營。雖籠絆朝市且三十載，[8]而獨往之心未始去懷抱也。攝生舛和，[9]有少氣疾。[10]分符坐嘯，[11]作守東原。[12]洪河之湄，[13]沃野彌望，囂務既屏，魚鳥爲鄰。有離群之鴻，爲羅者所獲，[14]野人馴養，[15]貢之於余。置諸池庭，朝夕賞玩，既用銷憂，兼以輕疾。《大易》稱“鴻漸於陸”，[16]羽儀盛也。[17]《揚子》曰“鴻飛冥冥”，[18]騫翥高也。[19]《淮南》云“東歸碣石”，[20]違漯暑也。[21]平子賦曰“南寓衡陽”，[22]避祁寒也。[23]若其雅步清音，遠心高韻，鶱鸞以降，罕見其儔，[24]而鍛翮墻陰，[25]偶影獨立，[26]喉喋秕稗，[27]鷄鶩爲伍，不亦傷乎！余五十之年，勿焉已至，永言身事，[28]慨然多緒，乃爲之賦，聊以自慰云。其詞曰：

[1]志學：即專心求學。語本《論語·爲政》："吾十有五而志于學。"後亦因以借指十五歲。

[2]弱冠：古時以男子二十歲爲成人，初加冠，因體猶未壯，故稱弱冠。後遂稱男子二十歲或二十幾歲的年齡爲弱冠。

[3]過誤：自謙之辭。意謂他人對自己的贊譽過高而不恰當。

[4]楊令君：指楊愔。因楊愔在北齊官至尚書令，故以"令君"尊稱之。參見前注"楊遵彦"。 邢特進：指邢邵。因邢邵在北齊官至特進，故以其官名尊稱之。參見前注"邢子才"。特進，北齊時屬散官。正二品。

[5]倒屣：意謂急於出迎，把鞋穿倒。後因以形容熱情迎客。

[6]翦拂：本指爲馬修剪毛鬣，洗拭塵垢。後常用以比喻對人才的贊揚和提携。

[7]光價：指榮耀的身階。

[8]籠絆：受羈絆、受牽制。 朝市：泛指名利官。

[9]攝生：養生，保養身體。 舛和：違和。指因生理失調而致病。

[10]氣疾：指呼吸系統的疾病。

[11]分符：亦稱"剖符"。指古代帝王拜官授爵時，分與符節的一半給臣下作爲信物。後因以泛稱授官任職。 坐嘯：閑坐嘯咏。典出《後漢書》卷六七《黨錮列傳序》："南陽太守岑公孝，弘農成瑨但坐嘯。"後因以喻指爲官清閑而不理政事。

[12]東原：地區名。指今山東運河以西、大汶河下游一帶。此處借指上文所載的武陽郡。

[13]洪河：即大河。古時多指黃河。

［14］羅者：亦稱"羅人"。指捕捉鳥獸的獵人。

［15］野人：泛指村野之人。

［16］《大易》：即《周易》《易經》的別稱，亦簡稱《易》。相傳伏羲畫其卦，文王作其辭，孔子作其傳，爲儒家經典之一。鴻漸於陸：意謂鴻雁在陸地上由低到高、循序漸進地飛翔。

［17］羽儀：鳥的翼翅。

［18］《揚子》：即西漢辭賦家揚雄所著《揚子法言》的省稱。按，"揚"字底本原作"楊"，宋刻遞修本與底本同，今據殿本、庫本、中華本及《北史》卷三〇《盧思道傳》改。 冥冥：高遠的空際。

［19］騫翥：鳥展翅飛舉的樣子。騫，通"鶱"。

［20］《淮南》：即《淮南子》的省稱。亦稱《淮南鴻烈》。西漢淮南王劉安及其門客所著。該書以道家思想爲主，糅合儒、法、陰陽等家，一般認爲是雜家著作。 碣石：山名。在今河北昌黎縣北。

［21］溽暑：指盛夏氣候潮濕悶熱。

［22］平子：東漢辭賦家張衡的字。傳見《後漢書》卷五九。南寓衡陽：《文選》張衡《西京賦》原作"南翔衡陽"，而《北史·盧思道傳》亦作"南翔衡陽"。衡陽，地名。指南岳衡山以南之地，即今湖南衡陽市一帶。

［23］祁寒：嚴寒、大寒。

［24］儔：比輩，同類。

［25］鎩翮：即鎩羽。指鳥羽翼摧落而無法起飛。常用以比喻人不得志。

［26］偶影：意謂與身影爲偶，形容孤獨。偶，即相伴、伴隨之意。

［27］唼（shà）喋（zhá）：指禽鳥或魚類吃食。

［28］永言：長言，吟咏。

　　惟此孤鴻，擅奇羽蟲，[1]實稟清高之氣，遠生遼碣之東。[2]氄毛將落，[3]和鳴順風，壯冰云厚，矯翅排空。出島嶼之綿邈，犯霜露之溟濛，驚緪魚之密網，畏落雁之虛弓。若其斗柄東指，[4]女夷司月，[5]乃遙集於寒門，[6]遂輕舉於玄闕。[7]至如天高氣蕭，[8]搖落在時，[9]既嘯儔於淮浦，[10]亦弄吭於江湄。[11]摩赤霄以凌厲，[12]乘丹氣之威夷，[13]溯商飆之裊裊，[14]玩陽景之遲遲。[15]彭蠡方春，[16]洞庭初綠，[17]理翮整翰，群浮侶浴。振雪羽而臨風，[18]掩霜毛而候旭，[19]屬江湖之菁藻，飫原野之菽粟。行離離而高逝，[20]響嘒嘒而相續，[21]潔齊國之冰紈，[22]皓密山之華玉。[23]若乃晨沐清露，安趾徐步；夕息芳洲，延頸乘流；違寒競逐，浮沉水宿；[24]避暑言歸，絕漠雲飛。[25]望玄鵠而爲侶，[26]比朱鷺而相依，[27]倦天衢之冥漠，[28]降河渚之芳菲。

　　[1]羽蟲：即鳥類。蟲，古代用作動物的總稱。

　　[2]遼碣：即遼河與碣石山的並稱。亦泛指渤海北岸及遼河以東地區。

　　[3]氄（rǒng）毛：此指雛鳥的柔軟細毛。隨着雛鳥的生長，氄毛將逐漸被新生的羽毛所替換，故此處“氄毛將落”，即指鴻雁初長成之時。

　　[4]斗柄：即北斗柄。指北斗星座的第五星衡、第六星開泰、第七星搖光。此三星連成一綫，像北斗之柄，故稱斗柄。古代以北斗星的運轉來計算月令，斗柄所指的方位變換代表季節月令的變化，此處“斗柄東指”即指春季。

　　[5]女夷司月：指春夏萬物生長的時節。女夷，古代傳說中掌管春夏兩季生養之神。後世亦以爲花神。

　　[6]寒門：古代傳説中北方極寒冷的地方。

　　[7]玄闕：古代傳説中的北極之山。

　　[8]天高氣肅：指秋季。

　　[9]搖落在時：指秋冬草木凋落的時節。

　　[10]嘯儔：呼唤同伴。　淮浦：指淮河岸邊。

　　[11]弄吭：玩弄嗓音，發聲鳴叫。　江湄：指長江水岸。

　　[12]赤霄：極高的天空。　凌厲：凌空高飛。

　　[13]丹氣：指赤色的水氣。亦指彩霞。　威夷：即逶迤。形容
迂遠之狀。

　　[14]商飆：指秋風。按，“商”字底本原作“啇”，顯訛，今
據宋刻遞修本、殿本、庫本、中華本改。　裊裊：形容風吹拂的
樣子。

　　[15]陽景：此指冬日的陽光。　遲遲：形容陽光温暖、光綫充
足的樣子。

　　[16]彭蠡：古湖名。即今江西鄱陽湖。

　　[17]洞庭：古湖名。即今湖南洞庭湖。亦爲今江蘇太湖的
别稱。

　　[18]雪羽：指白色的翅膀。

　　[19]霜毛：即白色的羽毛。

　　[20]離離：形容若斷若續而相連的樣子。

　　[21]嚶嚶：鳥的和鳴聲。

　　[22]齊國：古國名。此指古齊國之地，約當今山東半島一帶。
冰紈：潔白的細絹。按，“紈”底本、中華本皆同，但宋刻遞修
本、殿本、庫本作“綄”，當訛。

　　[23]密山：古代傳説中的山名。《山海經》卷五《中山經》
載：“又西七十二里，曰密山。其陽多玉，其陰多鐵。豪水出焉，
而南流注于洛。”約在今陝西商洛市境内。

　　[24]沅：古水名。即今湖南西部的沅江。源出貴州雲霧山，東
北流經湖南洪江市、常德市，至漢壽縣東注入洞庭湖。

　　[25]絶漠：橫渡大沙漠。

　　[26]玄鵠：黑天鵝。

　　[27]朱鷺：朱鵰。

　　[28]天衢：廣闊的天空。取"任意通行，如世之廣衢"之意，故稱天衢。　冥漠：形容虛無縹緲之狀。

　　忽値羅人設網，虞者懸機，[1]永辭寥廓，[2]蹈迹重圍。始則窘束籠樊，憂憚刀俎，靡軀絶命，恨失其所。終乃馴狎園庭，栖托池籞，[3]稻粱爲惠，恣其容與。於是翕羽宛頸，屏氣銷聲，滅煙霞之高想，閟江海之幽情。何時驤首奮翼，上凌太清，[4]騫翥鼓舞，遠薄層城。[5]惡禽視而不貴，小鳥顧而相輕，安控地而無恥，豈冲天之復榮！若夫圖南之羽，[6]偉而去羡，栖睫之蟲，[7]微而不賤，各遂性於天壤，弗企懷以交戰。不聽《咸池》之樂，[8]不饗太牢之薦，[9]匹晨鷄而共飲，偶野鳬以同膳。[10]匪揚聲以顯聞，寧校體而求見，[11]聊寓形乎沼沚，[12]且夷心於溏淀。[13]齊榮辱以晏如，[14]承君子之餘眂。[15]

　　[1]虞者：亦稱"虞人"。本爲古代掌管山澤之官，後亦泛指開采山澤物産之人。

　　[2]寥廓：遼闊的天空。

　　[3]池籞（yù）：帝王的園林。

　　[4]太清：天空。

　　[5]層城：古代神話傳説中位於昆侖山上的高城。一説是昆侖山最高峰之名，亦稱天庭，爲太帝所居之處。

　　[6]圖南：典出《莊子·逍遥游》："北冥有魚，其名爲

鯤。……背負青天而莫之夭閼者，而後乃今將圖南。”後遂以“圖南”比喻志向遠大。

［7］栖睫：意謂栖伏於别人的眼色之下苟且偷生而心無大志。

［8］《咸池》：古樂曲名。相傳爲堯所作；一説爲黄帝所作，堯增修沿用之。後世視爲高雅神聖之樂。

［9］太牢：古代祭祀中稱牛羊豕三牲俱備爲太牢。亦有專指牛爲太牢者。此爲古代最高等級的祭禮。

［10］野鳧：野鴨。

［11］校體：意謂刻意裝扮自己以取悦於他人。

［12］沼沚：池塘。亦借指積水坑。

［13］夷心：泯滅心志。

［14］晏如：安寧，恬適。

［15］餘眄：用餘光斜視。即蔑視、鄙視之意。

開皇初，[1]以母老，表請解職，優詔許之。思道自恃才地，[2]多所陵轢，[3]由是官塗淪滯。既而又著《勞生論》，指切當時，其詞曰：

［1］開皇：隋文帝楊堅年號（581—600）。

［2］才地：才學和門第。地，通“第”。

［3］陵轢：欺壓他人，凌駕於他人之上。

《莊子》曰：[1]“大塊勞我以生。”[2]誠哉斯言也！余年五十，羸老云至，追惟疇昔，[3]勤矣厥生。乃著茲論，因言時云爾。

［1］《莊子》：亦稱《南華經》。戰國時哲學家莊子（名周）及其後學所著，爲道家經典之一。

[2]大塊：指大自然，大地。

[3]疇昔：往日、從前。亦指往事或以往的情懷。

罷郡屏居，有客造余者，少選之頃，[1]盱衡而言曰：[2]“生者天地之大德，人者有生之最靈，所以作配兩儀，[3]稱貴群品，[4]妍蚩愚智之辯，[5]天懸壤隔，[6]行己立身之異，入海登山。今吾子生於右地，[7]九葉卿族，[8]天授俊才，[9]萬夫所仰，學綜流略，[10]慕孔門之游、夏，[11]辭窮麗則，[12]擬漢日之卿、雲。[13]行藏有節，[14]進退以禮，不諂不驕，無慍無懟，俛仰貴賤之間，從容語默之際，何其裕也！下走所欣羨焉。”[15]余莞爾而笑曰：“未之思乎？何所言之過也！子其清耳，[16]請爲左右陳之。夫人之生也，皆未若無生。在余之生，勞亦勤止。紈綺之年，[17]伏膺教義，[18]規行矩步，從善而登。巾冠之後，[19]濯纓受署，[20]纏鎖仁義，[21]籠絆朝市。失翹陸之本性，[22]喪江湖之遠情，淪此風波，[23]溺於倒躓，[24]憂勞總至，事非一緒。何則？地胄高華，[25]既致嫌於管庫，[26]才識美茂，亦受嫉於愚庸。篤學強記，聾瞽於焉側目，[27]清言河瀉，[28]木訥所以疾心。[29]豈徒蠱惜春漿，[30]鴟吝腐鼠，[31]相江都而永嘆，[32]傅長沙而不歸，[33]固亦魯值臧倉，[34]楚逢靳尚，[35]趙壹爲之哀歌，[36]張升於是慟哭。[37]有齊之季，不遇休明，[38]申脰就鞅，[39]屏迹無地。[40]段珪、張讓，[41]金貝是視，賈謐、郭淮，[42]腥臊可屬。淫刑以逞，禍近池魚，耳聽惡來之讒，[43]足踐龍逢之血。[44]周氏末葉，仍值僻王，[45]斂笏升階，汗流浹背。莒客之踓躕焦原，[46]匹兹非險，齊人之手執馬尾，[47]方此未危。若乃羊腸、句注之道，[48]據鞍振策，武落、鷄田之外，[49]櫛風沐雨，三旬九食，不敢稱弊，此之爲役，蓋其小小者耳。[50]

[1]少選：一會兒，不多久。

[2]盱衡：揚眉舉目。按，"盱"字底本、宋刻遞修本、中華本皆同，但殿本、庫本作"旰"，當訛。

[3]兩儀：亦作"二儀"。指天地。

[4]群品：萬物、衆生。

[5]妍蚩：美善和醜惡。

[6]天懸壤隔：形容相隔懸殊，差別極大。按，下句"入海登山"亦同此義。

[7]右地：指高貴的門第。地，通"第"。

[8]九葉卿族：意謂九代皆爲高官，家族門第十分華貴。葉，即代、世。

[9]天授俊才："授"字底本、宋刻遞修本、殿本、中華本皆同，但庫本作"援"，當訛。

[10]流略：即九流、七略之書。泛指前代各種文獻典籍。

[11]游、夏：即子游（言偃）、子夏（卜商）。兩人皆爲孔子的學生，以文學著稱。詳見《史記》卷六七《仲尼弟子列傳》。

[12]麗則：指美麗典雅的詩賦文學。

[13]卿、雲：即漢代辭賦家司馬相如（字長卿）、揚雄（字子雲）。司馬相如，傳見《史記》卷一一七、《漢書》卷五七。揚雄，傳見《漢書》卷八七。

[14]行藏：出處或行止。語本《論語·述而》："用之則行，舍之則藏。"

[15]下走：意謂走卒，供奔走役使之人。常用作自稱的謙詞。

[16]清耳：靜耳。意謂專心傾聽。

[17]紈綺：精美的絲織衣物。古代未成年人多穿紈綺之衣，故亦喻指少年。

[18]伏膺：信服，歸心，從學。伏，通"服"。

[19]巾冠：頭巾和冠帽。古代成年人始戴巾冠，故亦喻指長大成人。

[20]濯纓：洗濯冠纓。語本《孟子·離婁上》："滄浪之水清兮，可以濯我纓。"後遂以"濯纓"比喻超脱世俗，操守高潔。
受署：意謂接受委命而任職做官。

[21]繮鎖：繮繩和鎖鏈。比喻束縛、拘束。

[22]翹陸：意謂舉足跳躍。語本《莊子·馬蹄》："齕草飲水，翹足而陸，此馬之真性也。"

[23]風波：比喻動蕩不定的艱辛勞苦。

[24]倒躓：困頓，艱難窘迫。

[25]地胄：南北朝時稱皇族帝室爲天潢，世家豪門爲地胄。後亦泛指門第。

[26]管庫：指保管倉庫的役吏。此處借指出身寒微的官吏。

[27]聾瞽：耳聾目盲。此處喻指耳目閉塞、才識淺陋之人。
側目：斜目而視，形容憤恨。

[28]清言河瀉：意謂高談闊論猶如河水奔流般滔滔不絶。

[29]木訥：質樸而不善言辭。此處喻指心智愚鈍之人。　疾心：心生妒忌。按，"疾"底本原作"疢"，宋刻遞修本、中華本與底本同，當訛，今據殿本、庫本改。

[30]蠱惜春漿：蠱蟲吝惜自己獲得的美酒，而不讓他蟲争飲。比喻庸人俗輩極力維護其既得利益，害怕他人與之争奪。蠱，即人腹中的寄生蟲。按，"蠱"底本、殿本、庫本皆同，宋刻遞修本、中華本作"蟲"。

[31]鵃吝腐鼠：亦作"鵃得腐鼠"。典出《莊子·秋水》："惠子相梁，莊子往見之。或謂惠子曰：'莊子來，欲代子相。'於是惠子恐，搜於國中三日三夜。莊子往見之，曰：'南方有鳥，其名爲

鵷鶵，子知之乎？夫鵷鶵發於南海而飛於北海，非梧桐不止，非練
實不食，非醴泉不飲。於是鴟得腐鼠，鵷鶵過之，仰而視之曰：
"嚇！"今子欲以子之梁國而嚇我邪？'"後遂以"鴟得腐鼠"或
"鴟吝腐鼠"比喻庸人俗輩以輕賤之物爲珍，且以己度人，害怕他
人凌犯爭奪。

[32]相江都而永嘆：漢武帝時董仲舒出任江都國相，其才爲主
父偃、公孫弘所嫉，因而屢遭二人陷害打擊，最終被迫辭官歸家，
以著書爲業。事見《史記》卷一二一《儒林列傳》、《漢書》卷五
六《董仲舒傳》。

[33]傅長沙而不歸：漢文帝時賈誼初受朝廷重用，即遭周勃、
灌嬰、張相如、馮敬等人嫉恨排擠，被謫出爲長沙王太傅，久不得
歸朝，終卒於外藩。事見《史記》卷八四《屈原賈生列傳》、《漢
書》卷四八《賈誼傳》。按，以上兩句乃借喻賢才遭嫉而不得志
之事。

[34]魯值臧倉：戰國時魯平公將見孟子，終爲其寵臣臧倉所
阻。事見《孟子·梁惠王下》。後因以臧倉喻指進讒害賢的小人。

[35]楚逢靳尚：指戰國時楚懷王聽信寵臣上官靳尚所進讒言，
而疏遠王族賢臣屈原；楚頃襄王即位後，靳尚又受令尹子蘭指使，
誣害屈原，終使屈原被放逐。事見《史記·屈原賈生列傳》、劉向
《新序》卷七《節士》等。後因以靳尚喻指進讒害賢的小人。

[36]趙壹爲之哀歌：東漢名士趙壹因恃才倨傲，爲鄉黨所擯，
後屢抵罪，幾至死，友人救得免。壹乃作《刺世疾邪賦》以舒其怨
憤，賦末歌曰："勢家多所宜，咳唾自成珠。被褐懷金玉，蘭蕙化
爲芻。賢者雖獨悟，所困在群愚。且各守爾分，勿復空馳驅。哀哉
復哀哉，此是命矣夫！"事見《後漢書》卷八〇下《趙壹傳》。

[37]張升於是慟哭：東漢名士張升恃才任情不羈，傾心交結志
同意合者，而不肯屈從於貴勢，由此遭人嫉恨，終陷黨錮之禍而被
害。事見《後漢書》卷八〇下《張升傳》。按，以上兩句乃借喻賢
才遭小人嫉妒而受害之事。

［38］休明：喻指明君或盛世。

［39］申脰就鞅：頸項被皮帶所套住。比喻形勢凶險，命運被他人所控。

［40］屏迹：避匿，隱退。

［41］段珪、張讓：東漢靈帝時兩個擅權亂政的宦官。段珪，事見《後漢書》卷八《孝靈帝紀》、卷六九《何進傳》、卷七二《董卓傳》、卷七八《宦者傳》。張讓，傳見《後漢書》卷七八。按，此句乃借指北齊末年宦官擅權亂政、斂財害民之事。

［42］賈謐：人名。晋惠帝時擅權干政的外戚，乃晋惠帝皇后賈南風之侄。《晋書》卷四〇有附傳。　郭淮：人名。按，此當是"郭槐"之音誤。考《三國志》卷二六《魏書·郭淮傳》，郭淮乃三國時曹魏大臣，卒於曹魏正元年間，其事迹與外戚無涉，故此處所言"郭淮"必非三國時曹魏大臣郭淮。再考《晋書·賈充傳》，郭槐乃賈充之妻、晋惠帝皇后賈南風之母、賈謐之祖母，封爲廣城君，賈皇后專權時她頗恃女勢干亂朝政，故此處所言"郭淮"當是晋惠帝時擅權干政的外戚"郭槐"。而檢《文苑英華》卷七五八載引盧思道《勞生論》，正作"郭槐"，且有校注稱："一作'淮'，非。"此亦可證"淮"字當是"槐"之音誤。（參見唐華全《中華書局點校本〈隋書〉質疑二十九則》，《河北師範大學學報》2012年第1期）另按，此句列舉賈謐、郭槐兩個西晋外戚人物，意乃借指北齊末年外戚擅權干政、貪贓枉法之事。

［43］惡來：人名。商紂王的讒臣，周武王伐紂時被誅殺。事見《史記》卷三《殷本紀》、卷五《秦本紀》、卷四三《趙世家》。後世常用以借指讒毀奸邪之人。

［44］龍逢：亦稱"龍逄""關龍逢"。相傳爲夏末之賢人，因忠諫而被夏桀所殺。後世常用作忠臣的代稱。

［45］僻王：邪僻不正的國君。此處指北周宣帝宇文贇和北周静帝宇文闡。

［46］莒客之踵躋焦原：《文選》張衡《思玄賦》"阽焦原而跟

趾”，舊注引《尸子》曰：“莒國有石焦原者，廣五十步，臨百仞之溪，莒國莫敢近也。有以勇見莒子者，獨却行齊踵焉，所以稱於世。”此處“莒客之踵躋焦原”，即指《尸子》所載莒國勇夫登臨焦原巨石之事，用以比喻極險難的事情。

[47]齊人之手執馬尾：指春秋時齊景公的勇士古冶子搏殺巨黿、手執馬尾而渡河之事，見《晏子春秋·諫下》。此處用以比喻極危險的事情。

[48]羊腸：古險塞名。以山形縈曲、狀如羊腸而得名。其北口在今山西壺關縣東南，南口在今山西晋城市南。　句（gōu）注：古險塞名。以山形句轉、水勢注流而得名。其地在今山西代縣北。

[49]武落：本作“虎落”，因避諱“虎”字而改。虎落，即古代用以遮護城邑或營寨的竹籬，亦用作邊塞分界的標志。　雞田：古邊塞名。在今寧夏靈武市西南。爲古代貫通賀蘭山東西的交通要衝，亦是防禦北方游牧民族南下的軍事要塞。

[50]此之爲役，蓋其小小者耳：此句是以上文所述險塞策馬、邊關行軍的艱險來比況北周末年的政治凶險，意謂前者之艱險與後者之凶險相比較乃屬小小，而後者之凶險則已達到無以復加的地步。

今泰運肇開，四門以穆，[1]夔旅司契於上，[2]夔、龍佐命於下，[3]岐伯、善卷，[4]耻徇幽憂，卞隨、務光，[5]悔從木石。余年在秋方，[6]已迫知命，[7]情禮宜退，不獲晏安。一葉從風，無損鄧林之攢植，[8]雙梟退飛，不虧渤澥之游泳。[9]耕田鑿井，晚息晨興，候南山之朝雲，擎北堂之明月。氾勝九穀之書，[10]觀其節制，崔寔四人之令，[11]奉以周旋。晨荷簑笠，白屋黃冠之伍，[12]夕談穀稼，霑體塗足之倫。[13]濁酒盈樽，高歌滿席，恍兮惚兮，[14]天地一指。[15]此野人之樂也，子或以是羨余乎？"

[1]四門：本指明堂四方之門。喻指天下四方。

[2]冕旒：皇帝所戴的禮冠。借指皇帝、帝位。　司契：掌管憲章法規。

[3]夔、龍：相傳爲舜的兩個大臣。夔爲樂官，龍爲諫官。後世常用以喻指輔弼良臣。

[4]岐伯：相傳爲黃帝時的名醫。今所傳《黃帝內經》，即戰國秦漢時醫家托名黃帝與岐伯論醫之作。按，"岐"字底本原作"歧"，宋刻遞修本與底本同，今據殿本、庫本、中華本改。　善卷：相傳爲堯舜時的隱逸賢士。事見《莊子・讓王》《呂氏春秋・下賢》。

[5]卞隨：上古傳說中的隱士。相傳商湯將伐夏桀，曾與卞隨商量，卞隨拒不回答。商湯戰勝夏桀後，要讓天下給卞隨，卞隨認爲受到侮辱，遂自投稠水（一說潁水）而死。事見《莊子・讓王》《呂氏春秋・離俗覽》。　務光：上古傳說中的隱士。相傳商湯曾讓位給務光，務光不肯接受，遂負石沉水而死。事見《莊子・外物》、《史記》卷六一《伯夷列傳》。

[6]秋方：喻指人的晚年、暮年。

[7]知命：典出《論語・爲政》："五十而知天命。"後因以"知命"代稱五十歲。

[8]鄧林：古代神話傳說中的樹林。亦用以比喻薈萃之處或聚匯之所。　攢植：即密植。形容樹木的茂密。

[9]渤澥：渤海的別稱。

[10]氾勝九穀之書：指西漢氾勝之所撰的農書《氾勝之書》。按，"氾"字底本原作"汜"，宋刻遞修本、庫本與底本同，顯訛，今據殿本、中華本改。

[11]崔寔四人之令：指東漢崔寔所撰的農書《四民月令》。

按，“人”字當作“民”，史臣因避唐太宗李世民之諱而改。

[12]白屋：古代平民所居住的不施色彩而露出本材的房屋；一說是以白茅覆蓋的房屋。亦借指平民或寒士。　黄冠：古代農夫野老所穿戴的季秋草色服帽。亦借指村野農夫。

[13]霑體塗足：意謂身體沾濕，足塗污泥。形容農田勞動之辛苦狀。此處喻指耕田種地的農夫。

[14]恍兮惚兮：形容心神迷離之狀。

[15]天地一指：典出《莊子·齊物論》：“天地一指也，萬物一馬也。”意謂天地雖大，一指可以蔽之；萬物雖多，一馬可以理盡，故無是無非。後因以“天地一指”作爲平齊是非得失的典實。

客曰：“吾子之事，既聞之矣。佗人有心，[1]又請論其梗概。”余答曰：“雲飛泥沉，卑高異等，圓行方止，動息殊致。是以摩霄運海，[2]輕尉羅於藪澤，[3]五衢四照，[4]忽斤斧於山林。[5]余晚值昌辰，[6]遂其弱尚，[7]觀人事之隙穢，[8]睹時路之遒危。[9]玄冬修夜，[10]静言長想，可以累嘆悼心，流涕酸鼻。人之百年，脆促已甚，[11]奔駒流電，[12]不可爲辭。顧慕周章，[13]數紀之内，窮通榮辱，事無足道。而有識者鮮，無識者多，褊隘凡近，[14]輕險躁薄。居家則人面獸心，不孝不義，出門則諂諛讒佞，無愧無耻。退身知足，[15]忘伯陽之炯戒，[16]陳力就列，[17]棄周任之格言。[18]悠悠遠古，斯患已積，迄於近代，此蠹尤深。范卿撝讓之風，[19]搢紳不嗣，[20]《夏書》昏墊之罪，[21]執政所安。[22]朝露未晞，小車盈董、石之巷，[23]夕陽且落，皂蓋填闍、竇之里。[24]皆如脂如韋，[25]俯僂匍匐，[26]唉惡求媚，[27]舐痔自親。[28]美言諂笑，助其愉樂，詐泣佞哀，恤其喪紀。近通旨酒，[29]遠貢文蛇，[30]艶姬美女，委如脱屣，[31]金銑玉華，[32]棄同遺迹。[33]及鄧通失路，[34]一簪之賄無餘，梁冀就誅，[35]五侯之貴將起。[36]向之求官買職，晚謁晨趨，刺促望塵之舊游，[37]伊優上堂之夜客，[38]始則亡魂褫魄，若牛兄之遇獸，[39]心戰色沮，似葉公之見龍。[40]俄而抵掌揚眉，高視闊步，結侶棄廉公之第，携手哭聖卿之門。[41]華轂生塵，[42]來如激矢，[43]雀羅暫設，[44]去等絶弦。[45]飴蜜非甘，[46]山川未阻，千變萬化，鬼出神入。爲此者皆衣冠士族，[47]或有藝能，不耻不仁，不畏不義，靡愧友朋，莫慚妻子。外呈厚貌，内蘊百心，繇是則紆青佩紫，[48]牧州典郡，[49]冠幘劫人，[50]厚自封殖。[51]妍歌妙舞，列鼎撞鍾，[52]耳倦絲桐，[53]口飫珍旨。雖素論以爲非，[54]而時宰之不責，[55]末俗蚩蚩，如此之敝。

[1]佗人有心："佗"字底本、宋刻遞修本、殿本、庫本皆同，中華本作"他"，二字相通。按，下文凡屬"佗""他"之别，不再一一施注。有心，意謂懷有某種意念或想法。此處指懷有官場名利的想法。

[2]摩霄運海：語本《莊子·逍遥游》："（鵬）怒而飛，其翼若垂天之雲。是鳥也，海運則將徙於南冥。"意謂鵬鳥直冲雲霄，在海上天空中飛行。此處用以喻謂人志向遠大，海天任游。

[3]罻（wèi）羅：捕鳥的網。亦借喻法網。

[4]五衢四照：語本《山海經》卷五《中山經》："（少室之山）上有木焉，其名曰帝休，葉狀如楊，其枝五衢，黃華黑實，服者不怒。"同書卷一《南山經》："（招摇之山）有木焉，其狀如穀而黑理，其華四照，其名曰迷穀，佩之不迷。"意謂帝休樹枝杈交錯五出如衢路，迷穀樹華光照耀四方。此處用以喻謂人才華橫溢，光芒

四射。

〔5〕斤斧：伐木的斧頭。亦借喻刑具。

〔6〕昌辰：盛世，興盛時代。

〔7〕弱尚：對自己志願的謙稱。

〔8〕隕穫：意謂困迫失志。

〔9〕邅（zhān）危：意謂困頓危險。

〔10〕玄冬：冬天、冬季。古人以冬季值北方，色黑，故稱玄冬。　修夜：長夜。

〔11〕脆促：意謂人生脆弱而短暫。

〔12〕奔駒流電：比喻時光流逝之迅疾。

〔13〕顧慕周章：意謂愛慕嚮往，迴旋周游。

〔14〕褊隘凡近：意謂心胸狹隘，見識平庸。

〔15〕退身知足：意謂辭官歸隱，不作過分企求。

〔16〕伯陽之炯戒：此指老子《道德經》所説“知足者富，強行者有志”、“知足不辱，知止不殆，可以長久”等鑒誡之言。伯陽，即老子的字。傳見《史記》卷六三。

〔17〕陳力就列：意謂施展才力，就職任官。

〔18〕周任之格言：此指周任所説“陳力就列，不能者止”、“爲政者，不賞私勞，不罰私怨”、“爲國家者，見惡，如農夫之務去草焉”等爲官之格言。周任，乃周朝大夫，以爲官正直無私、疾惡務去而聞名。後世爲官從政者多服膺其格言，以其人爲良吏楷模。事見《論語·季氏》、《左傳》隱公六年及昭公五年等。

〔19〕范卿：指春秋時越國卿大夫范蠡。事見《史記》卷四一《越王句踐世家》及卷一二九《貨殖列傳》。　撝讓之風：此指范蠡助越王句踐滅吳後辭官歸隱江湖的風範。撝讓，即謙讓。

〔20〕搢紳：亦作“縉紳”。即插笏於紳帶間，爲古時官宦的裝束。後遂用爲官宦或士大夫的代稱。

〔21〕《夏書》：指《尚書》中記載夏代史事部分的文獻，即《禹貢》《甘誓》《五子之歌》《胤征》等篇。　昏墊之罪：此指

《尚書·益稷》所載洪水滔天而下民困於水灾的罪過。昏墊，即陷溺水灾；亦單指水患、水灾。

[22]執政：此指執掌國家政事的大臣。

[23]小車：即一馬所拉的輕便車。此處借指乘車到權貴之門求官買職的人。　董、石：指漢哀帝的佞幸寵臣董賢和漢元帝的佞幸宦者石顯。兩人之傳均見《漢書》卷九三。此處是以董、石借指北齊末年的佞幸權貴。

[24]皂蓋：古代官員所用的黑色蓬傘。此處借指趨炎附勢的官員。　閻、竇：指東漢安帝時專權的外戚閻顯與東漢和帝時專權的外戚竇憲。閻顯，事見《後漢書》卷六《順帝紀》及卷一〇下《安思閻皇后紀》。竇憲，《後漢書》卷二三有附傳。此處是以閻、竇借指北齊末年擅權的外戚。

[25]如脂如韋：語出《楚辭·卜居》："寧廉潔正直以自清乎？將突梯滑稽，如脂如韋，以絜楹乎？"後因以"如脂如韋"比喻阿諛圓滑。

[26]俯僂匍匐：低頭曲背，伏地爬行。形容折節屈從的樣子。

[27]唊惡求媚：嘗食權貴的糞便，以求取得權貴的歡心。形容獻媚附勢的卑劣行徑。

[28]舐痔自親：用舌舐治權貴的痔瘡，以求親近權貴。形容獻媚附勢的卑劣行徑。

[29]旨酒：美酒佳釀。

[30]文蛇：文彩斑斕的大蛇。古時視爲極稀奇的觀賞玩物。

[31]脫屣：比喻看得很輕，無所顧戀，猶如脫掉鞋子一樣。

[32]金銑玉華：最上等的金和最精美的玉。

[33]遺迹：比喻極其輕視，毫不在意，猶如行人遺棄脚印一樣。

[34]鄧通：人名。西漢文帝時的佞幸寵臣。傳見《漢書》卷九三。此處借指北齊末年的佞幸權貴。　失路：比喻失勢，不得志。

[35]梁冀：人名。東漢桓帝時專權亂政的外戚。《後漢書》卷三四有附傳。此處借指北齊末年擅權的外戚。

[36]五侯：指東漢桓帝時專權亂政的宦官單超、具瑗、唐衡、左悺、徐璜，因五人皆以謀誅梁冀之功而同日封爵爲侯，故合稱"五侯"。五人之傳均見《後漢書》卷七八。此處是以五侯借指北齊末年擅權干政的宦官。

[37]刺（qī）促：忙碌急迫，勞碌不休。　望塵：意謂趨附權貴，候望其車馬之塵而拜伏。

[38]伊優：即象聲詞"伊優亞"的略語。常用以譏諷逢迎諂媚的人，謂其説話無定見，迎合人意而言。

[39]若牛兄之遇獸：猶如牛遇見老虎一樣恐懼。按，"獸"當作"虎"，史臣因避諱"虎"字而改。

[40]葉公之見龍：典出劉向《新序》卷五《雜事五》："葉公子高好龍，鈎以寫龍，鑿以寫龍，屋室雕文以寫龍。於是天龍聞而下之，窺頭於牖，拖尾於堂。葉公見之，棄而還走，失其魂魄，五色無主。是葉公非好龍也，好夫似龍而非龍者也。"後因以"葉公見龍"比喻驚恐害怕的樣子。

[41]聖卿：即漢哀帝時佞幸寵臣董賢的字。參見前注"董、石"。

[42]華轂：飾有文采的車轂。此處借指權貴所乘坐的華美車馬。

[43]激矢：疾飛的箭。常用以比喻來勢之迅疾。

[44]雀羅：捕雀的網羅。常用以形容門庭冷落或權貴失勢後的家境。

[45]絶弦：離弦之箭。常用以比喻逃離速度極快。

[46]飴蜜非甘：不以蜜糖爲甘甜。比喻貪求無厭，永不滿足。

[47]衣冠士族：門第華貴、深悉禮教的官宦士大夫。

[48]紆青佩紫：亦作"紆青拖紫"。意謂身佩公侯九卿的印綬。形容官位尊顯。

[49]牧州典郡：出任地方州郡的長官。

[50]冠幘劫人：以官吏的身份和權勢掠奪平民百姓。

[51]封殖：聚斂財貨。

[52]列鼎撞鍾：列鼎擊鍾而食。形容豪華奢侈的生活。

[53]絲桐：指琴聲。亦泛指音樂。

[54]素論：即大衆輿論。

[55]時宰：指當朝執政的宰相大臣。

　　余則違時薄宦，[1]屏息窮居，甚耻驅馳，深畏乾没。[2]心若死灰，不營勢利，家無儋石，[3]不費囊錢。偶影聯官，將數十載，篤拙致笑，輕生所以告勞也。[4]真人御宇，[5]斫雕爲樸，[6]人知榮辱，[7]時反邕熙。[8]風、力上宰，[9]内敷文教，方、邵重臣，[10]外揚武節。被之大道，洽以淳風，舉必以才，爵無濫授。禀斯首鼠，[11]不預衣簪，[12]阿黨比周，[13]掃地俱盡，輕薄之儔，滅影竄迹，礫石變成瑜瑾，[14]莨莠化爲芝蘭。[15]曩之扇俗攪時，駭耳穢目，[16]今悉不聞不見，莫余敢侮。《易》曰：'聖人作而萬物睹。'斯之謂乎！"

[1]違時薄宦：違背當時的官場形勢，因而位居卑微的官職。

[2]乾（gān）没：投機圖利，貪求無厭。

[3]家無儋石：意謂家中貧乏，存糧極少。

[4]輕生：微賤之人。多用作自謙之詞。　告勞：向對方或他人訴説自己的勞苦。

[5]真人：典出《史記》卷六《秦始皇本紀》："始皇曰：吾慕真人，自謂'真人'，不稱'朕'。"後因以指統一天下的所謂真命天子。此處喻指隋文帝。　御宇：統治天下。

　　[6]斲雕爲樸：削除浮華虛僞的習俗，而倡導樸實自重的政風。

　　[7]人知榮辱："知"字底本、宋刻遞修本、中華本皆同，但殿本、庫本作"之"，當誤。

　　[8]邕熙：和洽興盛。亦指升平盛世。邕，通"雍"。

　　[9]風、力：即黃帝之輔臣風后、力牧。後世因以借指得力的宰輔大臣。

　　[10]方、邵：亦作"方、召"。即西周時輔助宣王中興之賢臣方叔、召虎。後世因以借指國之重臣。

　　[11]稟斯首鼠：指窺伺上意、進退無定的人。

　　[12]衣簪：即衣冠簪緌，爲古代官宦的服裝。常用以借指仕宦階層。

　　[13]阿黨比周：指相互庇護、結黨營私的人。

　　[14]礫石：碎石、小石塊。常用以比喻平庸之人。　瑜瑾：亦作"瑾瑜"。即瑾和瑜，均爲美玉名，泛指美玉。常用以比喻美德賢才。

　　[15]莨莠：莨和莠，是兩種野草。常用以比喻邪惡之人。　芝蘭：亦作"芷蘭"。即芷和蘭，是兩種香草。常用以比喻高潔秀士。

　　[16]駭耳穢目：使人聽後感到震驚，使人看後感到骯髒。形容人事極其荒誕卑劣。按，"駭"底本原作"駮"，殿本、庫本與底本同，當訛，今據宋刻遞修本、中華本改。

　　歲餘，被徵，奉詔郊勞陳使。[1]頃之，遭母憂。[2]未幾，起爲散騎侍郎，[3]奏內史侍郎事。[4]于時議置六卿，[5]將除大理。[6]思道上奏曰："省有駕部，[7]寺留太僕，[8]省有刑部，[9]寺除大理，斯則重畜產而賤刑名，誠爲未可。"又陳殿庭非杖罰之所，朝臣犯笞罪，[10]請以贖論。上悉嘉納之。是歲，[11]卒于京師，時年五十二。上甚惜之，遣使弔祭焉。有集三十卷，[12]行於時。子赤松，[13]大業中，[14]官至河東長史。[15]

[1]郊勞：到郊外迎接並慰勞使者，爲古代一種外交禮節。
陳：即南朝陳（557—589），都於建康（今江蘇南京市）。

[2]母憂：即母親的喪事。古代喪服禮制規定，父母死後，子
女須守喪，三年内不得做官、婚娶、赴宴、應考、舉樂，等等。

[3]散騎侍郎：官名。爲門下省的屬官，置四員，掌陪從朝值、
獻納得失，實則爲閑散虚職，多用作加官。正五品上。隋煬帝大業
三年（607）罷廢。

[4]奏：官制用語。通“走”，即參掌某官之職事。　内史侍
郎：官名。爲内史省的次官，協助本省長官掌詔令出納宣行。隋初
置四員，正四品下；隋煬帝大業三年減置二員，正四品。大業十二
年改内史省爲内書省，内史侍郎遂改稱内書侍郎。

[5]六卿：隋文帝開皇三年將中央事務機關九寺併省爲六寺，
每寺置卿一人爲其長官，合稱“六卿”。至開皇十二年，又復置爲
九寺。

[6]大理：即大理寺。官署名。爲九寺之一，掌鞫獄，定刑名，
並覆核諸州刑獄。屬執法機關，政令仰承尚書省刑部。凡諸司解送
犯徒以上罪、百官九品以上判免官罪、百姓判流死以上罪，皆由本
寺詳正並呈送刑部審覆；重大疑獄則由本寺與御史臺、刑部組成三
司會審。長官爲大理卿，次官爲大理少卿，屬官有正、丞、主簿、
司直、評事等。

[7]駕部：官署名。爲尚書省兵部所轄四曹之一，掌輿輦、車
乘、傳驛、厩牧及馬牛雜畜簿籍之政令。隋初長官爲駕部侍郎，隋
煬帝大業三年改稱駕部郎。

[8]太僕：即太僕寺。官署名。爲九寺之一，掌厩牧雜畜、輿
輦車乘之事務，政令仰承尚書省兵部駕部曹，下統驊騮、乘黄、龍
厩、車府、典牧、牛羊等署。長官爲太僕卿，次官爲太僕少卿，屬

官有丞、主簿、録事及獸醫博士等。按，“太”字底本原作“大”，中華本與底本同，今據宋刻遞修本、殿本、庫本改。

[9]刑部：官署名。此當指刑部曹，爲尚書省刑部所轄四曹之一，掌律令格式及按覆刑獄等政令。隋初長官爲刑部侍郎；隋煬帝大業三年改曹名爲憲部，長官改稱憲部郎。

[10]笞罪：即處以笞刑的罪行。

[11]是歲：岑仲勉考校稱：“前文未舉某年，今依《張説之集》二五《齊黃門侍郎盧思道碑》，是歲乃開皇六年。”（岑仲勉：《隋書求是》，中華書局2004年版，第103頁）

[12]有集三十卷：“三十卷”各本皆同，本書《經籍志四》所載卷數亦同，但《北史》卷三〇《盧思道傳》、《舊唐書·經籍志下》、《新唐書·藝文志四》均載作“二十卷”。

[13]赤松：人名。即盧赤松。隋煬帝時官至河東縣長（或作縣令）；隋末歸附李淵起兵反隋，官任行臺兵部郎中；唐初以元從功臣官至太子率更令，爵封范陽郡公。事亦見《北史·盧思道傳》、《舊唐書》卷八一《盧承慶傳》、《新唐書》卷七三上《宰相世系表三上》及卷一〇六《盧承慶傳》。

[14]大業：隋煬帝楊廣年號（605—618）。

[15]河東：郡、縣名。治所均在今山西永濟市西蒲州鎮。　長史：官名。按，隋初於各州置長史，爲諸州府的上佐官，而郡、縣兩級機構皆無長史。隋煬帝大業三年改州爲郡，廢併州長史、司馬之職而置爲贊治，後又改稱贊治爲郡丞。然則整個隋代郡、縣兩級機構均無長史之官，故此處所載“河東長史”必誤。檢《北史·盧思道傳》載稱盧赤松“大業中位河東縣長”，而《舊唐書·盧承慶傳》《新唐書·盧承慶傳》則載稱盧赤松大業末爲“河東令”，故可知此處“長史”當是“縣長”或“縣令”之誤，抑或“史”字當是衍文。（參見唐華全《中華書局點校本〈隋書〉質疑二十九則》）

昌衡字子均。父道虔，[1]魏尚書僕射。[2]昌衡小字龍子，風神澹雅，容止可法，博涉經史，工草行書。從弟思道，小字釋奴，宗中俱稱英妙。故幽州爲之語曰：[3]“盧家千里，[4]釋奴、龍子。”[5]年十七，魏濟陰王元暉業召補太尉參軍事，[6]兼外兵參軍。[7]齊氏受禪，[8]歷平恩令、太子舍人。[9]尋爲僕射祖孝徵所薦，[10]遷尚書金部郎。[11]孝徵每曰：“吾用盧子均爲尚書郎，自謂無愧幽州矣。”其後兼散騎侍郎，[12]迎勞周使。武帝平齊，授司玉中士，[13]與大宗伯斛斯徵修禮令。[14]

[1]道虔：人名。即盧道虔。盧昌衡之父，北魏至東魏時人，官至幽州刺史，卒贈尚書右僕射。《魏書》卷四七、《北史》卷三〇有附傳。

[2]尚書僕射：據《魏書·盧道虔傳》及《北史·盧道虔傳》，此是盧道虔死後的贈官。東魏時爲從二品。

[3]幽州：東魏、北齊時治所在今北京市西南。

[4]千里：即“千里駒”的省稱。喻指能力極強的少年人才。

[5]釋奴、龍子：此句底本、宋刻遞修本、庫本、中華本皆同，但殿本作“釋龍奴子”，誤倒。

[6]濟陰王：爵名。全稱是濟陰郡王。東魏時爲十一等爵的第一等。正一品。　元暉業：人名。出身北魏宗室，東魏時官至太尉，領中書監，録尚書事，襲爵爲濟陰郡王。《魏書》卷一九上、《北齊書》卷二八、《北史》卷一七有附傳。　太尉參軍事：官名。東魏時爲太尉府的屬官，掌參議本府所轄列曹之事。正七品上。

[7]外兵參軍：官名。此是太尉府外兵參軍事的省稱。東魏時爲太尉府所轄列曹參軍之一，掌判本府所統外兵之簿籍及徵調等事務。從六品上。

　　[8]受禪：中國古代王朝更迭時，新皇帝承受舊皇帝讓給的帝位，即稱受禪。此指北齊文宣帝高洋於公元550年廢東魏孝静帝，即皇帝位，正式建立北齊王朝。

　　[9]平恩：縣名。北齊時治所在今河北曲周縣東南。

　　[10]僕射：官名。參見前注北齊"左僕射"。

　　[11]尚書金部郎：官名。全稱是尚書金部郎中。北齊時爲尚書省度支部所轄六曹之一金部曹的長官，置一員，掌權衡量度、内外諸庫藏文帳等政事。正六品上。

　　[12]散騎侍郎：官名。北齊時爲集書省的屬官，置六人，掌侍從諷諫，獻納得失，實則爲閑散虚職，多用作加官。正五品上。

　　[13]司玉中士：官名。全稱是小司玉中士。北周時爲冬官府司玉曹的屬官，輔助長官司玉下大夫掌玉石開采、玉器製作之事，並通判本曹日常事務。正二命。

　　[14]大宗伯：官名。全稱是大宗伯卿。北周時爲春官府的長官，置一員，掌禮樂、邦交等政務。正七命。　斛斯徵：人名。北周宣帝時官任大宗伯卿，曾主持修訂北周的禮令制度，盧昌衡亦受命參與此項工作。傳見《周書》卷二六，《北史》卷四九有附傳。

　　開皇初，拜尚書祠部侍郎。[1]高祖嘗大集群下，令自陳功績，人皆競進，昌衡獨無所言。左僕射高熲目而異之。[2]陳使賀徹、周墳相繼來聘，[3]朝廷每令昌衡接對之。未幾，出爲徐州總管長史，[4]甚有能名。吏部尚書蘇威考之曰：[5]"德爲人表，行爲士則。"論者以爲美談。嘗行至浚儀，[6]所乘馬爲佗牛所觸，因致死。牛主陳謝，求還價直。昌衡謂之曰："六畜相觸，自關常理，此豈人情也，[7]君何謝？"拒而不受。性寬厚不校，[8]皆此類也。轉壽州總管長史。[9]總管宇文述甚敬之，[10]委以州務。歲餘，遷金州刺史。[11]仁壽中，[12]奉詔持節爲河南道巡省大使，[13]及還，以奉使稱旨，授儀同三司，[14]賜物三百段。[15]昌衡自以年在懸車，[16]表乞骸骨，[17]優詔不許。大業初，徵爲太子左庶子，[18]行詣洛陽，[19]道卒，時年七十二。子寶素、寶胤。[20]

[1]尚書祠部侍郎：官名。爲尚書省禮部所轄四曹之一祠部曹的長官，置一員，掌祠祀、祭享、天文、漏刻、國忌、廟諱、卜祝、醫藥及僧尼簿籍之政令。隋初爲正六品上，開皇三年升爲從五品。隋煬帝大業三年改諸曹侍郎爲郎，祠部侍郎遂改稱祠部郎。按，“尚書”底本、宋刻遞修本、中華本皆同，但殿本、庫本作“上書”，當誤。

[2]左僕射：官名。隋時於尚書省置左、右僕射各一人爲副貳，地位僅次於長官尚書令。但因隋代尚書令不常置，僕射則成爲尚書省的實際長官，是宰相之職。從二品。　高熲：人名。傳見本書卷四一、《北史》卷七二。

[3]賀徹：人名。南朝陳人。以文學見稱，陳後主至德元年（亦即隋開皇三年）任爲兼散騎常侍，奉命出使隋朝，隋文帝派祠部侍郎盧昌衡以禮接對之。事亦見本書卷一《高祖紀上》、《陳書》卷三四《徐伯陽傳》、《南史》卷七二《徐伯陽傳》、《北史》卷三〇《盧昌衡傳》。　周濆：人名。南朝陳人。繼賀徹之後奉命出使隋朝，隋文帝又派盧昌衡接對之。事亦見《北史·盧昌衡傳》。聘：指國與國之間的出使訪問。

[4]徐州：北周置總管府，隋初沿之。治所在今江蘇徐州市。　總管長史：官名。爲諸州總管府的上佐官，位居府中衆屬官之首，輔助總管統領府中政務。其品階史無明載，但隋代諸州總管府和諸州府均分爲上、中、下三等，三等州長史的品階分別爲正五品上、從五品上、正六品上，故三等總管府長史的品階亦當與三等州

長史的品階略同。

[5]吏部尚書：官名。爲尚書省所轄六部之一吏部的長官，掌全國文職官員的銓選、考課等政令，統吏部、主爵、司勳、考功四曹。置一員，正三品。　蘇威：人名。傳見本書卷四一，《北史》卷六三有附傳。

[6]浚儀：縣名。治所在今河南開封市。

[7]此豈人情也："豈"字底本、宋刻遞修本、中華本皆同，《北史·盧昌衡傳》亦同，但殿本、庫本作"其"，當誤。

[8]不校（jiào）：不計較。

[9]壽州：隋時有兩個壽州：一是隋文帝開皇初所置的壽州，治所在今湖南辰溪縣，開皇十八年改爲充州；二是開皇九年改揚州所置的壽州，設總管府，治所在今安徽壽縣，隋煬帝大業初改置淮南郡。文中所指當是第二個壽州。

[10]總管：官名。全稱是總管刺史加使持節。北周始置諸州總管，隋初承繼，又有增置。總管的統轄範圍可達數州至十餘州，實爲一軍政轄區的最高長官。隋文帝在并、益、荊、揚四州置大總管，其餘州置總管。總管分上、中、下三等，品秩分別爲流內視從二品、視正三品、視從三品。　宇文述：人名。傳見本書卷六一、《北史》卷七九。

[11]金州：治所在今陝西安康市。

[12]仁壽：隋文帝楊堅年號（601—604）。

[13]持節：魏晉南北朝至隋代，凡重要軍政長官出鎮或出征時，以及皇帝派遣使臣出巡地方或出使藩邦時，均加使持節、持節、假節等頭銜，以表示其權力和尊崇。使持節可誅殺二千石以下官吏，持節可誅殺無官職之人，假節可誅殺犯軍令之人。　河南道：即在黃河中下游以南設置的軍政特區。隋時根據形勢需要於地方設置軍政特區，稱爲"道"，每道範圍包括若干州。　巡省大使：隋時由皇帝派往某地區巡察民情的使臣。屬臨時差遣之職，事罷則廢。

[14]儀同三司：官名。亦簡稱儀同。隋文帝因改北周十一等勳官之制形成十一等散實官，用以酬勤勞，無實際職掌。儀同三司是十一等散實官的第八等，可開府置僚佐。正五品上。

[15]賜物三百段："三百"底本、殿本、庫本、中華本皆同，但宋刻遞修本及《北史‧盧昌衡傳》作"二百"。

[16]懸車：古時官吏一般至七十歲即辭官家居，廢車不用，稱爲懸車。後遂以"懸車"借指七十歲。

[17]乞骸骨：古代官吏自請退職的一種表達方式。意謂使骸骨得以歸葬故鄉。

[18]太子左庶子：官名。爲太子東宮所轄門下坊的長官，置二員，掌侍從贊相，駁正啓奏，制比朝廷門下省的納言。正四品上。

[19]洛陽：都邑名。在今河南洛陽市東北白馬寺東。

[20]寶素：人名。即盧寶素，盧昌衡的長子，隋時歷官澤州內部縣長、晉州別駕。事亦見《北史‧盧昌衡傳》《新唐書‧宰相世系表三上》。　寶胤：人名。即盧寶應，盧昌衡的次子，唐初官至博州刺史。事亦見《北史‧盧昌衡傳》、《新唐書‧宰相世系表三上》、周紹良主編《唐代墓誌彙編》天寶二五六《大唐故永王府錄事參軍盧（自省）府君墓誌銘并序》（上海古籍出版社 1992 年版，第 1710 頁）。

李孝貞

李孝貞字元操，趙郡柏人人也。[1]父希禮，[2]齊信州刺史，[3]世爲著姓。[4]孝貞少好學，能屬文。[5]在齊，釋褐司徒府參軍事。[6]簡静，不妄通賓客，與從兄儀曹郎中騷、太子舍人季節、博陵崔子武、范陽盧詢祖爲斷金之契。[7]後以射策甲科，[8]拜給事中。[9]于時黃門侍郎高乾和親要用事，^[10]求婚於孝貞。孝貞拒之，由是有隙，陰譖之，出爲太尉府外兵參軍。後歷中書舍人、博陵太守、司州別駕，^[11]復兼散騎常侍、聘周使副，^[12]還除給事黃門侍郎。周武帝平齊，授儀同三司、少典祀下大夫。^[13]宣帝即位，^[14]轉吏部下大夫。^[15]

[1]趙郡：治所在今河北趙縣。　柏人：縣名。亦作“柏仁”。治所在今河北隆堯縣西南。

[2]希禮：人名。即李希禮，東魏、北齊時人，官至信州刺史。事見《魏書》卷三六、《北史》卷三三《李順傳》。

[3]信州：北齊時治所在今河南沈丘縣。

[4]著姓：有聲望的族姓。魏晉南北朝隋唐時多指累世官宦、社會地位很高的世家大族。

[5]屬（zhǔ）文：撰著文辭。

[6]司徒府參軍事：官名。北齊時爲司徒府的屬官，掌參議本府所轄列曹之事。正七品上。

[7]儀曹郎中：官名。北齊時爲尚書省殿中部所轄四曹之一儀曹的長官，置一員，掌吉凶禮制之事。正六品上。　騷：人名。按，據《北齊書》卷二二《李元忠傳》及《北史》卷三三《李元忠傳》，此處“騷”字當是“李搔”之名的訛誤（參見唐華全《中華書局點校本〈隋書〉質疑二十九則》）。李搔是李孝貞的族兄，有才藝，通音律，北齊文宣帝時官至儀曹郎中。　季節：人名。即李槩，字季節。李孝貞的族兄，善詩賦，性倨傲，北齊文宣帝時官至太子舍人。事見《北史》卷三三《李公緒傳》。　博陵：郡名。東魏、北齊時治所在今河北安平縣。　崔子武：人名。東魏、北齊時博陵郡人。北齊文宣帝時官任御史，與李孝貞交往頗深。事亦見《魏書》卷五六《崔巨倫傳》、《北齊書》卷七《武成帝紀》及卷三〇《崔暹傳》、《北史》卷三二《崔巨倫傳》及卷四三《張晏之

傳》。　范陽：郡名。東魏、北齊時治所在今河北涿州市。　盧詢祖：人名。東魏、北齊時范陽郡人。有才學，文章華美，北齊文宣帝時舉爲秀才，後官至司徒記室，與李孝貞交往甚密。《北齊書》卷二二、《北史》卷三〇有附傳。　斷金之契：典出《易・繫辭上》：“二人同心，其利斷金。”後因以“斷金之契”喻指同心協力、情深義厚的朋友。

[8]射策：漢代始行的一種考試取士方法。即由朝廷擬出難問疑義書之於策，量其大小署爲甲乙之科，列置而不彰顯，應試者隨意射取試題作文對答，然後朝廷根據應試者的答卷判別優劣，定出科等，分別授官。魏晉南北朝時亦多沿用此考試取士之法。　甲科：即射策考試中的最高科等。凡射策録取爲甲科者，即可授予較高的官職。

[9]給事中：官名。北齊時爲集書省的屬官，置六人，掌侍從諷諫，獻納得失。從六品上。

[10]黃門侍郎：官名。全稱是給事黃門侍郎。參見前注北齊“給事黃門侍郎”。　高乾和：人名。北齊武成帝時官任給事黃門侍郎，頗受寵信，曾向給事中李孝貞提出通婚結成兒女親家的請求，但李孝貞以其爲官諂佞而拒之，由此心懷怨恨，遂向武成帝進讒，致使李孝貞被貶爲太尉府外兵參軍。事亦見《北齊書》卷一四《平秦王歸彦傳》、卷四五《樊遜傳》，《北史》卷三三《李孝貞傳》、卷五一《平秦王歸彦傳》、卷八三《樊遜傳》、卷九二《和士開傳》。　用事：即執政當權。

[11]中書舍人：官名。北齊時爲中書省的屬官，置十人，掌署敕行下，宣旨勞問。正六品上。　司州別駕：官名。全稱是司州別駕從事史。北齊時爲首都鄴城所在地司州（治所在今河北臨漳縣西南）的上佐官，位居州府衆屬官之首，輔佐長官司州牧掌領本州行政事務。從四品上。

[12]散騎常侍：官名。北齊時爲集書省的長官，置六員，掌侍從諷諫，獻納得失，實則爲閑散虛職，多用作加官。從三品。　使

副：即副使，爲正使的副貳。屬臨時差遣委命之職，事罷則廢。

[13]少典祀下大夫：官名。正稱小典祀下大夫。北周時爲春官府典祀曹的次官，協助長官典祀中大夫掌郊社祭祀之政令。正四命。

[14]宣帝：即北周宣帝宇文贇。紀見《周書》卷七、《北史》卷一〇。

[15]吏部下大夫：官名。全稱是小吏部下大夫，亦簡稱小吏部。北周時爲夏官府吏部曹的次官，置一員，協助長官吏部中大夫掌官吏銓選之政務。正四命。

　　高祖爲丞相，尉迥作亂相州，[1]孝貞從韋孝寬擊之，[2]以功授上儀同三司。[3]開皇初，拜馮翊太守，[4]爲犯廟諱，[5]於是稱字。後數歲，遷蒙州刺史，[6]吏民安之。自此不復留意於文筆，人問其故，慨然嘆曰：“五十之年，倏焉而過，鬢垂素髮，[7]筋力已衰，宦意文情，一時盡矣，悲夫！”然每暇日，輒引賓客弦歌對酒，終日爲歡。徵拜內史侍郎，與內史李德林參典文翰。[8]然孝貞無幹劇之用，[9]頗稱不理，上譴怒之，敕御史劾其事，[10]由是出爲金州刺史。卒官。所著文集二十卷，[11]行於世。有子允玉。[12]

　　[1]尉迥：人名。即尉遲迥。北周末年官任相州總管，起兵反對楊堅篡周，旋被討滅。傳見《周書》卷二一、《北史》卷六二。按，“尉迥”底本、宋刻遞修本、庫本、中華本皆同，但殿本作“迥尉”，誤倒。　　相州：北魏天興四年分冀州始置相州，治所在今河北臨漳縣西南。東魏、北齊時改稱司州，爲都城所在地。北周建德六年滅北齊後復名相州。北周大象二年平定相州總管尉遲迥之叛

後，因州城被毀，遂移治今河南安陽市。

　　[2]韋孝寬：人名。北周末年位居上柱國，官任行軍元帥，奉詔統軍略定淮南，又討滅相州總管尉遲迥之叛。傳見《周書》卷三一、《北史》卷六四。

　　[3]上儀同三司：官名。此當是“上儀同大將軍”或“上儀同”之誤。北周武帝建德四年改儀同三司爲儀同大將軍，又增置上儀同大將軍（簡稱上儀同），至隋初始改復舊稱，故北周無“上儀同三司”之稱。上儀同大將軍，爲北周十一等勳官的第七等，可開府置官屬。九命。

　　[4]馮（píng）翊：郡名。隋初沿北魏、北周之舊置馮翊郡，治所在今陝西高陵縣，開皇三年郡廢。隋煬帝大業初又改同州復置馮翊郡，治所在今陝西大荔縣。文中所指是隋開皇三年廢郡之前的馮翊郡。

　　[5]犯廟諱：此指李孝貞之“貞”字與隋文帝之祖楊禎的“禎”字同音，故稱其名犯廟諱。

　　[6]蒙州：西魏始置，北周、隋初沿之。治所在今河南南召縣東南。

　　[7]素髮：白髮。

　　[8]內史：官名。此是內史令的省稱。爲內史省的長官，掌皇帝詔令出納宣行，是宰相之職。隋初內史省置監、令各一人，尋廢監，置令二人。正三品。隋煬帝大業末改內史省爲內書省，內史令遂改稱內書令。　　李德林：人名。傳見本書卷四二、《北史》卷七二。

　　[9]幹劇：意謂處理繁劇的事務。

　　[10]御史：官名。此是御史臺官員的泛稱。掌糾彈百官。

　　[11]所著文集二十卷：“二十卷”各本皆同，但本書《經籍志四》載作“十卷”，《北史》卷三三《李孝貞傳》載作“三十卷”，《舊唐書·經籍志下》及《新唐書·藝文志四》載作“二十二卷”。

　　[12]允玉：人名。本傳載爲李孝貞之子，但《北史·李孝貞

傳》載其子之名爲"元玉"。按，李孝貞字元操，後又避隋諱而稱字，故依古人避家諱之例，其子之名不當有"元"字，然則《北史》所載"元玉"必誤。再考《新唐書・宰相世系表二上》，李孝貞共有六子，名爲賓王、遵王、讓王、師王、來王、允王，可知其六子皆以"王"字排行，故本傳所載"允玉"及《北史》所載"元玉"之"玉"字亦訛，"允玉"和"元玉"均當是李孝貞第六子"允王"之訛。另檢周紹良主編《唐代墓誌彙編》開元三〇三《唐大中大夫行定州長史上柱國李（謙）府君墓誌銘并序》云："曾祖孝貞，隋內史侍郎，《隋書》有傳。祖允王，皇台州刺史。"（第1364頁）此亦可證本傳所載"允玉"及《北史》所載"元玉"均當是"允王"之訛（參見唐華全《中華書局點校本〈隋書〉質疑二十九則》）。

孝貞弟孝威，[1]亦有雅望，大業中，官至大理少卿。[2]

[1]孝威：人名。即李孝威，李孝貞的第三弟，有學識幹用，性情敦厚。北齊時官至太尉府外兵參軍，修起居注。入隋歷官禮部侍郎，隋煬帝大業中官至大理少卿。事亦見《北史》卷三三《李孝貞傳》、《新唐書・宰相世系表二上》。

[2]大理少卿：官名。爲大理寺的次官，協助長官大理卿掌刑獄之事。隋初置一員，正四品上；隋煬帝大業三年增置二員，降爲從四品。

薛道衡　從弟孺

薛道衡字玄卿，河東汾陰人也。[1]祖聰，[2]魏齊州刺史。[3]父孝通，[4]常山太守。[5]道衡六歲而孤，專精好學。

年十三，[6]講《左氏傳》，[7]見子產相鄭之功，[8]作《國僑贊》，頗有詞致，[9]見者奇之。其後才名益著，齊司州牧、彭城王浟引爲兵曹從事。[10]尚書左僕射弘農楊遵彥，[11]一代偉人，見而嗟賞，授奉朝請。[12]吏部尚書隴西辛術與語，[13]嘆曰："鄭公業不亡矣。"[14]河東裴讞目之曰：[15]"自鼎遷河朔，[16]吾謂關西孔子罕值其人，[17]今復遇薛君矣。"武成作相，[18]召爲記室，[19]及即位，累遷太尉府主簿。[20]歲餘，兼散騎常侍，接對周、陳二使。武平初，[21]詔與諸儒修定五禮，[22]除尚書左外兵郎。[23]陳使傅縡聘齊，[24]以道衡兼主客郎接對之。縡贈詩五十韵，道衡和之，南北稱美，魏收曰："傅縡所謂以蚓投魚耳。"待詔文林館，與范陽盧思道、安平李德林齊名友善。[25]復以本官直中書省，尋拜中書侍郎，[26]仍參太子侍讀。[27]後主之時，[28]漸見親用，于時頗有附會之譏。後與侍中斛律孝卿參預政事，[29]道衡具陳備周之策，[30]孝卿不能用。及齊亡，周武引爲御史二命士。[31]後歸鄉里，自州主簿入爲司禄上士。[32]

[1]河東：郡名。治所在今山西永濟市西蒲州鎮。　汾陰：縣名。治所在今山西臨猗縣西北。

[2]聰：人名。即薛聰。薛道衡之祖，北魏時人，官至齊州刺史。《北史》卷三六有附傳，事另見《魏書》卷四二《薛辯傳》。

[3]齊州：北魏時治所在今山東濟南市。按，"齊州"底本原作"濟州"，殿本、庫本與底本同，但宋刻遞修本、中華本作"齊州"。考《魏書·薛辯傳》及《北史·薛聰傳》均載薛聰終官齊州刺史，故可知"濟州"當是"齊州"之訛，今據改。

[4]孝通：人名。即薛孝通。博學有才識，北魏末年官至常山郡太守，東魏初年因不順從執政大臣高歡而被罷官。《北史》卷三六有附傳，事另見《魏書·薛辯傳》。

[5]常山：郡名。北魏時治所在今河北正定縣東南。

[6]年十三：“十三”各本皆同，但《北史》卷三六《薛道衡傳》作“十歲”。

[7]《左氏傳》：亦稱《春秋左氏傳》或《左氏春秋》，簡稱《左傳》。爲儒家經典之一。

[8]子產：即春秋時期鄭國卿大夫公孫僑，字子產。僑父公子發，字子國，故僑又以父字爲氏，稱“國僑”。子產在鄭簡公、鄭聲公時任國卿，相鄭治國多年，頗有政績，後世稱爲良相。傳見《史記》卷一一九。

[9]詞致：指言論、文辭的意趣和情調。

[10]司州牧：官名。北齊時爲首都鄴城所在地司州（治所在今河北臨漳縣西南）的最高行政長官，因其地位有別於諸州刺史，故特稱“牧”，例由宗室諸王任之。從二品。　彭城王：爵名。全稱是彭城郡王。北齊時爲十一等爵的第一等。正一品。　浟：人名。即高浟。高歡之子，北齊文宣帝時爵封彭城郡王，天保七年官任司州牧，在任期間曾大量選用有名的文士充任屬下從事僚佐官，薛道衡亦在其列，當時稱爲美選。傳見《北齊書》卷一〇、《北史》卷五一。　兵曹從事：官名。此指“司州兵曹從事”。北齊時爲司州所轄列曹從事之一，屬州内僚佐官，掌判本州兵丁籍帳及兵役徵調等事務。流内視從八品。

[11]弘農：郡名。漢時治所在今河南靈寶市北。按，此處因言楊氏郡望，故沿用漢郡名，北齊時弘農郡地屬西魏、北周。

[12]奉朝請：官名。北齊時爲集書省的屬官，置二百四十人，掌侍從諷諫，獻納得失，實則爲閑散虛職，多用作加官。從七品下。

[13]吏部尚書：官名。北齊時爲尚書省所轄六部之一吏部的長

官，置一員，掌官吏銓選、考課、封爵等政令，統吏部、考功、主爵三曹。正三品。　隴西：郡名。漢時治所在今甘肅臨洮縣南。按，此處因言辛氏郡望，故沿用漢郡名，北齊時隴西郡地屬西魏、北周。　辛術：人名。出身隴西辛氏大族，北齊文宣帝時官任吏部尚書，有選賢任能之美譽，曾對薛道衡的才學識鑒贊賞有加。傳見《北齊書》卷三八，《北史》卷五〇有附傳。

[14]鄭公業不亡矣：語出《晋書》卷四四《鄭袤傳》："（袤）父泰，揚州刺史，有高名。袤少孤，早有識鑒。荀攸見之曰：'鄭公業爲不亡矣。'"（《三國志》卷一六《魏書·鄭渾傳》末注引《晋陽秋》所載略同）該句原是荀攸誇贊鄭袤之語，此處則是辛術借用荀攸之語來贊揚薛道衡，意謂薛道衡亦像其父薛孝通一樣，具有不凡的才學和識鑒，從而使薛氏的家學門風得以延續而不亡。按，鄭公業即鄭袤之父鄭泰，公業乃其字，爲漢末名士，以謀誅董卓而享有盛名。傳見《後漢書》卷七〇。

[15]裴讞：人名。即"裴讞之"的省稱。出身河東裴氏望族，博學多識，北齊文宣帝時官任司徒府主簿，與薛道衡交往甚密，並對其才學極爲贊賞，認爲可與漢代的碩學大儒相比擬。《北齊書》卷三五、《北史》卷三八有附傳。

[16]鼎遷河朔：當指公元534年高歡挾持孝静帝遷都鄴城（今河北臨漳縣西南）而建立東魏政權之事。鼎遷，亦作"遷鼎"。即遷都。河朔，地區名。泛指黃河中下游以北之地。

[17]關西孔子：即東漢名儒楊震的美稱。語出《後漢書》卷五四《楊震傳》："震少好學，受《歐陽尚書》於太常桓郁，明經博覽，無不窮究。諸儒爲之語曰：'關西孔子楊伯起。'"後因以"關西孔子"喻指碩學大儒。

[18]武成：北齊第四代皇帝高湛的謚號。紀見《北齊書》卷七、《北史》卷八。　相：官名。即丞相。東魏時已置丞相，爲執政大臣高歡父子所專任。北齊時亦沿置丞相，並分左、右對置，位在三公之上，各開府置僚屬，分轄朝政，例由宗室親王或元老重臣

充任。

[19]記室：官名。此是丞相府記室參軍事的省稱。北齊時爲丞相府所轄列曹參軍之一，掌判府内章表書記之事。正六品下。

[20]太尉府主簿：官名。北齊時爲太尉府的屬官，掌本府監印，檢核文書簿籍，勾稽缺失等事。正六品上。

[21]武平：北齊後主高緯年號（570—576）。

[22]五禮：古代的五種禮制，即吉禮、凶禮、軍禮、賓禮、嘉禮。按，“五”字底本原作“三”，殿本、庫本與底本同，當訛，今據宋刻遞修本、中華本及《北史・薛道衡傳》改。

[23]尚書左外兵郎：官名。全稱是尚書左外兵曹郎中。北齊時爲尚書省五兵部所轄五曹之一左外兵曹的長官，置一員，掌河南及潼關以東諸州兵丁籍帳、兵役徵調等事。正六品上。

[24]傅縡：人名。南朝陳人。博學多才，尤善詩賦，陳宣帝太建初年（亦即北齊武平初年）任爲通直散騎侍郎，奉命出使北齊，北齊派薛道衡兼任主客郎中以接對之，其間兩人多有詩詞贈和，時人稱美。傳見《陳書》卷三〇、《南史》卷六九。

[25]安平：縣名。北齊時治所在今河北安平縣。

[26]中書侍郎：官名。北齊時爲中書省的次官，置四員，協助長官中書監、令掌詔令出納宣行，並兼掌進御之音樂事務。從四品上。

[27]太子侍讀：官名。北齊時爲太子東宮的屬官，掌爲太子講導經學辭章。無常員，多以學識優長的朝官兼任之。

[28]後主：即北齊後主高緯。紀見《北齊書》卷八、《北史》卷八。

[29]侍中：官名。北齊時爲門下省的長官，置六員，掌獻納諫正，封駁制敕，及司進御之事，統轄領左右、尚食、尚藥、主衣、齋帥、殿中六局，是宰相之職。正三品。　斛律孝卿：人名。北齊後主武平末年官任侍中，與薛道衡同掌機要，頗受後主寵信。《北齊書》卷二〇、《北史》卷五三有附傳。

[30]道衡具陳備周之策：“具”字底本、宋刻遞修本、庫本、中華本皆同，《北史·薛道衡傳》亦同，但殿本作“且”，當訛。

[31]周武：即北周武帝。　御史二命士：官名。即御史中士的別稱。北周時爲春官府内史曹的屬官，掌邦國都鄙及萬民之治令，以糾彈百官之過失。正二命。

[32]州主簿：官名。北周時爲諸州府的僚佐官，掌州府監印，檢核文書簿籍，勾稽缺失等事。“命品未詳”（參見王仲犖《北周六典》卷一〇《州牧刺史第二十六》，第652頁），但隋初雍州主簿爲流内視正八品，其餘諸州主簿爲流内視從八品，可作參考。司禄上士：官名。北周時爲地官府司倉曹的屬官，掌百官禄秩之政令。正三命。

　　高祖作相，從元帥梁睿擊王謙，[1]攝陵州刺史。[2]大定中，[3]授儀同，攝邛州刺史。[4]高祖受禪，坐事除名。河間王弘北征突厥，[5]召典軍書，還除内史舍人。[6]其年，兼散騎常侍、聘陳主使。[7]道衡因奏曰：“江東蕞爾一隅，[8]僭擅遂久，[9]實由永嘉已後，[10]華夏分崩。[11]劉、石、苻、姚、慕容、赫連之輩，[12]妄竊名號，尋亦滅亡。魏氏自北徂南，未遑遠略。周、齊兩立，務在兼并。所以江表遘誅，[13]積有年祀。陛下聖德天挺，[14]光膺寶祚，[15]比隆三代，[16]平一九州，[17]豈容使區區之陳久在天網之外？[18]臣今奉使，請責以稱藩。”高祖曰：“朕且含養，[19]置之度外，勿以言辭相折，識朕意焉。”江東雅好篇什，[20]陳主尤愛雕蟲，[21]道衡每有所作，南人無不吟誦焉。

　　[1]元帥：此指行軍元帥。北周至隋時出征軍的統帥名。根據

需要臨時差遣任命，事罷則廢。　梁睿：人名。傳見本書卷三七，《北史》卷五九有附傳。　王謙：人名。北周末年官任益州總管，起兵反對楊堅篡周，旋被討滅。傳見《周書》卷二一，《北史》卷六〇有附傳。

[2]攝：官制用語。即以本官代理或兼理他官之職事。　陵州：北周時治所在今四川仁壽縣東南。

[3]大定中：此句底本、宋刻遞修本、庫本、中華本皆同，《北史》卷三六《薛道衡傳》亦同，但殿本作“大中定”，誤倒。大定，北周靜帝宇文闡年號（581）。

[4]邛州：北周時治所在今四川邛崍市東南。

[5]河間王：爵名。全稱是河間郡王。爲隋九等爵的第二等。從一品。　弘：人名。即楊弘。傳見本書卷四三、《北史》卷七一。　突厥：古族名、國名。公元六世紀初興起於今阿爾泰山西南麓，552年在今鄂爾渾河流域建立突厥汗國，此後其勢力擴展至大漠南北，橫跨蒙古高原，隋開皇二年分裂爲東、西兩部。傳見本書卷八四、《周書》卷五〇、《北史》卷九九、《舊唐書》卷一九四、《新唐書》卷二一五。

[6]内史舍人：官名。爲内史省的屬官，掌參議表章，草擬詔誥敕令。隋初置八人，正六品上，開皇三年升爲從五品。隋煬帝大業三年減置四人，大業末改内史省爲内書省，内史舍人遂改稱内書舍人。

[7]散騎常侍：官名。爲門下省的屬官，置四員，掌陪從朝值，獻納得失，實則爲閑散虛職，多用作加官。從三品。隋煬帝大業三年罷廢。

[8]江東：地區名。亦稱江左。指長江下游以東地區。此處代指東晉、南朝。　蕞爾：形容很小。

[9]僭擅：意謂越分妄稱帝王名號。古時常用以指斥非正統的王朝政權。

[10]永嘉：西晉懷帝司馬熾年號（307—313）。

[11]華夏：原指中原地區，後又包舉中國全部領土，成爲中國的古稱。

[12]劉：指十六國時漢國及前趙的統治者匈奴劉氏。　石：指十六國時後趙的統治者羯族石氏。　苻：指十六國時前秦的統治者氐族苻氏。按，“苻”字底本原作“符”，中華本與底本同，今據宋刻遞修本、殿本、庫本改。　姚：指十六國時後秦的統治者羌族姚氏。　慕容：指十六國時前燕、後燕、西燕、南燕的統治者鮮卑慕容氏。　赫連：指十六國時夏國的統治者匈奴赫連氏。

[13]江表：地區名。亦稱江南、江外。指長江以南地區。此處代指東晉、南朝。　逋誅：逃避誅罰。

[14]天挺：天生卓越超拔。

[15]寶祚：喻指帝位。

[16]三代：指夏、商、周三個朝代。古代儒家多視此三代爲昌明盛世。

[17]平一：平定統一。　九州：古代分中國爲九州。説法不一，後以“九州”泛指天下或全中國。

[18]天網：上天布下的羅網。常用以比喻朝廷的統治。

[19]含養：包容養育。

[20]篇什：《詩經》的“雅”和“頌”以十篇爲一什，故後以“篇什”泛稱詩章文賦。

[21]陳主：即南朝陳後主陳叔寶。紀見《陳書》卷六、《南史》卷一〇。　雕蟲：比喻微不足道的小技藝。常借指詩文辭賦。

及八年伐陳，授淮南道行臺尚書吏部郎，[1]兼掌文翰。王師臨江，高熲夜坐幕下，謂之曰：“今段之舉，克定江東已不？君試言之。”道衡答曰：“凡論大事成敗，先須以至理斷之。《禹貢》所載九州，[2]本是王者封域。後漢之季，[3]群雄競起，孫權兄弟遂有吳、楚之地。[4]晋武受命,[5]尋即吞併。永嘉南遷,[6]重此分割,自爾已來,戰争不息。否終斯泰,[7]天道之恒。郭璞有云:[8]'江東偏王三百年,還與中國合。'[9]今數將滿矣。以運數而言,[10]其必克一也。有德者昌,無德者亡,自古興滅,皆由此道。主上躬履恭儉,憂勞庶政;叔寶峻宇雕墻,[11]醊酒荒色,上下離心,人神同憤。其必克二也。爲國之體,在於任寄,[12]彼之公卿,備員而已。[13]拔小人施文慶委以政事,[14]尚書令江總唯事詩酒,[15]本非經略之才,[16]蕭摩訶、任蠻奴是其大將,[17]一夫之用耳。其必克三也。我有道而大,彼無德而小,量其甲士,不過十萬。西至巫峽,[18]東至滄海,[19]分之則勢懸而力弱,聚之則守此而失彼。其必克四也。席卷之勢,其在不疑。"頻忻然曰:"君言成敗,事理分明,吾今豁然矣。本以才學相期,不意籌略乃爾。"[20]還除吏部侍郎。[21]

[1]淮南道:隋開皇八年根據伐陳形勢的需要,在淮河以南之地設置的軍政特區,治所在今安徽壽縣。 行臺尚書吏部郎:官名。正稱"行臺尚書吏部侍郎"。隋初在各道軍政特區設置行臺尚書省,簡稱行臺,是中央最高行政機關尚書省的派出機構,執掌特區內軍政事務。行臺尚書吏部侍郎,則是行臺尚書省下轄吏部曹的長官,掌行臺所轄特區內的文職官吏銓選之政務。流內視正六品。

[2]《禹貢》:《尚書》的篇名。該篇假托夏禹治水之名,詳細記述上古時期九州地理情況。 九州:底本、宋刻遞修本、庫本、中華本皆同,《北史》卷三六《薛道衡傳》亦同,但殿本作"力州",顯訛。

[3]後漢:即東漢的別稱。

[4]孫權：人名。漢末三國時東吳的統治者。傳見《三國志》卷四七。　吳、楚之地：地區名。泛指春秋時期吳國和楚國之故地，即今長江中下游及其以南地區。

[5]晋武：即西晋開國皇帝司馬炎。紀見《晋書》卷三。　受命：古代帝王自稱受命於天以統天下，後遂以"受命"喻指帝王即位。

[6]永嘉南遷：指西晋永嘉末年，五胡侵占中原，晋元帝司馬睿割據江南，遷都建康（今江蘇南京市），建立東晋王朝。

[7]否終斯泰：亦作"否終則泰"。意謂閉塞阻隔到極點，則轉向通泰順暢。

[8]郭璞：人名。東晋經學家，善陰陽卜筮之術。傳見《晋書》卷七二。

[9]中國：古時泛指中原地區。

[10]運數：天命氣數。

[11]叔寶：人名。即南朝陳後主陳叔寶。參見前注"陳主"。峻宇雕墙：指高大的屋宇和彩繪的墙壁。常用以形容居處豪華奢侈。

[12]任寄：指皇帝委任大臣，將朝政托付給大臣處理。

[13]備員：充數、湊數。意謂居官有職無權或無所作爲。

[14]施文慶：人名。南朝陳後主的佞幸寵臣。出身寒門小吏，陳後主拔爲中書舍人，典掌機要，隋開皇九年平陳時被誅殺。傳見《南史》卷七七，《陳書》卷三一有附傳。

[15]尚書令：官名。南朝陳時爲尚書省的長官，置一員，掌領尚書省政務，出納王命，敷奏萬機，是宰相之職。第一品。但陳朝以此官位高權重，故不常置。　江總：人名。南朝陳後主末年官任尚書令，在位期間縱情詩酒，不持政務，致使國政日頹，綱紀不立。隋開皇九年平陳時降隋，授爲上開府儀同三司。傳見《陳書》卷二七，《南史》卷三六有附傳。

[16]經略：此指經營謀劃軍國大事。

[17]蕭摩訶：人名。南朝陳將，陳後主末年官任南徐州刺史，隋開皇九年平陳時戰敗被擒，遂歸降隋朝。傳見《陳書》卷三一、《南史》卷六七。　任蠻奴：人名。南朝陳將，本名任忠，小名蠻奴，隋人因避隋文帝父楊忠之諱而改稱其小名。陳後主末年官任吳興內史，隋開皇九年平陳時戰敗降隋。傳見《陳書》卷三一、《南史》卷六七。

[18]巫峽：亦稱大峽。爲長江三峽之一，因巫山而得名。西起今重慶巫山縣大寧河口，東至今湖北巴東縣官渡口，綿延約四十公里。兩岸絶壁，船行極險，自古爲長江上游的軍事防禦要地。

[19]滄海：古時泛指大海，亦專指東海。

[20]籌略：謀略。　乃爾：如此，竟然如此。

[21]吏部侍郎：官名。隋初爲尚書省吏部下轄四曹之一吏部曹的長官，置二員，掌全國文職官吏銓選之政務，正四品上。隋煬帝大業三年改諸曹侍郎爲"郎"，又於尚書省所轄六部各置"侍郎"一人，爲六部之次官，正四品。此後，吏部侍郎就成爲吏部的副長官，而原吏部侍郎則改稱爲選部郎。

　　後坐抽擢人物，[1]有言其黨蘇威，任人有意故者，除名，配防嶺表。[2]晋王廣時在揚州，[3]陰令人諷道衡從揚州路，將奏留之。道衡不樂王府，用漢王諒之計，[4]遂出江陵道而去。[5]尋有詔徵還，直內史省。[6]晋王由是銜之，然愛其才，猶頗見禮。後數歲，授內史侍郎，加上儀同三司。[7]

　　[1]抽擢：拔擢，提拔。

　　[2]嶺表：地區名。亦稱嶺南、嶺外。泛指南嶺以南地區。

　　[3]晋王廣：即楊廣。紀見本書卷三、四，《北史》卷一二。揚州：隋開皇九年改吳州置，設大總管府。治所在今江蘇揚州

市。按，“揚”字底本原作“楊”，宋刻遞修本與底本同，今據殿本、庫本、中華本及《北史》卷三六《薛道衡傳》改。下文同改，不再施注。

[4]漢王諒：即隋文帝第五子楊諒。傳見本書卷四五、《北史》卷七一。

[5]江陵道：道路名。因取道於江陵縣（治所在今湖北荆州市）而得名。

[6]直內史省：即在內史省當值充任，署理本省之職事。屬臨時差遣之職。內史省是隋代掌撰皇帝詔敕、參議政令制定的權要機構。

[7]上儀同三司：官名。亦簡稱上儀同。爲隋十一等散實官的第七等，可開府置僚佐。從四品上。

道衡每至構文，必隱坐空齋，蹋壁而卧，[1]聞户外有人便怒，其沉思如此。高祖每曰：“薛道衡作文書稱我意。”然誠之以迂誕。[2]後高祖善其稱職，謂楊素、牛弘曰：[3]“道衡老矣，驅使勤勞，宜使其朱門陳戟。”[4]於是進位上開府，[5]賜物百段。道衡辭以無功，高祖曰：“爾久勞階陛，[6]國家大事，皆爾宣行，豈非爾功也？”道衡久當樞要，才名益顯，太子、諸王爭相與交，高潁、楊素雅相推重，聲名籍甚，無競一時。[7]

[1]蹋壁：亦作“踏壁”。即緊挨着墻壁。

[2]迂誕：迂闊荒誕，不切事理。

[3]楊素：人名。傳見本書卷四八，《北史》卷四一有附傳。牛弘：人名。傳見本書卷四九、《北史》卷七二。

[4]朱門陳戟：在朱紅色的府第門前陳列兵戟以爲儀仗。隋時

規定三品以上功臣勳官始得備此儀仗。

[5]上開府：官名。全稱是上開府儀同三司。爲隋十一等散實官的第五等，可開府置僚佐。從三品。

[6]階陛：宮殿的臺階。亦借指朝廷。

[7]無競：無可爭衡，無可比擬。

仁壽中，楊素專掌朝政，道衡既與素善，上不欲道衡久知機密，因出檢校襄州總管。[1]道衡久蒙驅策，一旦違離，不勝悲戀，言之哽咽。高祖愴然改容曰：“爾光陰晚暮，侍奉誠勞。朕欲令爾將攝，[2]兼撫萌俗。[3]今爾之去，朕如斷一臂。”於是賚物三百段，九環金帶，并時服一襲，馬十匹，慰勉遣之。在任清簡，吏民懷其惠。

[1]檢校：官制用語。指尚未實授某官但已掌其職事，即代理、代辦之意。　襄州：西魏、北周置總管府，隋時沿之。治所在今湖北襄樊市。

[2]將攝：調養，休養。

[3]萌俗：即民俗。萌，通“氓”，即民。

煬帝嗣位，[1]轉番州刺史。[2]歲餘，上表求致仕。[3]帝謂内史侍郎虞世基曰：[4]“道衡將至，當以秘書監待之。”[5]道衡既至，上《高祖文皇帝頌》，其詞曰：

[1]煬帝：即隋煬帝楊廣。

[2]番州：隋文帝仁壽元年改廣州置。治所在今廣東廣州市。按，“番”字底本原作“潘”，宋刻遞修本、殿本、庫本及《北史》

卷三六《薛道衡傳》與底本同，中華本據本書卷四八《楊素傳》、卷六六《房彥謙傳》改作“番”，並作校勘記稱：“隋有番州，無潘州。”另，岑仲勉亦校正稱：“潘應作番。”（岑仲勉：《隋書求是》，第 103 頁）今從改。

　　〔3〕致仕：官制用語。即辭官退休。

　　〔4〕虞世基：人名。傳見本書卷六七、《北史》卷八三。

　　〔5〕秘書監：官名。爲秘書省的長官，置一員，掌圖書經籍、天文曆法之事，統領著作、太史二曹。隋初爲正三品，隋煬帝大業三年降爲從三品，後又改稱秘書令。

　　太始太素，[1]荒茫造化之初，[2]天皇、地皇，[3]杳冥書契之外。[4]其道絕，其迹遠，言談所不詣，耳目所不追。至於入穴登巢，[5]鷃居鷇飲，[6]不殊於羽族，[7]取類於毛群，[8]亦何貴於人靈，何用於心識？羲、軒已降，[9]爰暨唐、虞，[10]則乾象而施法度，[11]觀人文而化天下，然後帝王之位可重，聖哲之道爲尊。夏后、殷、周之國，禹、湯、文、武之主，功濟生民，聲流《雅》《頌》，[12]然陵替於三五，[13]慚德於干戈。[14]秦居閏位，[15]任刑名爲政本，[16]漢執靈圖，[17]雜霸道而爲業。[18]當塗興而三方峙，[19]典午末而四海亂，[20]九州封域，窟穴鯨鯢之群，[21]五都遺黎，[22]蹂踏戎馬之足。[23]雖玄行定嵩、洛，[24]木運據崤、函，[25]未正滄海之流，[26]詎息崑山之燎！[27]叶千齡之旦暮，[28]當萬葉之一朝者，[29]其在大隋乎？

　　〔1〕太始：古代指天地開闢、萬物開始形成的時代。　　太素：古代指最原始的物質。亦引申爲天地。

〔2〕荒茫：渺茫，曠遠迷茫。按，"茫"字底本、宋刻遞修本、殿本、中華本皆同，庫本作"范"，當訛。　造化：造物化育。

〔3〕天皇、地皇：傳説中的兩個古帝名。與泰皇並稱爲"三皇"。

〔4〕杳冥：曠遠渺茫，模糊不清。　書契：指文字，有文字的記載。

〔5〕入穴登巢：入處山洞，上樹築巢而居。形容原始人類居處極其簡陋。

〔6〕鶉居鷇飲：亦作"鶉居鷇食"。意謂像鵪鶉一樣野居無常處，像雛鳥一樣仰母喂食而足。形容原始人類生活極其簡約。

〔7〕不殊：無異，相同。　羽族：指鳥類。

〔8〕取類：類同，比同。　毛群：指獸類。

〔9〕羲：指伏羲氏。古代傳説中人類的始祖，爲三皇之一。相傳伏羲始畫八卦，又教民漁獵，取犧牲以供庖厨，故亦稱"庖犧"或"庖羲"。　軒：指黄帝軒轅氏。遠古傳説中的帝王名。事見《史記》卷一《五帝本紀》。

〔10〕唐：指唐堯。遠古部落聯盟的首領，古史傳説中的聖明君主。事見《史記·五帝本紀》。　虞：指虞舜。遠古部落聯盟的首領，古史傳説中的聖明君主。事見《史記·五帝本紀》。

〔11〕乾象：即天象。古代以爲天象變化與人事緊密相關，故稱人類社會制度皆取法於天象。

〔12〕《雅》《頌》：《詩經》的内容和樂曲分類之名。《雅》爲朝廷樂歌，《頌》爲宗廟祭祀樂歌。

〔13〕陵替：語出《左傳》昭公十八年："於是乎下陵上替，能無亂乎？"後因以"陵替"喻謂綱紀廢弛，上下失序。亦喻指衰落、衰敗。　三五：古稱天運三十年一小變，五百年一大變，謂之"三五之變"。後因以"三五"喻指變亂、戰亂。此處借指戰亂頻仍的春秋戰國時代。

〔14〕慚德：德行缺失，世道敗壞。

[15]閏位：指非正統的帝位。

[16]刑名：即"刑名之學"的省稱。戰國時以申不害爲代表的法家學派，主張循名責實，慎賞明罰，以法治國，後人稱之爲刑名之學。

[17]靈圖：指"河圖"。古代儒家傳說伏羲時有龍馬出於黄河，馬背有旋毛如星點，稱作河圖，伏羲取法以畫八卦生蓍法。漢代讖緯家認爲"河圖"是帝王聖者受命之祥瑞，故後亦用以借指君權、帝位。

[18]霸道：指君主憑借武力、刑法、權術而施行的統治政策。與"王道"相對。

[19]當塗：典出漢末讖書中的隱語"代漢者當塗高"。《三國志》卷二《魏書·文帝紀》裴松之注引《獻帝傳》稱："當塗高者，魏也；象魏者，兩觀闕是也；當道而高大者魏。魏當代漢。"後遂以"當塗"用爲三國時曹魏的代稱。　三方：指魏、蜀、吴三國。

[20]典午：即"司馬"的隱語。語出《三國志》卷四二《蜀書·譙周傳》："咸熙二年夏，巴郡文立從洛還蜀，過見周。周語次，因書版示立曰：'典午忽兮，月酉没兮。'典午者，謂司馬也；月酉者，謂八月也。至八月而文王（司馬昭）果崩。"晋代帝室姓司馬氏，後因以"典午"借指晋朝。　四海：古代以爲中國四境有四海環繞，各按方位爲東海、南海、西海和北海。但亦因時而異，四海的説法不一。後遂以"四海"代指全中國。

[21]窟穴：喻謂盤踞，割據。　鯨鯢：雄鯨和雌鯨。比喻凶惡的敵人。

[22]五都：古代的五大城市。所指不一。漢代以洛陽、邯鄲、臨淄、宛、成都爲五都；三國魏以長安、譙、許昌、鄴、洛陽爲五都。亦泛指五方都會城市。　遺黎：指亡國淪陷於敵占區的黎民百姓。

[23]蹴踏：踩踏、踐踏。比喻蹂躪、摧殘或遭受蹂躪、摧殘。

戎馬：胡馬。借指北方少數民族入侵的軍隊。

[24]玄行：指五行中的水行，亦即五德中的水德。因水於五色中屬黑，故稱“玄行”。古代陰陽家用五行相生相勝説和五德終始説推定北魏以水德而王，故此處“玄行”即代指北魏。　嵩、洛：即嵩山和洛水。兩者均臨近洛陽，故此處即代指北魏後期的都城洛陽。

[25]木運：指五行中的木行或五德中的木德。古代陰陽家用五行相生相勝説和五德終始説推定北周以木德而王，故此處“木運”即代指北周。　崤、函：即崤山和函谷關。自古爲關中東面的險關要隘，北周時據此置重兵以捍衛其關中領地。

[26]滄海：古代對東海的別稱。此處借指南朝政權的統治區域。

[27]崑山：即昆侖山的簡稱。此處借指西北少數民族政權的統治區域。

[28]叶（xié）：底本、宋刻遞修本、殿本、庫本皆同，中華本作“協”，二字相通。按，下文凡屬“叶”與“協”之別，不再一一施注。　千齡：即千年、千歲。極言時間久長。

[29]萬葉：萬世、萬代。

粵若高祖文皇帝，誕聖降靈則赤光照室，[1]韜神晦迹則紫氣騰天。[2]龍顔日角之奇，[3]玉理珠衡之異，[4]著在圖籙，[5]彰乎儀表。而帝系靈長，[6]神基崇峻，[7]類邠、岐之累德，[8]異豐、沛之勃起。[9]俯膺歷試，[10]納揆賓門，[11]位長六卿，[12]望高百辟，[13]猶重華之爲太尉，[14]若文命之任司空。[15]蒼歷將盡，[16]率土糜沸，[17]玉弩驚天，[18]金鋌照野，[19]姦雄挺禍，[20]據河朔而連海岱，[21]猾長縱惡，[22]杜白馬而塞成皋，[23]庸、蜀逆命，[24]憑銅梁之險,[25] 郎、黄背誕,[26] 引金陵之寇,[27] 三川已震,[28] 九鼎將飛。[29] 高祖龍躍鳳翔,[30] 濡足授手,[31] 應赤伏之符,[32] 受玄狐之籙,[33] 命百下百勝之將,動九天九地之師,[34] 平共工而殄蚩尤,[35] 翦獫狁而戮鑿齒。[36] 不煩二十八將,[37] 無假五十二征,[38] 曾未逾時,妖逆咸殄,廓氛霧於區宇,[39] 出黎元於塗炭。[40] 天柱傾而還正,[41] 地維絕而更紐,[42] 殊方稽顙,[43] 識牛馬之內向,[44] 樂師伏地,懼鍾石之變聲。[45] 萬姓所以樂推,[46] 三靈於是改卜,[47] 壇場已備,[48] 猶弘五讓之心,[49] 億兆難違,[50] 方從四海之請。光臨寶祚,展禮郊丘,[51] 舞六代而降天神,[52] 陳四圭而饗上帝,[53] 乾坤交泰,[54] 品物咸亨。[55] 酌前王之令典,[56] 改易徽號,[57] 因庶萌之子來,[58] 移創都邑。[59] 天文上當朱鳥,[60] 地理下據黑龍,[61] 正位辨方,揆景於日月,[62] 内宮外座,取法於辰象。[63] 懸政教於魏闕,[64] 朝群后於明堂,[65] 除舊布新,移風易俗。天街之表,[66] 地脉之外,[67] 玁狁孔熾,[68] 其來自久,橫行十萬,樊噲於是失辭,[69] 提步五千,李陵所以陷没。[70] 周、齊兩盛,競結旄頭,[71] 娉狄后於漠北,[72] 未足息其侵擾,傾珍藏於山東,[73] 不能止其貪暴。炎靈啓祚,[74] 聖皇馭宇,[75] 運天策於帷扆,[76] 播神威於沙朔,[77] 柳室氈裘之長,[78] 皆爲臣隸,瀚海、蹛林之地,[79] 盡充沙苑。[80] 三吳、百越,[81] 九江五湖,[82] 地分南北,天隔内外,談黄旗紫蓋之氣,[83] 恃龍蟠獸據之嶮,[84] 恒有僭僞之君,[85] 妄竊帝王之號,時經五代,[86] 年移三百。爰降皇情,永懷大道,愍彼黎獻,[87] 獨爲匪人。[88]今上利建在唐,[89]則哲居代,[90]地憑宸極,[91]天縱神武,受脈出車,[92]一舉平定。於是八荒無外,[93]九服大同,[94]四海爲家,萬里爲宅。乃休牛散馬,偃武修文。

[1]誕聖降靈:聖哲誕生,神靈下凡。喻指帝王出生。　赤光照室:喻謂帝王出生時的祥瑞之兆。

[2]韜神晦迹:隱藏踪迹。　紫氣騰天:喻謂帝王出現時的祥瑞之兆。

[3]龍顏日角:眉骨圓起,額骨中央部分隆起形狀如日。古代相術家認爲是帝王聖賢之相。

[4]玉理珠衡:面部紋理温潤密緻,眉間骨隆起如連珠。古代相術家認爲是帝王聖賢之相。

[5]圖籙:圖讖符命之書。

[6]帝系:帝王的世系。　靈長:悠遠綿長。

[7]神基崇峻:祖先基業隆盛,家族門第高貴。

[8]邠、岐:即邠邑(今陝西彬縣)和岐周(今陝西岐山縣境),爲周文王的出生發祥之地。此處借指周文王。

[9]豐、沛:即豐邑(今江蘇豐縣境)和沛縣(今江蘇沛縣),爲漢高祖劉邦的故鄉。此處借指漢高祖。

[10]歷試:經歷多次政治考驗。

[11]納揆賓門:此指隋文帝在北周末年位居丞相,於相府任用百官,廣納賢才。

[12]六卿:指北周中央六官府的行政長官,即天官大冢宰卿、地官大司徒卿、春官大宗伯卿、夏官大司馬卿、秋官大司寇卿、冬官大司空卿。

[13]百辟:百官。

[14]重華:即虞舜的美稱。或説是虞舜之名。後亦用以代稱帝

王。　太尉：官名。秦漢時置爲國家軍政首腦，爲三公之一。後歷代多沿置，但職權漸輕，多用作元老重臣的加官，位望甚隆。隋時爲正一品。

[15]文命：傳説是夏禹之名。　司空：官名。周代爲六卿之一，掌工程營造。漢代爲三公之一，掌監察糾彈。後歷代多沿置，但職權漸輕，多用作元老重臣的加官，位望甚高。隋時爲正一品。

[16]蒼歷：即青色的天命歷數，指五行中的木行或五德中的木德。因木於五色中屬青，故稱“蒼歷”。古代陰陽家認爲北周以木德而王，故此處“蒼歷”即代指北周。

[17]率土：即“率土之濱”的略語。指天子統轄的境域之内。糜沸：比喻世事混亂之甚，猶如糜粥之沸於釜中。

[18]玉弩：即流星。古代認爲流星出現是天下將亂的徵兆。

[19]金鋌：刀劍等兵器的鋒芒。常用以喻指戰争、兵事。

[20]挺（shān）禍：引發禍亂。

[21]海岱：地區名。指今山東境内渤海至泰山之間的地帶。此句意指北周末年相州總管尉遲迥起兵叛亂之事。

[22]猾長：奸猾的顯貴官人。

[23]白馬：即白馬津。古黄河津渡名。在今河南滑縣北。　成皋：古關隘名。亦稱“虎牢關”。故址在今河南滎陽市西北汜水鎮。自古爲黄河以南的東西交通孔道和戰争要塞。此句意指北周末年滎州刺史宇文冑等人起兵響應尉遲迥叛亂之事。

[24]庸、蜀：古國名。此指庸、蜀二國之地，即今重慶和四川一帶。此句意指北周末年益州總管王謙起兵叛亂之事。

[25]銅梁：山名。在今重慶合川市南。因山有石梁橫亘，色如銅，故名。

[26]鄖：州名。北周時治所在今湖北鄖縣。　黄：州名。北周時治所在今湖北武漢市黄陂區西北。　背誕：違命放誕，不受節制。此句意指北周末年鄖州總管司馬消難起兵叛亂之事。

[27]金陵：即南朝都城建康（今江蘇南京市）的别稱。此處

代指南朝陳。

［28］三川：即三條河流的合稱，所指不一。西周以涇、渭、洛爲三川；東周以河、洛、伊爲三川。此處當指涇、渭、洛三川，亦代指北周的統治中心關中地區。

［29］九鼎：相傳夏禹曾鑄九鼎，象徵九州，夏、商、周三代奉爲象徵國家政權的傳國之寶。後因以“九鼎”喻指國柄或君權。

［30］龍躍鳳翔：喻謂帝王之興起，猶如龍鳳縱橫馳騁，發奮有爲。

［31］濡足授手：意謂親身操勞國事，援手拯救國難。

［32］赤伏之符：新莽末年讖緯家所造的符籙，稱言劉秀上應天命，當繼漢統爲帝。後因以“赤伏符”泛指帝王受命的符瑞。

［33］玄狐之籙：相傳黃帝伐蚩尤時，夢見西王母遣道人披玄狐之裘，以符授之。後因以“玄狐籙”喻指帝王討伐叛逆的神機妙略。

［34］九天九地之師：喻指帝王所統轄的軍隊。

［35］共工：古史傳說中的叛逆之臣，與驩兜、三苗、鯀並稱爲“四凶”，被唐堯平定而流放於幽州。後常用作叛臣的代稱。　蚩尤：古史傳說中的九黎族首領，與黃帝戰於涿鹿，失敗被殺。後常用作惡人的代稱。

［36］猰（yà）㺄（yǔ）：古代傳說中的一種吃人怪獸。比喻凶殘的敵人。　鑿齒：古代傳說中的野人。一說是獸名。比喻殘暴作亂之徒。

［37］二十八將：指佐助漢光武帝劉秀建立東漢政權的二十八個有功的武將。漢明帝永平中，繪二十八將像於南宮雲臺，故又稱“雲臺二十八將”。二十八將名單見《後漢書》卷二二《朱景王杜馬劉傅堅馬傳》末“論曰”。此處借指隋文帝於北周末年平定三方之亂時所任用的武將。

［38］假：底本、宋刻遞修本、中華本皆同，殿本、庫本作“暇”，二字相通，意爲借助。　五十二征：古史傳說黃帝共經五十

二次征戰，方乃平定蚩尤之亂，使天下大服。後因以"五十二征"喻指多次而艱難的平叛征戰。

［39］氛霧：霧氣。比喻世道混亂或戰亂。　區宇：指境域之內。亦指天下。

［40］黎元：黎民百姓。　塗炭：即泥淖和火炭。比喻極困苦的境遇。

［41］天柱：古代神話傳説中的支天之柱。喻指國家政權或朝廷柱臣。

［42］地維：即維繫大地的繩子。古代以爲天圓地方，天有九柱支撑，使天不下陷；地有大繩維繫四角，使地有定位。亦常用以喻指維繫國家政權的綱紀法制。　紐：連結、扭結。

［43］殊方：遠方，異域。　稽（qǐ）顙：古代一種屈膝下拜並以額觸地的跪拜禮，表示恭敬臣服。

［44］牛馬之内向：像牛馬一樣馴服地歸順朝廷。

［45］鍾石之變聲：指鍾磬等樂器改變其原有的音調。古人以爲鍾磬變聲是政權易主、朝代更替的徵兆。

［46］萬姓：即萬民。　樂推：意謂樂意擁戴。

［47］三靈：指天、地、人。　改卜：重新占卜，另行選擇君主。

［48］壇場：古代設壇舉行祭祀、禪讓、繼位、盟會、拜將等大典的場所。此指隋文帝受周禪而即位稱帝的壇場。

［49］五讓：五次謙讓。亦泛指多次推讓。古代舉行帝位禪讓大典之前，受禪的新皇帝須向傳位的舊皇帝行五讓之禮，以表示謙讓之心。

［50］億兆：此指億萬民衆的心願。

［51］展禮：行禮、施禮。此指舉行祭祀典禮。　郊丘：設在城郊的圓丘，爲古代天子諸侯祭祀天地的場所。

［52］六代：此指六代樂舞，即黃帝所作《雲門》、堯所作《咸池》、舜所作《大韶》、禹所作《大夏》、湯所作《大濩》、周武王

所作《大武》，爲古代祭祀所演奏的雅樂。

[53]四圭：古代天子諸侯祭天所用的禮器。由整塊玉雕成，中央爲璧，四面銳出爲圭，故稱四圭。

[54]乾坤交泰：意謂天地之氣交融祥和。

[55]品物咸亨：意謂萬物通泰，光顯盛大。

[56]令典：好的典章法度。

[57]徽號：指新興王朝或某一帝王新政的標志旗號。亦引申指國號。

[58]庶萌：即庶民。萌，通“氓”，即民。　子來：典出《詩·大雅·靈臺》：“經始靈臺，經之營之。庶民攻之，不日成之。經始勿亟，庶民子來。”朱熹《集傳》：“文王之臺，方其經度營表之際，而庶民已來作之，所以不終日而成也。雖文王心恐煩民，戒令勿亟，而民心樂之，如子趣父事，不召自來也。”後因以“子來”喻謂民心歸附，竭誠效忠朝廷。

[59]移創都邑：此指隋文帝即位初下令營建新都大興城（今陝西西安市及其南郊），開皇三年建成，遂自北周舊都長安（今陝西西安市西北郊）遷都於此城。

[60]朱鳥：星宿名。二十八宿中南方七宿（井、鬼、柳、星、張、翼、軫）的總稱。因七宿相聯呈鳥形，朱色象火，且南方屬五行之火，故名朱鳥。古代陰陽家用五行相生相勝説和五德終始説推定隋朝以火德而王，火居南方，故隋都大興城在天文上亦應南方朱鳥星宿之象。

[61]黑龍：古代神話傳説中位居北方的黑色之龍。此處當借指隋都大興城北面所依憑的龍首山（位於今陝西西安市舊城北）。

[62]揆景：即測量日影，以定時間和方位。按，“景”字底本、宋刻遞修本、殿本、庫本皆同，中華本作“影”，二字相通。

[63]辰象：指列星所構成的星象。

[64]魏闕：古代宮門外兩邊高聳的樓觀。樓觀下爲朝廷懸布政教法令之所，故亦常借指朝廷。

[65]群后：古代指四方諸侯及九州牧伯。後亦泛指公卿百官。

明堂：古代帝王宣明政教的地方。凡朝會、祭祀、慶賞、選士、養老、教學等大典，都在此舉行。

[66]天街：星名。《史記·天官書》載："昴、畢間爲天街。"張守節《正義》："天街二星，在畢、昴間，主國界也。街南爲華夏之國，街北爲夷狄之國。"後遂以"天街"借指國界或邊境。

[67]地脉：本指大地的脉絡。《史記》卷八八《蒙恬列傳》載："（恬築長城）起臨洮屬之遼東，城塹萬餘里，此其中不能無絕地脉哉？此乃恬之罪也。"後遂以"地脉"借指長城。

[68]獯獫：即獯鬻和獫狁。古代北方少數民族。夏商時稱獯鬻，周時稱獫狁，秦漢時稱匈奴。此處借指突厥。　孔熾：勢力或氣焰很猖獗、很囂張。

[69]樊噲：人名。漢初猛將。傳見《史記》卷九五、《漢書》卷四一。此處借指北齊、北周等中原王朝的猛將。　失辭：因畏懼而啞口無言或言辭失當。

[70]李陵：人名。漢武帝時敗降於匈奴的名將。傳見《史記》卷一〇九、《漢書》卷五四。此處借指北齊、北周等中原王朝敗降於突厥的將領。

[71]旄頭：星名。即昴星，爲二十八宿之一。《漢書·天文志》稱："昴曰旄頭，胡星也，爲白衣會。"後因以"旄頭"借指北方少數民族及其國家政權。此處借指突厥。

[72]狄后：此指北周皇帝爲結好突厥而和親聘娶的突厥族皇后。　漠北：地區名。指今蒙古高原大沙漠以北的地區。北朝後期至隋時爲突厥之轄地，故亦代指突厥。

[73]山東：地區名。戰國秦漢時期稱崤山或華山以東地區爲山東，魏晉南北朝隋唐時期亦稱太行山以東地區爲山東。此處代指北齊之轄境。

[74]炎靈：指五行中的火行或五德中的火德。因火於五色中屬赤炎色，故稱"炎靈"。古代陰陽家認爲隋朝以火德而王，故此處

“炎靈”即代指隋朝。　　啓祚：古時常喻指帝王誕育或新王朝建立。

[75]聖皇：對皇帝的尊稱。此處稱指隋文帝。　　馭宇：統治宇內天下。

[76]帷扆：帷幔與屏風。借指君主朝會群臣之所。

[77]沙朔：指塞北沙漠之地。此地是隋朝與突厥交戰的多發地帶。

[78]柳室氈裘：指古代北方游牧民族依柳林搭建的居室和以皮毛製成的衣服。亦借指北方游牧民族。此處借指突厥部落。

[79]瀚海：地名。其含義因時而異，説法不一。或説指今呼倫湖；或説指今貝加爾湖；或説是今杭愛山之音譯。隋時亦泛指今蒙古高原大沙漠以北及其以西延至今准格爾盆地一帶的廣大地區，爲東突厥所控之地。　　蹛林：本爲匈奴秋社之處。因匈奴土俗於秋社時繞林木而會祭，故稱蹛林。此處借指突厥部落舉行會祭之地。

[80]沙苑：地名。又名沙阜、沙海、沙窩。在今陝西大荔縣南洛河與渭河之間，東西八十里，南北三十里，地多沙草，宜於畜牧，隋唐時均在此地開設牧場。此句意謂隋朝平服東突厥之後，東突厥之地遂變充爲隋朝的牧場。按，“沙苑”底本、殿本、庫本皆同，但宋刻遞修本、中華本作“池苑”。

[81]三吳：地區名。東晋南朝時所指説法不一。一説指吳郡（治所在今江蘇蘇州市）、吳興（治所在今浙江湖州市）、會稽（治所在今浙江紹興市）三郡；一説指吳郡、吳興、丹陽（治所在今江蘇南京市）三郡；一説指吳郡、吳興、義興（治所在今江蘇宜興市）三郡。　　百越：古代南方越人的總稱。分布在今浙江、福建、廣東、廣西等地，因部落衆多，故總稱百越。此指百越所居住的地方。按，此處三吳、百越，均代指東晋南朝所轄的地域。

[82]九江五湖：泛指江南地區衆多的江河湖泊。此處代指東晋南朝的轄地。

[83]黃旗紫蓋之氣：黃旗紫蓋狀的雲氣。《宋書·符瑞志上》載：“漢世術士言：‘黃旗紫蓋，見於斗、牛之間，江東有天子

氣。'"故東晉南朝時人常用以稱言"黃旗紫蓋之氣"是江東出天子之祥瑞。

[84]龍蟠獸據：當作"龍蟠虎據"，"獸"字乃唐人避諱"虎"字所改。龍蟠虎據，亦作"龍盤虎踞"，典出晉人吳勃《吳録》（見《太平御覽》卷一五六引）："劉備曾使諸葛亮至京，因睹秣陵山阜，嘆曰：'鍾山龍盤，石頭虎踞，此帝王之宅。'"後因以"龍盤虎踞"形容地勢雄壯險要而宜作帝王之都的地方。亦借指東晉南朝的都城建康（今江蘇南京市）。

[85]僭僞之君：指割據一方而非正統的王朝君主。

[86]五代：此指東晉和南朝宋、齊、梁、陳五個朝代。

[87]黎獻：黎民中的賢者。

[88]匪人：典出《後漢書》卷六五《張奐傳》："俱生聖世，獨爲匪人。孤微之人，無所告訴。如不哀憐，便爲魚肉。"後因以"匪人"指孤獨無親而遭受摧殘的人。

[89]今上：指隋煬帝楊廣。 利建：典出《易·屯卦》："元亨利貞。勿用有攸往，利建侯。"後因以"利建"喻謂封土建侯。唐：古國名。爲周成王弟叔虞的封國。在今山西翼城縣西。此處借指楊廣受封爲晉王後的封國所在之地。此句意指楊廣在隋文帝開皇元年受封爲晉王之事。

[90]則哲：典出《尚書·皋陶謨》："知人則哲，能官人。"後因以"則哲"喻謂知人任賢。 代：春秋戰國時國名。在今山西東北部及河北西北部一帶。此處泛指古代國之地。此句意指楊廣在隋文帝開皇初年出任河北道行臺尚書令及并州大總管之事。

[91]宸極：即北極星。喻指帝王之位或帝王之都。此處借指隋都長安。此句意指楊廣於隋文帝開皇六年至開皇八年在京城長安擔任雍州牧和内史令之事。

[92]受脤：古代出兵祭社事畢，以社肉頒賜衆人，謂之受脤。後因以稱受命統軍爲"受脤"。 出車：即出動兵車。亦泛指出征。此句意指楊廣於隋文帝開皇八年冬十月受命爲平陳元帥，統軍征伐

南朝陳之事。

　[93]八荒無外：意謂古代帝王以天下爲一家，八方荒遠之地無所不包，内外之民没有兩樣。形容全國統一、萬衆和諧的情形。

　[94]九服：古代指王畿以外的侯服、甸服、男服、采服、衛服、蠻服、夷服、鎮服、藩服九等地區。後泛指全國各地區。　大同：意謂融合統一。

　自華夏亂離，綿積年代，人造戰争之具，家習澆僞之風，[1]聖人之遺訓莫存，先王之舊典咸墜。爰命秩宗，[2]刊定五禮，申敕大予，[3]改正六樂，[4]玉帛鐏俎之儀，[5]節文乃備，[6]金石匏革之奏，[7]雅俗始分。而留心政術，垂神聽覽，早朝晏罷，廢寢忘食，憂百姓之未安，懼一物之失所。行先王之道，夜思待旦，革百王之弊，朝不及夕，見一善事，喜彰於容旨，聞一愆犯，[8]嘆深於在予。[9]薄賦輕徭，務農重穀，倉廩有紅腐之積，[10]黎萌無阻飢之慮。[11]天性弘慈，聖心惻隱，恩加禽獸，胎卵於是獲全，[12]仁霑草木，牛羊所以勿踐。至於憲章重典，刑名大辟，[13]申法而屈情，決斷於俄頃，故能彝倫攸叙，[14]上下齊肅，左右絶諂諛之路，縉紳無勢力之門。小心翼翼，敬事於天地，終日乾乾，[15]誠慎於亢極，[16]陶黎萌於德化，致風俗於太康。公卿庶尹，[17]遐邇岳牧，[18]僉以天平地成，[19]千載之嘉會，[20]登封降禪，[21]百王之盛典，宜其金泥玉檢，[22]展禮介丘，[23]飛聲騰實，[24]常爲稱首。[25]天子爲而不恃，[26]成而不居，[27]冲旨凝邈，[28]固辭弗許。而雖休勿休，[29]上德不德，[30]更乃潔誠岱岳，[31]遜謝愆咎。[32]方知六十四卦,[33]謙撝之道爲尊,[34]七十二君,[35]告成之義爲小,[36]巍巍蕩蕩,[37]無得以稱焉。而深誠至德,感達於穹壤,[38]和氣薰風,[39]充溢於宇宙。二儀降福,百靈薦祉,[40]日月星象,風雲草樹之祥,山川玉石,鱗介羽毛之瑞,[41]歲見月彰,不可勝紀。至於振古所未有,[42]圖籍所不載,目所不見,耳所未聞。古語稱:"聖人作,萬物睹,神靈滋,百寶用。"此其效矣。

[1]澆僞:浮薄虛僞。

[2]秩宗:指職掌宗廟祭祀的禮官。

[3]大(tài)予:官名。全稱是大予樂令。西漢時於奉常(後改稱太常)屬下置大樂令,東漢明帝永平三年(60)改大樂令爲大予樂令,職掌祭祀奏樂及大饗之樂舞。此處借指隋代太樂署等音樂機構的樂官。按,"大予"底本原作"太子",殿本、庫本與底本同,當訛,今據宋刻遞修本、中華本改。

[4]六樂:指黃帝、堯、舜、禹、湯、周武王六代的古樂,樂名分別爲《雲門》《咸池》《大韶》《大夏》《大濩》《大武》。亦泛指所有的音樂。

[5]玉帛鐏俎:古代祭祀常用的四種器物。玉即圭璋,帛即束帛,鐏以盛酒,俎以盛肉。此處泛指各種祭祀儀式。按,"鐏"宋刻遞修本、殿本、庫本作"�",中華本作"樽",三字相通。

[6]節文:禮儀制度。

[7]金石匏革:古代製作樂器的四種質材。金以作鐘,石以作磬,匏以作笙,革以作鼓。此處泛指各種樂器和音樂。

[8]愆犯:因過失而觸犯刑律。

[9]在予:意謂罪責在於己身。

[10]倉廩:貯藏米穀的倉庫。按,"廩"字底本、宋刻遞修本、中華本皆同,殿本、庫本作"禀",二字相通。　紅腐:指陳

米，陳舊的糧食。

　　[11]阻飢：語出《尚書·舜典》：“黎民阻飢，汝后稷播時百穀。”孔安國傳：“阻，難；播，布也。眾人之難在於飢。”後遂以“阻飢”指飢餓。

　　[12]胎卵：即胎生與卵生。指鳥獸。

　　[13]大辟：即死刑。爲古代五刑之一。

　　[14]彝倫攸叙：綱常倫理井然有序。

　　[15]乾乾：形容自强不息的樣子。

　　[16]亢極：驕傲自滿。

　　[17]庶尹：即衆官之長。亦泛指百官。

　　[18]遐邇：遠近各地。　岳牧：指地方州郡長官。

　　[19]天平地成：語出《左傳》僖公二十四年：“《夏書》曰‘地平天成’，稱也。”杜預注：“地平其化，天成其施，上下相稱爲宜。”意謂夏禹治水成功，地正其勢，天循其時。後借喻萬事妥當，天下太平。

　　[20]嘉會：即昌盛的際會。

　　[21]登封降禪：指古代帝王登上泰山祭天及降至梁父山祭地的封禪大典。

　　[22]金泥玉檢：古代天子封禪所用之物。金泥，即以水銀和金粉調成的泥，作封印之用；玉檢，即以玉製成的書篋，作封藏玉牒文之用。亦借指封禪所用的告天書函。

　　[23]介丘：即大山。亦專指泰山。

　　[24]飛聲騰實：意謂稱頌聲名，傳揚功績，使名實俱優。

　　[25]稱首：即第一，最好。

　　[26]爲而不恃：有爲而不自負。

　　[27]成而不居：功成而不居功。

　　[28]冲旨：聖旨、聖意。　凝邈：深遠。

　　[29]雖休勿休：帝業雖已美善，但却不自以爲美。表示謙遜而不自滿。

[30]上德不德：語出《老子》：“上德不德，是以有德。”意謂帝德已盛，但却不自以爲有德。表示謙遜而不自滿。

[31]潔誠：潔身拜謁。誠，通“請”，即拜謁。　岱岳：泰山的別稱。

[32]遜謝愆咎：意謂向天地神靈報告自己的罪過，道歉謝罪。

[33]六十四卦：《易經》卦名的總稱。由八經卦兩兩重複排列而構成，合爲六十四卦。

[34]謙撝：即謙和撝，爲六十四卦中的兩個卦名，合爲謙遜、謙抑、謙讓之意。

[35]七十二君：指古史傳説中封禪泰山的七十二位君王。典出《史記·封禪書》：“古者封泰山、禪梁父者七十二家，而夷吾所記者十有二焉。”張守節《正義》：“《韓詩外傳》云：‘孔子升泰山，觀易姓而王可得而數者七十餘人，不得而數者萬數也。’案：管仲所記自無懷氏以下十二家，其六十家無紀録也。”

[36]告成：向天地神靈上報所完成的功業。

[37]巍巍蕩蕩：語出《論語·泰伯》：“大哉堯之爲君也！巍巍乎！唯天爲大，唯堯則之。蕩蕩乎！民無能名焉。”朱熹集注：“巍巍，高大之貌；蕩蕩，廣遠之稱也。”後因以“巍巍蕩蕩”形容帝王道德崇高，恩澤博大。

[38]穹壤：指天地。

[39]和氣薰風：指天地間陰陽交合而形成的祥瑞之氣和溫暖之風。

[40]百靈：各種神靈。　薦祉：獻福、送福。

[41]鱗介：泛指有鱗和披甲的水生動物。　羽毛：泛指鳥獸。

[42]振古：自遠古以來，往昔。

　　既而游心姑射，[1]脱屣之志已深，[2]鑄鼎荆山，[3]升天之駕遂遠。凡在黎獻，共惟帝臣，[4]慕深考妣，[5]哀纏弓劍，[6]塗山幽峻，[7]無復玉帛之禮，長陵寂寞，[8]空見衣冠之游。[9]若乃降精熛怒，[10]飛名帝籙，[11]開運握圖，[12]創業垂統，[13]聖德也；撥亂反正，濟國寧人，六合八紘，[14]同文共軌，[15]神功也；玄酒陶匏，[16]雲和孤竹，[17]禋祀上帝，[18]尊極配天，[19]大孝也；偃伯戢戈，[20]正禮裁樂，納民壽域，[21]驅俗福林，[22]至政也。張四維而臨萬宇，[23]侔三皇而並五帝，豈直錙銖周、漢，[24]么麼魏、晋而已。[25]雖五行之舞每陳於清廟，[26]九德之歌無絶於樂府，[27]而玄功暢洽不局於形器，[28]懿業遠大豈盡於揄揚。[29]

[1]姑射：古代神話傳説中的山名。相傳在今山西臨汾市西。《莊子·逍遥游》稱："藐姑射之山，有神人居焉，肌膚若冰雪，綽約若處子。"後詩文中遂常以"姑射"作爲神仙或美人的代稱。按，此處"游心姑射"，喻謂隋文帝去世，位列仙班。

[2]脱屣之志：意謂對塵世無所顧戀，志在升天爲仙。喻指去世。

[3]鑄鼎荆山：指黄帝於荆山鑄鼎而後乘龍升天的傳説。《史記·封禪書》載："黄帝采首山銅，鑄鼎於荆山下。鼎既成，有龍垂胡髯下迎黄帝。黄帝上騎，群臣後宫從上者七十餘人，龍乃上去。餘小臣不得上，乃悉持龍髯，龍髯拔，墮，墮黄帝之弓。百姓仰望黄帝既上天，乃抱其弓與胡髯號。"後遂以"鑄鼎荆山"作爲帝王去世的典故。

[4]共惟帝臣："共"字底本、殿本、庫本皆同，宋刻遞修本、中華本作"具"，二字義同。

[5]考妣：父母的别稱。亦僅指去世的父母。

[6]弓劍：古時傳説黄帝騎龍仙去，群臣攀附欲上，致墜帝弓。

又傳説黃帝葬橋山，山崩，棺空，唯劍存。説見《史記·封禪書》、劉向《列仙傳》卷上《黃帝》。後因以“弓劍”用作寄託對已故帝王哀思的典故。

[7]塗山：相傳爲夏禹娶塗山女及會諸侯之處，後世遂在此山建禹廟祭拜夏禹。其地一説在今安徽懷遠縣東南淮河東岸，又名當塗山；一説在今重慶市巴南區，俗名真武山；一説在今浙江紹興市西北。

[8]長陵：漢高祖的陵墓名，在今陝西咸陽市東。亦爲北魏孝文帝的陵墓名，在今河南洛陽市附近。

[9]衣冠：古時對縉紳和士大夫的代稱。

[10]降精熛怒：喻謂隋朝應天命而興。降精，指天降符命。熛怒，即“赤熛怒”的省稱。爲五方天帝中的南方赤帝，司夏主火。古代陰陽家認爲隋朝以火德而王，故“熛怒”即代指隋朝。

[11]飛名帝籙：意謂受符命爲天子。帝籙，即天帝的符命。

[12]開運：即開始新的國運。指建立新王朝。　握圖：意謂受天命而有天下。喻指帝王即位。

[13]創業垂統：意謂開創基業，傳之子孫。

[14]六合：指天地四方。亦泛指天下。　八紘：指八方極遠之地。亦泛指天下。

[15]同文共軌：語出《禮記·中庸》：“今天下車同軌，書同文，行同倫。”後因以“同文共軌”比喻國家統一。

[16]玄酒：古代祭禮中當酒用的清水。以其色黑，故謂之玄酒。　陶匏：指用陶匏製成的酒尊、豆簋、酒爵等器皿，爲古代祭祀所用的禮器。

[17]雲和：山名。古時取其所産之材以製作琴瑟，故後用爲弦樂器的統稱。　孤竹：即獨生的竹。古時取以製作笛簫，故後用爲管樂器的統稱。按，《周禮·春官·大司樂》載：“孤竹之管，雲和之琴瑟，雲門之舞，冬日至，於地上之圜丘奏之。”後因以“雲和孤竹”代指祭祀所演奏的樂舞。

[18]禋祀：古代祭天的一種禮儀。即先燔柴升煙，再加牲體或玉帛於柴上焚燒。亦泛指各種祭祀。

[19]尊極配天：指古代帝王祭天時以先祖配祭。

[20]偃伯戢戈：休戰息兵。伯，通“霸”，指武事。

[21]壽域：語出《漢書·禮樂志》：“願與大臣延及儒生，述舊禮，明王制，驅一世之民，濟之仁壽之域，則俗何以不若成康？壽何以不若高宗？”後因以“壽域”喻指人人得享天年的太平盛世。

[22]福林：喻指幸福吉祥的境地。按，“林”字底本、宋刻遞修本、中華本皆同，但殿本、庫本作“休”，疑訛。

[23]四維：指四方或四隅之境域。又古時以禮、義、廉、恥爲治國之四綱，亦稱四維。　萬宇：指天下。

[24]豈直：反詰之詞。　錙銖：古時兩種小的重量單位。比喻微小。

[25]么麽：形容細小。

[26]五行之舞：古樂舞名。因舞者衣服法五行色而得名，爲宗廟祭祀所演奏的樂舞。《漢書·禮樂志》載：“《五行舞》者，本周舞也，秦始皇二十六年更名曰《五行》也。”　清廟：亦稱太廟。即古代帝王的宗廟。

[27]九德之歌：古時歌頌帝王九功之德的歌曲。　樂府：漢代職掌音樂的官署名。後因以泛指音樂機構。

[28]玄功：指影響深遠而偉大的功績。按，“玄”字底本、宋刻遞修本、殿本、中華本皆同，但庫本作“元”，乃清人避諱所改。下文凡屬“玄”與“元”之別，不再施注。　暢洽：通達周遍。形器：指有形的物體。

[29]懿業：美業、大業。　揄揚：頌揚、稱頌。

臣輕生多幸，命偶興運，[1]趨事紫宸，[2]驅馳丹陛，[3]一辭天闕，[4]奄隔鼎湖，[5]空有攀龍之心，[6]徒懷蓐蟻之意。[7]庶憑毫翰，[8]敢希贊述！昔塡海之禽不增於大地，[9]泣河之士非益於洪流，[10]盡其心之所存，忘其力之所及，輒緣斯義，[11]不覺斐然。[12]乃作頌曰：

[1]命偶興運：意謂命運與昌盛的時運爲偶。指命運好。

[2]紫宸：古代天子所居的宮殿名。亦借指帝王或帝位。

[3]驅馳：喻謂奔走效力。　丹陛：即宮殿的臺階。亦借稱朝廷或皇帝。

[4]天闕：即天子的宮闕。亦指朝廷或京都。

[5]奄隔：喻指去世。　鼎湖：古代傳説爲黃帝乘龍升天之處。後喻指帝王崩逝。

[6]攀龍：亦作“攀髯”。古時傳説黃帝鑄鼎於荆山下，鼎成，有龍下迎，黃帝乘之升天，群臣後宮從上者七十餘人。餘小臣不得上龍身，乃持龍髯，而龍髯拔落，並墮黃帝之弓，百姓遂抱其弓與龍髯而號哭。事見《史記·封禪書》。後遂以“攀龍”“攀髯”作爲追隨皇帝或哀悼皇帝去世的典故。

[7]蓐蟻：即“蓐螻蟻”的略語。語出《戰國策·楚策一》：“安陵君泣數行而進曰：‘臣入則編席，出則陪乘。大王萬歲千秋之後，願得以身試黃泉，蓐螻蟻，又何如得此樂而樂之。’”鮑彪注：“願爲蓐以辟二物。蓐，陳草也。”意謂願捨身而爲王效勞於地下。後因以喻指對帝王忠心耿耿。

[8]毫翰：指毛筆。亦借指文字、文章。

[9]塡海之禽：指古代神話傳説中銜石塡海的精衛鳥。亦比喻意志堅定以達宿願之人。

[10]泣河之士：古代傳説中欲以泣淚匯成洪流而濟乾涸之河的神人。亦比喻欲以微薄之力達成某種心願的人。

[11]輒緣斯義：“輒”字底本、宋刻遞修本、殿本、中華本皆同，但庫本作“轍”，疑訛。

[12]斐然：形容狂妄作文之狀。多用作文人自謙之詞。

悠哉邃古，邈矣季世，四海九州，萬王千帝。三代之後，其道逾替，爰逮金行，[1]不勝其弊。戎狄猾夏，[2]群凶縱慝，竊號淫名，[3]十有餘國。怙威逞暴，悖禮亂德，五岳塵飛，[4]三象霧塞。[5]玄精啓曆，[6]發迹幽方，[7]并吞寇僞，獨擅雄强。載祀二百，比祚前王，江湖尚阻，區域未康。句吳、閩越，[8]河朔渭涘，[9]九縣瓜分，[10]三方鼎跱。[11]狙詐不息，干戈競起，東夏雖平，[12]亂離瘰矣。[13]五運叶期，[14]千年肇旦，[15]赫矣高祖，人靈攸贊。聖德迴生，神謀獨斷，癉惡彰善，夷凶静難。宗伯撰儀，[16]太史練日，[17]孤竹之管，雲和之瑟。展禮上玄，[18]飛煙太一，[19]珪璧朝會，[20]山川望秩。[21]占揆星景，移建邦畿，[22]下憑赤壤，[23]上叶紫微。[24]布政衢室，[25]懸法象魏，[26]帝宅天府，[27]固本崇威。匈河、瀚海，[28]龍荒狼望，[29]種落陸梁，[30]時犯亭障。[31]皇威遠憺，帝德遐暢，稽顙歸誠，稱臣内向。吳、越提封，[32]斗牛星象，[33]積有年代，自稱君長。大風未繳，[34]長鯨漏網，[35]授鉞天人，[36]豁然清蕩。戴日戴斗，[37]太平太蒙，[38]禮教周被，書軌大同。復禹之迹，成舜之功，禮以安上，樂以移風。憂勞庶績，[39]矜育黔首，[40]三面解羅，[41]萬方引咎。[42]納民軌物，[43]驅時仁壽，[44]神化隆平，生靈熙阜。[45]虔心恭己，奉天事地，協氣橫流，[46]休徵紹至。[47]壇場望幸，[48]云亭虛位，[49]推而不居，聖道彌粹。齊迹姬文，登發嗣聖，[50]道類漢光，[51]傳莊寶命。[52]知來藏往，[53]玄覽幽鏡，[54]鼎業靈長，[55]洪基隆盛。[56]崆峒問道，[57]汾射窅然，[58]御辯遐逝，[59]乘雲上仙。哀纏率土，痛感穹玄，[60]流澤萬葉，用教百年。尚想睿圖，[61]永惟聖則，[62]道洽幽顯，[63]仁霑動植。[64]爻象不陳，[65]乾坤將息，[66]微臣作頌，用申罔極。[67]

[1]金行：即五行中的金行，亦指五德中的金德。古代陰陽家用五行相生相勝説和五德終始説推定晋朝以金德而王，故此處"金行"即代指晋朝。

[2]戎狄：古代泛指西方和北方少數民族。　猾夏：意謂侵擾中原華夏地區。此句意指西晋末年"五胡亂華"之事。

[3]竊號淫名：意謂僭越本分而妄稱帝王尊號。

[4]五岳：即東岳泰山、南岳衡山、西岳華山、北岳恒山、中岳嵩山五大名山的總稱。

[5]三象：指日、月、星。

[6]玄精：義同"玄行"，代指北魏。參見前注"玄行"。　啓曆：開啓新的王朝曆數。指建立新王朝或開創新帝業。按，"曆"字底本、宋刻遞修本、殿本、中華本皆同，庫本作"歷"，二字相通。

[7]幽方：即北方。此指北魏初期的統治中心代北地區，即今山西大同市一帶。

[8]句（gōu）吴、閩越：代指南朝的轄境。句吴，即春秋時吴國的別稱。此指古吴國之地，約當今江蘇南部和浙江北部一帶。閩越，此指古代閩越人所居之地，約當今福建北部和浙江南部一帶。

[9]河朔：指黃河中下游以北地區。此處代指北齊的轄境。渭涘：指渭河流域之地。此處代指北周的轄境。

[10]九縣：義同"九州"，泛指天下或全中國。參見前注"九

州”。

[11]三方：此指北齊、北周和南朝陳三個同時鼎立的王朝政權。

[12]東夏：古代泛指中國東部地區。此處代指北齊。

[13]亂離瘼矣：語出《詩·小雅·四月》：“亂離瘼矣，爰其適歸。”毛亨傳：“離，憂；瘼，病。”意謂戰亂給國家帶來憂患，使民衆困苦不堪。

[14]五運：即五行氣運。古代陰陽家根據五行相生相克説推算出的王朝興替的氣運。　叶期：即協期。意謂協和際運定數。

[15]肇旦：肇始發端，開啟新際運。

[16]宗伯：官名。周代爲六卿之一，掌宗廟祭祀等事。後世借以泛稱職掌祭祀禮儀的長官。

[17]太史：官名。周代職掌天文曆法、圖書典籍及史書修撰等事。後世借以泛稱職掌天文曆法的官員。　練日：選擇日期。練，通“揀”。

[18]上玄：即上天，上帝。

[19]飛煙：此指禋祀，爲古代祭天的一種禮儀。參見前注“禋祀”。　太一：亦作“太乙”。即北極神，爲天神中最尊貴者。

[20]珪璧：古代祭祀、朝聘等禮儀中所用的玉器。

[21]山川望秩：意謂按等級望祭名山大川。

[22]邦畿：古時指王城及其所屬周圍千里的地域。後亦借稱國都。此處指隋初所建的新都大興城。

[23]赤壤：指赤色的社土。古代天子封土立社，以五色土象徵四方及中央。隋朝以火德而王，火居南方，色赤，故以赤壤象徵南方之火德。

[24]紫微：星官名。即紫微垣，爲三垣之一。古人以爲紫微垣是大帝之座，象徵天子之常居，故亦用以借指帝王宮殿。

[25]衢室：古時相傳爲唐堯徵詢民意的處所。後亦泛指帝王聽政之所。

[26]象魏：古代立於宮門外的一對高大建築物，又稱"闕"或"觀"，爲天子懸示政教法令的地方。亦常借指朝廷。

[27]帝宅：指皇宮或皇都。　天府：指朝廷。

[28]匈河：指匈奴轄境内的河流。此處借指突厥的轄地。

[29]龍荒狼望：借指突厥的轄地。龍荒，指漠北地區。龍，指匈奴祭天之處龍城；荒，即荒服之地。狼望，匈奴地名。或説指狼煙候望之地。

[30]種落：即種族部落。此指突厥部落。　陸梁：形容囂張、猖獗。

[31]亭障：古代在邊塞要地設置的堡壘據點。

[32]吳、越：春秋時二國名。故地在今江蘇、浙江一帶。此處借指南朝陳。　提封：即版圖、疆域。

[33]斗牛：即二十八宿中的斗宿和牛宿。斗、牛二宿所對應的分野是吳越地區，故"斗牛"亦代指吳越之地，此處借指南朝陳的轄境。

[34]大風：古代傳説中的惡鳥名。比喻凶惡的敵人。

[35]長鯨：即大鯨。比喻巨寇强敵。

[36]授鉞：古代大將出征，君主授以斧鉞，表示授以兵權。天人：即天子。此指隋煬帝楊廣。

[37]戴日戴斗：意謂普天之下。

[38]太蒙：即大盛，太康。

[39]庶績：指各種事業。按，"績"字底本、宋刻遞修本、庫本、中華本皆同，殿本作"積"，二字相通。

[40]黔首：指平民百姓。

[41]三面解羅：意謂多方解除民衆的困苦。

[42]萬方引咎：意謂將各種過失歸罪於自己。

[43]軌物：指統治規範和準則。

[44]仁壽：意謂有仁德而長壽。語出《論語·雍也》："知者動，仁者静，知者樂，仁者壽。"邢昺疏："言仁者少思寡欲，性常

安静，故多壽考也。”

［45］熙皁：興盛、昌盛。

［46］協氣：和氣。指天地間陰陽交合而形成的祥和之氣。

［47］休徵：吉祥的徵兆。

［48］壇場：此指泰山封禪的祭壇場所。

［49］云亭：即云云山與亭亭山。二山均在泰山脚下，位於今山東泰安市南及東南，爲古代帝王封禪之處。　虛位：即“虛位以待”的略語。意謂空出位置以恭候期待。

［50］齊迹姬文，登發嗣聖：此二句意謂周文王的豐功偉績，使其子周武王得以順利繼位完成建周大業。而隋文帝之功則可與周文王齊肩並列。姬文，即周文王姬昌。發，即周武王姬發。

［51］漢光：即東漢光武帝劉秀。紀見《後漢書》卷一。

［52］莊：即東漢明帝劉莊。紀見《後漢書》卷二。　寶命：指天命，帝位。

［53］知來藏往：語出《易·繫辭上》：“神以知來，知以藏往。”來知德注：“凡吉凶之幾，兆端已發，將至而未至者，曰來。吉凶之理，見在於此，一定而可知者，曰往。知來者，先知也。藏往者，瞭然蘊畜於胸中也。”後因以“知來藏往”喻對未來有所預見，對已往心中瞭然。

［54］玄覽幽鏡：意謂遠見深察，洞悉天命玄機。

［55］鼎業：指帝王之大業。

［56］洪基：即大業。多指世代相傳的帝業。

［57］崆峒：古代傳説中的山名。或説在今甘肅平涼市西，或説在今河南汝州市西南。相傳是黄帝問道於仙人廣成子之所。後因以“崆峒問道”喻指帝王隱身仙逝。

［58］汾射窅然：典出《莊子·逍遥游》：“堯治天下之民，平海内之政，往見四子藐姑射之山，汾水之陽，窅然喪其天下焉。”後因以“汾射窅然”喻指帝王悵然仙逝。

［59］御辯：意謂駕馭六氣之變化。辯，通“變”。語本《莊

子·逍遥游》:"若夫乘天地之正,而御六氣之辯。"郭象注:"御六氣之變者,即是游變化之塗也。"成玄英疏引李頤曰:"平旦朝霞,日午正陽,日入飛泉,夜半沆瀣,並天地二氣爲六氣也。" 遐逝:意謂遠游升天。喻指帝王去世。

[60]穹玄:即蒼天、上天。

[61]尚想:意謂深切懷念。按,"想"字底本、宋刻遞修本、中華本皆同,但殿本、庫本作"相",當訛。 睿圖:指皇帝的謀劃。

[62]永惟:深思,常念。 聖則:指聖賢帝王所定的法則。

[63]幽顯:指陰間與陽間。

[64]動植:即動物和植物。

[65]爻象:即《周易》中六爻相交成卦所表示的事物形象。此處借指帝王的活動形迹。

[66]乾坤:即《周易》的乾卦和坤卦。亦用作天地、日月或帝王的代稱。

[67]罔極:此指臣子對已故帝王的無窮哀思。

帝覽之不悦,顧謂蘇威曰:"道衡致美先朝,此《魚藻》之義也。"[1]於是拜司隸大夫,[2]將置之罪。道衡不悟。司隸刺史房彦謙素相善,[3]知必及禍,勸之杜絕賓客,卑辭下氣,而道衡不能用。會議新令,久不能決,道衡謂朝士曰:"向使高熲不死,令决當久行。"有人奏之,[4]帝怒曰:"汝憶高熲邪?"付執法者勘之。道衡自以非大過,促憲司早斷。[5]暨於奏日,冀帝赦之,敕家人具饌,以備賓客來候者。及奏,帝令自盡。道衡殊不意,未能引訣。[6]憲司重奏,縊而殺之,妻子徙且末。[7]時年七十。天下冤之。有集七十卷,[8]行於世。有子五人，收最知名，[9] 出繼族父孺。[10]

[1]《魚藻》：《詩·小雅》的篇名。《詩序》以爲該篇是譏刺周幽王之詩，"言萬物失其性"，"故君子思古之武王焉"。按，隋煬帝之語意謂薛道衡作《高祖文皇帝頌》亦如《魚藻》詩一樣，含有歌頌先皇而譏刺今上之意，故不悅。

[2]司隸大夫：官名。隋煬帝大業三年始置司隸臺，與御史臺、謁者臺合稱三臺。司隸大夫即是司隸臺的長官，置一人，掌諸巡察之事。正四品。

[3]司隸刺史：官名。隋煬帝大業三年始置，爲司隸臺的屬官，置十四人，掌巡察畿外郡縣。每年二月以六條出巡，十月入奏。正六品。　房彦謙：人名。傳見本書卷六六，《北史》卷三九有附傳。

[4]有人奏之："有人"底本、宋刻遞修本、中華本皆同，但殿本、庫本作"人有"，誤倒。

[5]憲司：魏晋以來對御史的別稱。

[6]引訣：亦作"引決"。即自裁、自殺。

[7]且末：郡名。隋煬帝大業五年置。治所在今新疆且末縣西南，一說在今且末縣城。

[8]有集七十卷："七十卷"各本皆同，《北史》卷三六《薛道衡傳》亦同，但本書《經籍志四》、《舊唐書·經籍志下》、《新唐書·藝文志四》均載作"三十卷"。

[9]收：人名。即薛收，薛道衡的次子，過繼給堂叔薛孺爲嗣子。隋末郡舉秀才而不應，唐初入仕秦王府，隨從秦王李世民征戰四方，以策謀之功官至天策府記室參軍，兼文學館學士，爵封汾陰縣男，爲唐初名臣。傳見《舊唐書》卷七三、《新唐書》卷九八。

[10]出繼：即過繼給別人做嗣子。　孺：人名。即薛孺。薛道衡的堂弟，薛收出繼之父。本卷、《北史》卷三六有附傳。

孺清貞孤介,[1]不交流俗,涉歷經史,有才思,雖不爲大文,所有詩咏,詞致清遠。開皇中,爲侍御史、揚州總管司功參軍。[2]每以方直自處,府僚多不便之。及滿,轉清陽令、襄城郡掾,[3]卒官。所經並有惠政。與道衡偏相友愛,收初生,即與孺爲後,養於孺宅。至於成長,殆不識本生。太常丞胡仲操曾在朝堂,[4]就孺借刀子割爪甲。孺以仲操非雅士,竟不與之。其不肯妄交,清介獨行,皆此類也。

[1]清貞孤介:意謂清白堅貞,耿直方正,而不隨流俗。

[2]侍御史:官名。爲御史臺的屬官,置八人。隋初掌糾彈百官,推按獄訟,並以年長資深者一人主臺内日常事務,從七品下。隋煬帝大業五年罷其臺内職事歸於治書侍御史,而唯掌侍從糾察,升爲正七品。　總管司功參軍:官名。爲諸州總管府的僚佐官,掌判府内官吏考課、差遣、貢舉及祭祀、禎祥、佛道、學校、書表、醫藥、陳設等事。其品階史無明載,但隋代諸州總管府和諸州府均分爲上、中、下三等,三等州的司功參軍品階分別爲從七品下、正八品下、從八品下,故三等總管府司功參軍的品階亦當與三等州的司功參軍略同。而揚州爲大總管府,其司功參軍更應高於上州司功參軍,當在從七品下以上。

[3]清陽:縣名。隋開皇六年改貝丘縣置。治所在今山東臨清市東北。　襄城:郡名。隋煬帝大業初改汝州置。治所在今河南汝州市。　郡掾:官名。隋煬帝大業三年罷州爲郡,於各郡置東西曹掾,簡稱"掾"或"郡掾",爲郡府的屬官。掌檢核郡府文書簿籍,監守符印,糾彈列曹官員之過失。京兆、河南二郡之掾爲從五品,其餘上、中、下三等郡之掾分別爲正六品、從六品、正七品。

[4]太常丞:官名。爲太常寺的屬官,置二員,掌判本寺日常

公務。隋初爲從六品下，隋煬帝大業五年升爲從五品。　胡仲操：人名。北齊後主的寵臣胡長粲之子。北齊末年官任陳留郡太守，隋文帝開皇中官任太常丞。事亦見《北史》卷三六《薛孺傳》及卷八〇《胡長粲傳》。

　　道衡兄子邁，[1]官至選部郎，[2]從父弟道實，[3]官至禮部侍郎、離石太守，[4]並知名於世。從子德音，[5]有雋才，起家爲游騎尉。[6]佐魏澹修《魏史》，[7]史成，遷著作佐郎。[8]及越王侗稱制東都，[9]王世充之僭號也，[10]軍書羽檄，[11]皆出其手。世充平，以罪伏誅。所有文筆，多行於時。

　　[1]邁：人名。即薛邁，薛道衡之侄。性寡言，有詞辯。隋文帝時官任太子舍人，隋煬帝時官至選部郎。事亦見本書卷六八《何稠傳》、《北史》卷三六《薛道衡傳》及卷九〇《何稠傳》、《舊唐書》卷七三《薛元敬傳》、《新唐書》卷七三下《宰相世系表三下》及卷九八《薛元敬傳》。

　　[2]選部郎：官名。隋煬帝大業三年改尚書省吏部所轄吏部曹的長官吏部侍郎稱爲選部郎。參見前注“吏部侍郎”。

　　[3]道實：人名。即薛道實，薛道衡的族弟。隋煬帝時官至禮部侍郎、離石郡太守。事亦見《北史·薛道衡傳》、《新唐書》卷七三下《宰相世系表三下》及卷一六四《薛苹傳》。

　　[4]禮部侍郎：官名。隋初於尚書省禮部下轄四曹之一禮部曹置禮部侍郎一人爲該曹長官，掌禮儀之制，正六品上，開皇三年升爲從五品。隋煬帝大業三年改諸曹侍郎爲“郎”，而又於尚書省所轄六部各置“侍郎”一人，爲六部之次官，正四品。此後，禮部侍郎就成爲禮部的副長官，而原禮部侍郎則改稱儀曹郎。　離石：郡名。隋煬帝大業初改石州置。治所在今山西吕梁市。

[5]德音：人名。即薛德音，薛道衡的堂侄。有文學俊才，隋文帝開皇中輔佐魏澹修撰《魏史》，官至著作佐郎。隋末大亂時入仕皇泰帝楊侗政權及王世充政權，官任黄門侍郎，執掌軍書文翰，唐初王世充政權滅亡時被誅殺。事亦見《北史·薛道衡傳》、《舊唐書》卷五四《王世充傳》及卷七三《薛元敬傳》、《新唐書》卷八五《王世充傳》及卷九八《薛元敬傳》。

[6]起家：官制用語。即從家中徵召出來，始授以官職。　游騎尉：官名。隋文帝開皇六年於尚書省吏部別置游騎等八尉，爲散官番直，無具體職掌，常出使監檢。從七品下。隋煬帝大業三年罷廢。

[7]魏澹：人名。傳見本書卷五八，《北史》卷五六有附傳。　《魏史》：亦稱《魏書》或《後魏書》。隋文帝開皇中魏澹奉詔修撰的一部記載北魏及東魏、西魏歷史的紀傳體史書，與魏收所撰《魏書》多有不同。後亡佚。

[8]著作佐郎：官名。爲秘書省著作曹的次官，置八人，協助長官著作郎掌撰史書、碑志、祝文、祭文等事。正七品下。

[9]越王侗：即隋煬帝之孫楊侗。傳見本書卷五九、《北史》卷七一。　稱制：即稱皇帝。　東都：即洛陽（今河南洛陽市東北白馬寺東）。隋煬帝即位初營建洛陽爲東京，大業五年又改稱東京爲東都。

[10]王世充：人名。唐時亦諱稱“王充”。傳見本書卷八五、《北史》卷七九、《舊唐書》卷五四、《新唐書》卷八五。　僭號：即冒用帝王的稱號。此指王世充於公元619年廢皇泰帝楊侗，自稱皇帝，建國號爲“鄭”。

[11]羽檄：古代軍事文書，插鳥羽以示緊急，必須迅速傳遞，故稱“羽檄”。

史臣曰：二三子有齊之季皆以辭藻著聞，[1]爰歷周、隋，咸見推重。李稱一代俊偉，薛則時之令望，[2] 握靈蛇以俱照，[3] 騁逸足以並驅，[4] 文雅縱横，金聲玉振。[5] 静言揚榷，[6] 盧居二子之右。李、薛紆青拖紫，思道官塗寥落，[7] 雖窮通有命，[8] 抑亦不護細行之所致也。[9]

[1]二三子：意謂諸君，各位。此指本卷傳主盧思道、李孝貞、薛道衡等幾個人。

[2]令望：指有美好名聲而令人景仰的人。

[3]靈蛇：指古代傳説中的靈蛇之珠，爲珍奇的寶物。比喻美好的文才或文章。

[4]逸足：指駿馬。比喻出衆的才能或人才。

[5]金聲玉振：本謂以鍾發聲，以磬收韵，奏樂從始至終。亦比喻聲名昭著遠揚。

[6]静言揚榷：意謂沉静思量，平心而論。

[7]思道官塗寥落：“官”字底本、中華本皆同，宋刻遞修本、殿本、庫本作“宦”。

[8]窮通：即困厄與顯達。

[9]不護細行：不注意小節。語本《尚書·旅獒》：“不矜細行，終累大德。”

隋書　卷五八

列傳第二十三

明克讓

　　明克讓字弘道，平原鬲人也。[1]父山賓，[2]梁侍中。[3]克讓少好儒雅，善談論，博涉書史，[4]所覽將萬卷。《三禮》禮論，[5]尤所研精，龜策歷象，[6]咸得其妙。年十四，釋褐湘東王法曹參軍。[7]時舍人朱异在儀賢堂講《老子》，[8]克讓預焉。堂邊有修竹，异令克讓咏之。克讓覽筆輒成，[9]其卒章曰：[10]“非君多愛賞，誰貴此貞心。”异甚奇之。仕歷司徒祭酒、尚書都官郎中、散騎侍郎，[11]兼國子博士、中書侍郎。[12]梁滅，歸于長安，[13]周明帝引爲麟趾殿學士，[14]俄授著作上士，[15]轉外史下大夫，[16]出爲衛王友，[17]歷漢東、南陳二郡守。[18]武帝即位，[19]復徵爲露門學士，[20]令與太史官屬正定新歷。[21]拜儀同三司，[22]累遷司調大夫，[23]賜爵歷城縣伯，[24]邑五百户。[25]

［1］平原：郡名。治所在今山東平原縣。　鬲：縣名。漢時治所在今山東平原縣西北。按，此處因言明氏郡望，故沿用漢縣名，隋時無鬲縣。

［2］山賓：人名。即明山賓，明克讓之父。博通經傳，明悉禮制，南朝梁武帝時官至散騎常侍，兼國子祭酒，卒贈侍中。傳見《梁書》卷二七，《南史》卷五〇有附傳。

［3］梁：即南朝梁（502—557），都於建康（今江蘇南京市）。侍中：此是明山賓死後的贈官。南朝梁時爲十二班。

［4］博涉書史：“博”字底本、宋刻遞修本、庫本、中華本皆同，但殿本作“搏”，當訛。

［5］《三禮》：即《周禮》《儀禮》《禮記》三部儒家禮制經典的合稱。

［6］龜策：即龜甲和蓍草。爲古代占卜之具，故亦代指占卜之學。　歷象：指曆法和天文星象之學。按，“歷”字底本、殿本、庫本皆同，宋刻遞修本、中華本作“曆”，二字相通。下文凡屬“歷”和“曆”之別，不再出注。

［7］釋褐：官制用語。亦稱解褐。即脫去平民衣服而換上官服，喻指始任官職。　湘東王：南朝梁元帝蕭繹稱帝之前的封爵名，全稱是湘東郡王，爲梁十五等爵的第一等。紀見《梁書》卷五、《南史》卷八。　法曹參軍：官名。此指王府法曹參軍。南朝梁時爲諸王府的僚佐官，掌判府内律令刑獄之事。四班。

［8］舍人：官名。此指中書通事舍人，後去“通事”而直稱中書舍人。南朝梁時爲中書省的屬官，掌入值閣内，草擬詔誥敕令。梁武帝以中書舍人典掌機要，特重其選，多以位高親近之官兼領此職。四班。　朱异：人名。南朝梁人。博通經史文章，兼通書算棋藝。梁武帝大同六年官任右衛將軍、兼中書通事舍人，曾奏請在宮内儀賢堂講述《老子義》，聽者達千餘人。傳見《梁書》卷三八、《南史》卷六二。　儀賢堂：南朝梁宮内廳堂名。梁武帝天監六年（507）改聽訟堂爲儀賢堂，後常在此禮賢講學，聽者甚衆。

[9]克讓覽筆輒成："覽"字底本、宋刻遞修本、殿本皆同，中華本作"攬"，二字相通；庫本又作"援"，義同。

[10]卒章：指詩詞、文章結尾的段落。

[11]司徒祭酒：官名。南朝梁時爲司徒府的屬官，掌府內禮接賢良、引導賓客之事。三班。　尚書都官郎中：官名。南朝梁時爲尚書省都官部所轄都官曹的長官，置一員，掌刑罰獄訟及官府奴婢、部曲客女之政令。五班。　散騎侍郎：官名。南朝梁時爲集書省的屬官，置四人，掌侍從皇帝左右，獻納得失，省駁奏聞，實則爲閑散虛職，多用作加官。八班。

[12]國子博士：官名。南朝梁時爲國子學的教官，置二人，掌以儒經教授國子學生，國有疑事則掌承問對。九班。　中書侍郎：官名。南朝梁時爲中書省的次官，置四人，協助長官中書監、令掌出納宣行皇帝詔命，功高者一人主省內事。九班。

[13]長安：西魏、北周的都城。在今陝西西安市西北郊。

[14]周明帝：即北周明帝宇文毓。紀見《周書》卷四、《北史》卷九。　麟趾殿學士：北周明帝即位初，召集公卿以下有文學的朝官八十餘人，番上入值宮內麟趾殿，職掌著述，刊校經史圖籍，凡被召入值者，即稱爲麟趾殿學士。屬臨時差遣委命之職。

[15]著作上士：官名。北周時爲春官府內史曹的屬官，置二人，掌撰修國史。正三命。

[16]外史下大夫：官名。北周時爲春官府內史曹的屬官，掌撰皇帝起居注及圖書收藏整理等事。正四命。

[17]衛王：北周宗室親王宇文直的封爵名。傳見《周書》卷一三、《北史》卷五八。　友：官名。即王友。北周時爲諸王府的屬官，各置二人，掌陪伴諸王游居，侍從問對。命品未詳，但北齊時諸王友爲正五品上，隋時爲從五品下，可作參考。

[18]漢東：郡名。北周時治所在今湖北鍾祥市西北。　南陳：郡名。北周時治所在今安徽霍山縣。

[19]武帝：即北周武帝宇文邕。紀見《周書》卷五、六，《北

史》卷一○。

[20]露門學士：官名。北周武帝天和二年（567）於皇宮露寢門左側設立學塾，稱爲露門學，置露門學博士、露門學士等員爲該學塾的教官，掌以儒學技藝教授露門學生，國有疑事則掌承問對。命品未詳。

[21]太史：官署名。北周時隸屬於春官府，掌天文曆法之事。長官爲太史中大夫，屬官有太史上士、小史下大夫、馮相上士、保章上士等。

[22]儀同三司：官名。亦簡稱儀同，北周武帝建德四年（575）改稱儀同大將軍。北周時屬勳官。北周府兵制中儀同府的長官均加此勳官名，可開府置官屬。九命。

[23]司調大夫：官名。全稱是司調下大夫。北周時爲秋官府司調曹的長官，掌司萬民仇難而諧和之。正四命。

[24]歷城縣伯：爵名。北周時爲十一等爵的第八等。正七命。

[25]邑：也稱食邑、封邑。是古代君王封賜給有爵位之人的一種食祿制度，受封者可徵收封地內的民戶租稅充作食祿。魏晉以後，食邑分爲虛封和實封兩類：虛封一般僅冠以“邑”或“食邑”之名，這衹是一種榮譽性加銜，受封者並不能獲得實際的食祿收入；而實封一般須冠以“真食”“食實封”等名，受封者可真正獲得食祿收入。

　　高祖受禪，[1]拜太子内舍人，[2]轉率更令，[3]進爵爲侯。[4]太子以師道處之，恩禮甚厚。每有四方珍味，輒以賜之。于時東宮盛徵天下才學之士，至於博物洽聞，[5]皆出其下。詔與太常牛弘等修禮議樂，[6]當朝典故多所裁正。[7]開皇十四年，[8]以疾去官，加通直散騎常侍。[9]卒，年七十。上甚傷惜焉，賻物五百段，[10]米三百石。太子又贈絹布二千匹，錢十萬，朝服一具，給棺櫛。著《孝經義疏》一部，《古今帝代記》一卷，《文類》四卷，《續名僧記》一卷，集二十卷。

[1]高祖：隋文帝楊堅的廟號。紀見本書卷一、二，《北史》卷一一。　受禪：中國古代王朝更迭時，新皇帝承受舊皇帝讓給的帝位，即稱受禪。此指楊堅於公元 581 年廢北周靜帝，即位稱皇帝，正式建立隋王朝。

[2]太子内舍人：官名。爲太子東宫門下坊的次官，制比朝廷門下省之次官，協助長官左庶子掌侍從贊相，駁正啓奏，並通判本坊事。隋初置四員，正五品上；隋煬帝時减置二員，正五品。

[3]率更令：官名。爲太子東宫率更寺的長官，置一員，掌東宫禮樂、漏刻等事。從四品上。

[4]侯：爵名。此當是“歷城縣侯”的省稱。爲隋九等爵的第六等。正二品。

[5]博物洽聞：意謂見多識廣，知識淵博。

[6]太常：此是“太常卿”的省稱。官名。爲太常寺的長官，置一員，掌國家禮樂、郊廟社稷祭祀等事務。正三品。　牛弘：人名。傳見本書卷四九、《北史》卷七二。

[7]典故：此指典章制度和故舊成例。

[8]開皇：隋文帝楊堅年號（581—600）。

[9]通直散騎常侍：官名。爲門下省的屬官，置四員，掌陪從朝值，獻納得失，實則爲閑散虛職，多用作加官。正四品下。隋煬帝大業三年（607）罷廢。

[10]賻：贈送財物給喪家以助治喪。亦指所贈之財物。

子餘慶，[1]官至司門郎。[2]越王侗稱制，[3]爲國子祭酒。[4]

[1]餘慶：人名。即明餘慶，明克讓之子。隋煬帝時官至司門郎，隋末大亂時入仕皇泰帝楊侗政權，官任國子祭酒。事亦見《北史》卷八三《明克讓傳》。

[2]司門郎：官名。隋初於尚書省刑部所轄四曹之一司門曹置司門侍郎二人爲該曹長官，掌全國關塞禁防、道路過所之政令，正六品上，開皇三年升爲從五品。隋煬帝大業三年改諸曹侍郎爲郎，司門侍郎遂改稱爲司門郎。

[3]越王侗：即隋煬帝之孫楊侗。傳見本書卷五九、《北史》卷七一。　稱制：即稱皇帝。

[4]國子祭酒：官名。隋初爲太常寺所轄之國子寺的長官，置一員，掌儒學訓導之政，統國子、太學、四門、書算等學。從三品。開皇十三年國子寺罷隸太常，並改寺爲學，國子祭酒則爲國子學的長官。仁壽元年（601）又罷國子學，唯立太學一所，以太學博士總知學事，國子祭酒則被廢省。隋煬帝大業三年復立國子學，並改稱國子監，依舊置國子祭酒一人爲本監長官，職掌、品階均同隋初。隋末皇泰帝朝亦沿大業之制而置國子祭酒。

魏澹

魏澹字彥深，[1]鉅鹿下曲陽人也。[2]祖鸞，[3]魏光州刺史。[4]父季景，[5]齊大司農卿，[6]稱爲著姓，[7]世以文學自業。澹年十五而孤，專精好學，博涉經史，善屬文，[8]詞采贍逸。[9]齊博陵王濟聞其名，[10]引爲記室。[11]及琅邪王儼爲京畿大都督，[12]以澹爲鎧曹參軍，[13]轉殿中侍御史。[14]尋與尚書左僕射魏收、吏部尚書陽休之、國子博士熊安生同修五禮。[15]又與諸學士撰《御覽》，[16]書成，除殿中郎中、中書舍人。[17]復與李德林俱修國史。[18]周武帝平齊，授納言中士。[19]

[1]彥深：岑仲勉校正稱當作“彥淵”，唐人因避諱唐高祖李淵之名而改“淵”作“深”（參見岑仲勉《隋書求是》，中華書局2004年版，第104頁）。

[2]鉅鹿：郡名。治所在今河北藁城市。　下曲陽：縣名。漢時治所在今河北藁城市。按，此處因言魏氏郡望，故沿用漢縣名，隋時無下曲陽縣。

[3]鸞：人名。即魏鸞，魏澹之祖，北魏時人。有文學器幹，官至光州刺史。事見《北史》卷五六《魏季景傳》。

[4]魏：即北魏（386—557），亦稱後魏。初都平城（今山西大同市東北），公元494年遷都洛陽（今河南洛陽市東北白馬寺東）。公元534年分裂爲東魏和西魏兩個政權。東魏（534—550）都於鄴（今河北臨漳縣西南鄴鎮東），西魏（535—557）都於長安（今陝西西安市西北郊）。　光州：北魏時治所在今山東萊州市。

[5]季景：人名。即魏季景，魏澹之父，北魏末至東魏時人。博學有文才，官至大司農卿、魏郡尹。傳見《北史》卷五六。

[6]齊：即北齊（550—577），都於鄴（今河北臨漳縣西南鄴鎮東）。按，據《北史·魏季景傳》，魏季景卒於東魏孝靜帝時，並未入仕北齊，故此處載稱“齊”則欠準確，當作“魏”或“東魏”。　大司農卿：官名。東魏時爲大司農寺的長官，置一員，掌倉市薪蔬、園池林果等政事。正三品。

[7]著姓：即有聲望的族姓。魏晉南北朝隋唐時多指累世官宦、社會地位很高的世家大族。

[8]屬（zhǔ）文：撰著文辭。

[9]贍逸：形容詩文詞藻富麗，感情奔放。

[10]博陵王：爵名。全稱是博陵郡王。北齊時爲十一等爵的第一等。正一品。　濟：人名。即高濟，出身北齊皇室，乃高歡之

子，北齊文宣帝時爵封博陵郡王。傳見《北齊書》卷一〇、《北史》卷五一。

〔11〕記室：官名。此當是王府記室參軍事的省稱。北齊時爲諸王府的僚佐官，掌判府内章表書記之事。正六品上。

〔12〕琅邪王：爵名。全稱是琅邪郡王。北齊時爲十一等爵的第一等。正一品。　儼：人名。即高儼。出身北齊皇室，乃武成帝高湛的第三子，北齊武成帝時爵封東平郡王，官任京畿大都督、領軍大將軍等職，北齊後主親政時改封爲琅邪郡王。傳見《北齊書》卷一二、《北史》卷五二。　京畿大都督：官名。東魏至北齊武成帝時，於首都鄴城置京畿大都督府，以高氏宗室親王充任本府大都督，掌領京畿兵宿衛京城。北齊後主武平二年，始罷京畿大都督府併入領軍府，此官遂廢。

〔13〕鎧曹參軍：官名。此指京畿大都督府鎧曹參軍。北齊時爲京畿大都督府的僚佐官，掌判府内兵器鎧胄之事。從六品下。

〔14〕殿中侍御史：官名。北齊時爲御史臺的屬官，置十二人，掌糾彈殿廷儀式與百官朝班，推按刑獄。正八品下。

〔15〕尚書左僕射：據《北齊書》卷三七、《北史》卷五六《魏收傳》載，此是魏收死後的贈官，北齊時爲從二品。　魏收：人名。北魏末至北齊時人。博學多識，通曉經史文章，官至尚書右僕射，卒贈司空、尚書左僕射，爲北齊名臣。曾奉北齊文宣帝之命撰著《魏書》，北齊後主武平初年又奉詔主持修定五禮。傳見《北齊書》卷三七、《北史》卷五六。　吏部尚書：官名。北齊時爲尚書省所轄六部之一吏部的長官，置一員，掌官吏銓選、考課、封爵等政令，統吏部、考功、主爵三曹。正三品。　陽休之：人名。北魏末至隋初時人。博綜經史，通曉禮儀，亦善屬文，爲當世名士顯宦。傳見《北齊書》卷四二，《北史》卷四七有附傳。　國子博士：官名。北齊時爲國子寺所轄國子學的教官，置五人，掌以儒經教授國子學生，國有疑事則掌承問對。正五品上。　熊安生：人名。北魏末至北齊、北周時人。博通五經，尤精《三禮》，門徒衆

多，爲當世名儒。傳見《周書》卷四五、《北史》卷八二。　　五禮：古代的五種禮制，即吉禮、凶禮、軍禮、賓禮、嘉禮。

[16]學士：此指文林館學士。北齊後主武平四年（573）於内廷置文林館，召集文學優長的朝士入館供奉待詔，令其在館内講論文學，修撰書籍文翰。凡被召入館之士，即統稱爲“待詔文林館”，亦稱“文林館學士”。此屬臨時差遣之任，多爲朝官之兼職。《御覽》：北齊後主武平年間詔令衆學士集體編撰的一部類書，共三百六十卷。初名《玄洲苑御覽》，後改名《聖壽堂御覽》，終定名爲《修文殿御覽》。

[17]除：官制用語。即拜官、授職。　　殿中郎中：官名。北齊時爲尚書省殿中部所轄四曹之一殿中曹的長官，置一員，掌駕行百官留守名賬、宮殿禁衛、供御衣倉等事。正六品上。按，“殿中”底本、宋刻遞修本、中華本皆同，《北史·魏澹傳》亦同，但殿本、庫本作“殿上”，當訛。　　中書舍人：官名。北齊時爲中書省的屬官，置十人，掌署敕行下，宣旨勞問。正六品上。

[18]李德林：人名。傳見本書卷四二、《北史》卷七二。

[19]納言中士：官名。北周武帝保定四年（564）改天官府御伯曹爲納言曹，置納言中士爲該曹屬官，掌糾駁制敕。正二命。

及高祖受禪，出爲行臺禮部侍郎。[1]尋爲散騎常侍、聘陳主使。[2]還除太子舍人。[3]廢太子勇深禮遇之，[4]屢加優錫，令注《庾信集》，[5]復撰《笑苑》《詞林集》，世稱其博物。數年，遷著作郎，[6]仍爲太子學士。[7]

[1]行臺禮部侍郎：官名。隋初在地方各道軍政特區設置“行臺尚書省”，簡稱行臺，是中央最高行政機關尚書省的派出機構，執掌特區内軍政事務。行臺禮部侍郎是行臺尚書省下轄禮部曹的長官，掌行臺所轄特區内的禮儀之制。流内視正六品。

　　[2]散騎常侍：官名。爲門下省的屬官，置四員，掌陪從朝值，獻納得失，實則爲閑散虚職，多用作加官。從三品。隋煬帝大業三年罷廢。　聘：指國與國之間的出使訪問。　陳：即南朝陳（557—589），都於建康（今江蘇南京市）。按，此處"聘陳主使"，乃隋初派往南朝陳出使訪問的正員使節，其下常置有副使及若干隨從官員，屬臨時差遣委命之職，出訪結束後則罷廢。

　　[3]太子舍人：官名。爲太子東宫典書坊的屬官，置八員，掌令書表啓之事，制比朝廷的内史舍人。從六品下。隋煬帝大業三年改稱管記舍人，並減置四員。

　　[4]廢太子勇：即隋文帝長子楊勇。傳見本書卷四五、《北史》卷七一。

　　[5]《庾信集》：北周文學家庾信所著的文集，共二十一卷。

　　[6]著作郎：官名。爲秘書省所轄著作曹的長官，置二人，掌史書、碑志、祝文、祭文等修撰之事。隋初爲從五品上，隋煬帝大業三年升爲正五品，後又降爲從五品。

　　[7]學士：隋時根據需要於太子東宫及諸王府置有學士，參掌東宫、諸王府的經籍圖書及修撰文翰等事，並奉侍太子、諸王問對。屬臨時差遣之職，多選文學優長之士充任。

　　高祖以魏收所撰書，[1]褒貶失實，宋綷爲《中興書》，[2]事不倫序，詔澹别成《魏史》。[3]澹自道武下及恭帝，[4]爲十二紀，七十八傳，别爲史論及例一卷，并《目録》，合九十二卷。[5]澹之義例與魏收多所不同：

　　[1]魏收所撰書：此指北齊文宣帝天保年間魏收奉詔修撰的《魏書》，爲二十四史之一。

　　[2]宋綷：人名。東魏、北齊時人。勤學多覽，博聞强記，雅好撰述，著作甚豐。曾仿照裴松之注《三國志》的體例，爲《晋

中興書》作補注。事見《北齊書》卷二○《宋顯傳》。按，“宋繪”
底本原作“平繪”，宋刻遞修本、殿本、庫本、中華本及《北史》
卷五六《魏澹傳》均與底本同，當訛，今據《北齊書·宋顯傳》
改。（參見唐華全《〈隋書〉勘誤18則》，《南昌航空大學學報》
2012年第2期）　　《中興書》：全稱《晉中興書》。是一部記述東
晉十六國及南北朝初期歷史的史書，共七十八卷。該書原爲南朝劉
宋時人郗紹所撰，但被劉宋湘東太守何法盛所竊據，遂題爲何法盛
所撰之書。至東魏時，該書傳入北方，宋繪遂仿效裴松之注《三國
志》之例爲該書作補注。

[3]《魏史》：亦稱《魏書》或《後魏書》。隋開皇中魏澹奉詔
修撰的一部記載北魏及東魏、西魏歷史的紀傳體史書，與魏收所撰
的《魏書》多有不同。後亡佚。

[4]道武：即北魏開國皇帝道武帝拓跋珪。紀見《魏書》卷
二、《北史》卷一。　　恭帝：即西魏末代皇帝拓跋廓。紀見《北
史》卷五。

[5]合九十二卷：“九十二卷”各本皆同，《北史·魏澹傳》亦
同，但本書《經籍志二》載作“一百卷”，《舊唐書·經籍志上》
《新唐書·藝文志二》又載作“一百七卷”。

　　其一曰，臣聞天子者，繼天立極，[1]終始絶名。故
《穀梁傳》曰：[2]“太上不名。”[3]《曲禮》曰：[4]“天
子不言出，諸侯不生名。”諸侯尚不生名，況天子乎！
若爲太子，必須書名。[5]良由子者對父生稱，父前子名，
禮之意也。是以桓公六年九月丁卯，[6]子同生，[7]《傳》
曰：[8]“舉以太子之禮。”杜預注云：[9]“桓公子莊公
也。”十二公唯子同是嫡夫人之長子，[10]備用太子之禮，
故史書之於策。即位之日，尊成君而不名，《春秋》之

義，[11]聖人之微旨也。[12]至如馬遷，[13]周之太子並皆言名，漢之儲兩俱没其諱，[14]以尊漢卑周，臣子之意也。竊謂雖立此理，恐非其義。何者？《春秋》《禮記》，[15]太子必書名，天王不言出。此仲尼之褒貶，[16]皇王之稱謂，非當時與異代遂爲優劣也。班固、范曄、陳壽、王隱、沈約參差不同，[17]尊卑失序。至於魏收，諱儲君之名，書天子之字，過又甚焉。今所撰史，諱皇帝名，書太子字，欲以尊君卑臣，依《春秋》之義也。

[1]繼天立極：意謂秉承天意而登上帝位。

[2]《穀梁傳》：亦稱《春秋穀梁傳》或《穀梁春秋》。戰國時魯人穀梁赤撰寫的一部闡釋《春秋》義理的著作，爲儒家經典之一。

[3]太上：指天子、帝王。

[4]《曲禮》：《禮記》的篇名。以其委曲解説吉、凶、賓、軍、嘉五禮之事，故名《曲禮》。

[5]必須書名："必"字底本、宋刻遞修本、庫本、中華本皆同，但殿本作"少"，當訛。

[6]桓公：春秋時魯國國君子允的謚號。事見《左傳》桓公紀年、《史記》卷三三《魯周公世家》。

[7]子同：即春秋時魯莊公之名。事見《左傳》莊公紀年、《史記·魯周公世家》。

[8]《傳》：即《左傳》。亦稱《春秋左氏傳》或《左氏春秋》。相傳爲春秋時魯國史官左丘明所撰。近人認爲是戰國初年人根據春秋各國史料編撰而成的一部編年體史書。該書多用事實解釋《春秋》，後遂與《春秋》合刊，列爲儒家經典之一。

[9]杜預：人名。西晋名儒。撰有《春秋左氏經傳集解》，爲

《左傳》的通行注解本。傳見《晋書》卷三四。

[10]十二公：指春秋時魯國的十二位國君，即隱、桓、莊、閔、僖、文、宣、成、襄、昭、定、哀十二公。

[11]《春秋》：相傳是孔子據魯史修訂而成的一部編年體史書，叙事極簡，用字意寓褒貶，爲儒家經典之一。

[12]聖人：此指孔子。　微旨：精深微妙的意旨。

[13]馬遷：人名。即司馬遷的省稱。西漢史家，著有《史記》。傳見《漢書》卷六二。

[14]儲兩：亦稱"儲貳""儲君"。指太子。

[15]《禮記》：亦稱《小戴禮記》或《小戴記》。相傳是西漢名儒戴聖編纂的一部秦漢以前孔門後學所記各種禮儀論著的選集，共四十九篇，爲儒家經典之一。

[16]仲尼：即孔子的字。詳見《史記》卷四七《孔子世家》。

[17]班固：人名。東漢史家和賦家，著有《漢書》《白虎通義》《兩都賦》等書文。傳見《後漢書》卷四〇。　范曄：人名。南朝劉宋史家，著有《後漢書》。傳見《宋書》卷六九，《南史》卷三三有附傳。　陳壽：人名。西晋史家，著有《三國志》。傳見《晋書》卷八二。　王隱：人名。東晋史家，著有《晋書》。傳見《晋書》卷八二。　沈約：人名。南朝梁史家，著有《宋書》。傳見《梁書》卷一三、《南史》卷五七。

其二曰，五帝之聖，[1]三代之英，[2]積德累功，乃文乃武，賢聖相承，莫過周室，名器不及后稷，[3]追謚止於三王，[4]此即前代之茂實，[5]後人之龜鏡也。[6]魏氏平文以前，[7]部落之君長耳。太祖遠追二十八帝，[8]並極崇高，違堯、舜憲章，[9]越周公典禮。[10]但道武出自結繩，[11]未師典誥，[12]當須南、董直筆，[13]裁而正之。[14]反更飾非，言是觀過，所謂決渤澥之水，[15]復去堤防，襄陵之灾，[16]未可免也。但力微天女所誕，[17]靈異絕世，尊爲始祖，得禮之宜。平文、昭成雄據塞表，[18]英風漸盛，圖南之業，[19]基自此始。長孫斤之亂也，[20]兵交御坐，[21]太子授命，昭成獲免。道武此時，后緦方娠，[22]宗廟復存，社稷有主，[23]大功大孝，實在獻明。[24]此之三世，稱謐可也。自兹以外，未之敢聞。

[1]五帝：古史傳說中的五位聖賢帝王。所指説法不一：或指黄帝、顓頊、帝嚳、唐堯、虞舜；或指太昊、炎帝、黄帝、少昊、顓頊；或指少昊、顓頊、高辛、唐堯、虞舜；或指伏羲、神農、黄帝、唐堯、虞舜。

[2]三代：指夏、商、周三個朝代。古代儒家多視此三代爲昌明盛世。

[3]名器：即名號與車服儀制。古代用以區別尊卑貴賤的等級之制。此處特指帝王的名號。　后稷：周人的始祖，名棄。相傳虞舜命之爲農官，教民耕稼，故稱“后稷”。詳見《史記》卷四《周本紀》。

[4]追謐：此指追加帝王的謐號。　三王：此指周朝正式建立之前的太王、王季、文王三代先王。

[5]茂實：即盛美的德業。

[6]龜鏡：古時認爲龜甲可卜吉凶，鏡能别美醜，故以“龜鏡”比喻可供人對照學習的榜樣或引以爲戒的教訓。

[7]平文：北魏道武帝之曾祖拓跋鬱律的謐號。紀見《魏書》卷一、《北史》卷一。

[8]太祖：北魏道武帝拓跋珪的廟號。參見前注“道武”。

[9]堯：亦稱“唐堯”。遠古部落聯盟的首領，古史傳說中的聖明君主。詳見《史記》卷一《五帝本紀》。　舜：亦稱“虞舜”。遠古部落聯盟的首領，古史傳說中的聖明君主。詳見《史記·五帝

本紀》。

　[10]周公：即周公旦。西周初期著名政治家，曾釐定周代典章制度，使天下臻於大治，爲後世儒家奉作聖賢典範。詳見《史記》卷三三《魯周公世家》。

　[11]結繩：上古無文字，結繩以記事。後因以“結繩”喻指上古蒙昧時代或文化落後的少數民族部落。

　[12]典誥：即《尚書》中《堯典》《湯誥》等篇的並稱，爲《尚書》的兩種體例。亦用以泛指儒家經書典籍。

　[13]南、董：即春秋時期齊國史官南史、晋國史官董狐的合稱。二人皆以直筆不諱著稱。後遂用以借指秉筆直書的優秀史官。

　[14]裁而正之：“裁”字底本原作“越”，當訛，今據宋刻遞修本、殿本、庫本、中華本及《北史》卷五六《魏澹傳》改。

　[15]渤澥：即渤海的別稱。

　[16]襄陵：意謂大水漫上丘陵。語出《尚書·堯典》：“湯湯洪水方割，蕩蕩懷山襄陵。”孔安國傳：“襄，上也。”

　[17]力微：人名。即北魏皇室先祖拓跋力微。北魏建國後追尊爲始祖，謚號神元皇帝。紀見《魏書》卷一、《北史》卷一。

　[18]昭成：北魏道武帝之祖拓跋什翼犍的謚號。紀見《魏書》卷一、《北史》卷一。　塞表：即塞外。指長城以北地區。

　[19]圖南之業：此指北魏建國初期自塞外南下進據中原、統一中國北方的霸業。

　[20]長孫斤：人名。代王拓跋什翼犍在位時的代國宗室大臣，建國三十四年（371）春發動叛亂謀殺代王，旋被誅滅，但王太子拓跋寔爲保衛什翼犍，亦受傷而死。事見《魏書·昭成帝紀》《北史·魏昭成帝紀》。

　[21]御坐：指帝王的寶座。按，“坐”字底本、宋刻遞修本、中華本及《北史·魏澹傳》皆同，殿本、庫本作“座”，二字相通。又下文凡屬“坐”和“座”之別，不再施注。

　[22]后緡：相傳是夏后帝相之妃、少康之母。《史記》卷三一

《吴太伯世家》載："（有過氏）滅夏后帝相。帝相之妃后緡方娠，逃於有仍而生少康。"此處用以借指北魏道武帝的生母獻明皇后賀氏。傳見《魏書》卷一三、《北史》卷一三。

[23]社稷有主："主"字底本原作"王"，當訛，今據宋刻遞修本、殿本、庫本、中華本及《北史·魏澹傳》改。

[24]獻明：北魏道武帝之父拓跋寔的謚號。事見《魏書》卷一《昭成帝紀》及卷二《道武帝紀》、《北史·魏昭成帝紀》等。

　　其三曰，臣以爲南巢桀亡，[1]牧野紂滅，[2]斬以黄鉞，[3]懸首白旗，[4]幽王死於驪山，[5]厲王出奔於彘，[6]未嘗隱諱，直筆書之，欲以勸善懲惡，貽誠將來者也。而太武、獻文並皆非命，[7]前史立紀，不異天年，[8]言論之間，頗露首尾。殺主害君，莫知名姓，逆臣賊子，何所懼哉！君子之過，如日月之食，圓首方足，[9]孰不瞻仰，況復兵交御坐，矢及王屋，而可隱没者乎！今所撰史，分明直書，不敢迴避。且隱、桓之死，[10]閔、昭殺逐，[11]丘明據實叙於經下，[12]況復懸隔異代而致依違哉！[13]

[1]南巢：地名。在今安徽巢湖市西南。相傳商湯放逐夏桀於此。　桀：即夏桀。夏朝末代君主。詳見《史記》卷二《夏本紀》。

[2]牧野：地名。在今河南淇縣朝歌鎮南。周武王率師大敗商紂軍於此。　紂：即商紂王。商朝末代君主。詳見《史記》卷三《殷本紀》。

[3]黄鉞：即飾以黄金的長柄圓口大斧。古時用作天子征伐的儀仗之一，代表最高軍事統帥權力。

[4]白旗：古代作戰時軍隊主帥所立的中軍大旗。白色象徵五

行之金，主征戰。

[5]幽王：即周幽王姬宮湦（湦，一作涅）。西周末代君主。詳見《史記》卷四《周本紀》。　驪山：在今陝西西安市臨潼區東南。周幽王曾在此烽火戲諸侯，後被犬戎攻殺於此。

[6]厲王：即周厲王姬胡。西周後期的暴君。詳見《史記‧周本紀》。　彘：地名。在今山西霍州市東北。周厲王曾遭國人攻擊而逃奔於彘，後死於此。

[7]太武：即北魏第三代皇帝太武帝拓跋燾。紀見《魏書》卷四、《北史》卷二。　獻文：即北魏第五代皇帝獻文帝拓跋弘。紀見《魏書》卷六、《北史》卷二。　非命：指因意外的灾禍或被謀害而非正常死亡。

[8]天年：即自然的壽數。此指壽終而正常死亡。

[9]圓首方足：喻指人衆、人類。

[10]隱：即春秋時魯隱公。事見《左傳》隱公紀年、《史記》卷三三《魯周公世家》。　桓：即春秋時魯桓公。參見前注“桓公”。

[11]閔：即春秋時魯閔公。事見《左傳》閔公紀年、《史記‧魯周公世家》。　昭：即春秋時魯昭公。事見《左傳》昭公紀年、《史記‧魯周公世家》。

[12]丘明：即左丘明的省稱。春秋末期魯國史官，相傳曾著《左傳》《國語》。事見《史記》卷一四《十二諸侯年表序》及卷一三〇《太史公自序》。

[13]依違：遲疑不決，模棱兩可。

其四曰，周道陵遲，[1]不勝其敝，[2]楚子親問九鼎，[3]吳人來徵百牢，[4]無君之心，實彰行路，夫子刊經，[5]皆書曰卒。自晉德不競，[6]宇宙分崩，或帝或王，各自署置。當其生日，聘使往來，[7]略如敵國，及其終也，書之曰死，便同庶人。存没頓殊，能無懷愧！今所撰史，諸國凡處華夏之地者，[8] 皆書曰卒，同之吴、楚。[9]

[1]陵遲：喻謂敗壞、衰敗。

[2]不勝其敝："敝"字底本、中華本同，宋刻遞修本作"弊"，殿本、庫本又作"蔽"，三字相通。

[3]楚子：此指春秋時楚國國君莊王羋旅（旅，一作侣、吕），爲春秋五霸之一。楚莊王八年，伐陸渾戎，陳兵周郊，派人詢問象徵天子權威的九鼎之輕重。事見《史記》卷四《周本紀》及卷四〇《楚世家》。　九鼎：相傳夏禹曾鑄九鼎，象徵九州，夏、商、周三代奉爲象徵國家政權的傳國之寶。後因以"九鼎"喻指國柄或君權。

[4]吴人：此指春秋時吴國國君夫差。吴王夫差七年，興師伐齊，翌年至繒，召魯哀公而徵百牢。事見《史記》卷三一《吴太伯世家》及卷三三《魯周公世家》。　百牢：即一百份牢。牢，指古代祭祀或宴享時所用的牲畜，牛羊豕各一稱太牢，羊豕各一稱少牢。按周禮規定，周王會諸侯享禮用十二牢，上公用九牢，侯伯用七牢，子男用五牢。而吴王夫差徵百牢於魯，當時被視爲僭越周禮之舉。

[5]夫子：此指孔子。　經：此指《春秋》。

[6]不競：不强、不振。此指國勢衰敗。

[7]聘使往來："往來"底本、宋刻遞修本、中華本皆同，殿本、庫本作"來往"。

[8]華夏：原指中原地區，後又包舉中國全部領土，成爲中國的古稱。

[9]吴、楚：此指上文所述的吴王夫差、楚莊王。

其五曰，壺遂發問，[1]馬遷答之，義已盡矣。後之述者，仍未領悟。董仲舒、司馬遷之意，[2]本云《尚書》者，[3]隆平之典，[4]《春秋》者，撥亂之法，興衰理異，制作亦殊。治定則直敘欽明，[5]世亂則辭兼顯晦，[6]分路命家，[7]不相依放。[8]故云“周道廢，《春秋》作焉，堯、舜盛，《尚書》載之”，是也。“漢興以來，改正朔，[9]易服色，[10]臣力誦聖德，仍不能盡，余所謂述故事，而君比之《春秋》，謬哉”。[11]然則紀傳之體出自《尚書》，不學《春秋》，明矣。而范曄云：“《春秋》者，文既總略，好失事形，今之擬作，所以爲短。紀傳者，史、班之所變也，[12]網羅一代，事義周悉，適之後學，此焉爲優，故繼而述之。”觀曄此言，豈直非聖人之無法，又失馬遷之意旨。孫盛自謂鑽仰具體而放之。[13]魏收云：“魯史既修，[14]達者貽則，子長自拘紀傳，[15]不存師表，蓋泉源所由，[16]地非企及。”雖復遜辭畏聖，亦未思紀傳所由來也。

[1]壺遂：人名。西漢名士，司馬遷的好友。曾向司馬遷詢問撰著《史記》的體例，司馬遷詳盡作答。事見《史記》卷一〇八《韓長孺列傳》、卷一三〇《太史公自序》，《漢書》卷二一上《律曆志上》、卷五二《韓安國傳》、卷六二《司馬遷傳》。

[2]董仲舒：人名。西漢名儒。精通《春秋公羊傳》，著有《春秋繁露》。傳見《史記》卷一二一、《漢書》卷五六。

[3]《尚書》：亦簡稱《書》。相傳是孔子編選而成的一部上古文獻著作彙編，爲儒家經典之一。

[4]隆平：昌盛太平。

[5]欽明：語出《尚書·堯典》：“曰若稽古帝堯，曰放勳，欽明文思安安，允恭克讓。”陸德明釋文引馬融曰：“威儀表備謂之欽，照臨四方謂之明。”後遂以“欽明”作爲對君主的頌詞，意謂敬肅明察。

[6]顯晦：語出《左傳》成公十四年：“故君子曰：《春秋》之稱，微而顯，志而晦，婉而成章，盡而不污，懲惡而勸善。非聖人誰能修之！”後遂以“顯晦”指《春秋》用字意寓褒貶的義例。

[7]分路命家：此謂《尚書》《春秋》各以其不同的義例，分道而行，自成一家。

[8]依放：即依照仿效。放，通“仿”。

[9]正（zhēng）朔：即年始和月初，指帝王新頒的曆法。上古帝王易姓受命，必改正朔，故夏、商、周、秦及漢初的正朔各不相同。但自漢武帝頒行《太初曆》後，都沿用夏制，以建寅之月（正月）爲歲首，改正朔之事方止。

[10]服色：指車馬和祭牲的顏色。古代各王朝興起後必改易服色，皆以其五行之屬而各有所尚，如夏以水德尚黑，商以金德尚白，周以火德尚赤，等等。

[11]“周道廢”至“而君比之《春秋》，謬哉”：此段引文是魏澹摘引司馬遷答壺遂之語，原文見《史記·太史公自序》、《漢書·司馬遷傳》。

[12]史、班：即漢代史家太史公司馬遷、班固。參見前注“馬遷”“班固”。

[13]孫盛：人名。東晉史家，著有《魏氏春秋》《晉陽秋》。傳見《晉書》卷八二。　鑽仰：意謂深入鑽研探求。語本《論語·子罕》：“仰之彌高，鑽之彌堅。”邢昺疏：“言夫子之道高堅，不可窮盡……故仰而求之則益高，鑽研求之則益堅。”

[14]魯史：指孔子所修訂的《春秋》。

[15]子長：即司馬遷的字。參見前注“馬遷”。

[16]蓋泉源所由：“泉源”當作“淵源”，唐人因避諱唐高祖

李淵之名而改"淵"作"泉"。

　　澹又以爲："司馬遷創立紀傳以來，述者非一，人無善惡，皆爲立論。計在身行迹，具在正書，事既無奇，不足懲勸。再述乍同銘頌，重叙唯覺繁文。案丘明亞聖之才，[1]發揚聖旨，[2]言'君子曰'者，無非甚泰，[3]其間尋常，直書而已。今所撰史，竊有慕焉，可爲勸戒者，論其得失，其無損益者，[4]所不論也。"

　　[1]亞聖：意謂道德才智僅次於聖人。此指僅次於孔子。
　　[2]聖旨：此指孔子的意旨。
　　[3]甚泰：此指特殊而不同尋常的人和事。
　　[4]損益：黜陟褒貶。

　　澹所著《魏書》，甚簡要，大矯收、綺之失。上覽而善之。未幾，卒，時年六十五。有文集三十卷，[1]行於世。子信言，[2]頗知名。

　　[1]三十卷：各本皆同，《北史》卷五六《魏澹傳》亦同，但本書《經籍志四》載作"三卷"，《舊唐書·經籍志下》《新唐書·藝文志四》又載作"四卷"。
　　[2]信言：人名。即魏信言，魏澹之子。按，"信言"各本皆同，但《北史·魏澹傳》載作"罕言"。

　　澹弟彦玄，[1]有文學，歷揚州總管府記室、洧州司馬。[2]有子滿行。[3]

[1]彦玄：人名。即魏彦玄，魏澹之弟。有文才，隋時歷官揚州總管府記室參軍事、洧州司馬。事亦見《北史》卷五六《魏澹傳》。

[2]揚州：隋開皇九年改吳州置，設大總管府。治所在今江蘇揚州市。　總管府記室：官名。全稱是總管府記室參軍事。爲諸州總管府的僚佐官，掌判府内章表書記之事。其品階史無明載，但應與諸州府列曹參軍事的品階略同，爲從七品下至從八品下。而揚州爲大總管府，例由親王出鎮，其記室參軍事當與親王府記室參軍事相等同，爲從六品下。　洧州：隋開皇十六年置。治所在今河南鄢陵縣。　司馬：官名。此指州司馬。爲諸州府的上佐官，輔佐刺史掌領州中軍務。上州司馬爲正五品下，中州司馬爲從五品下，下州司馬爲正六品下。

[3]滿行：人名。即魏滿行，魏彦玄之子，魏澹之侄。唐初官至刑、户二部侍郎，卒贈侍中。事亦見《北史·魏澹傳》、周紹良主編《唐代墓誌彙編》開元三七四《大唐故魏夫人墓誌銘》（上海古籍出版社1992年版，第1415頁）。

陸爽　侯白

陸爽字開明，魏郡臨漳人也。[1]祖順宗，[2]魏南青州刺史。[3]父概之，[4]齊霍州刺史。[5]爽少聰敏，年九歲就學，日誦二千餘言。齊尚書僕射楊遵彦見而異之，[6]曰："陸氏代有人焉。"年十七，齊司州牧、清河王岳召爲主簿。[7]擢殿中侍御史，俄兼治書，[8]累轉中書侍郎。[9]及齊滅，周武帝聞其名，與陽休之、袁叔德等十餘人俱徵入關。[10]諸人多將輜重，爽獨載書數千卷。至長安，授宣納上士。[11]

[1]魏郡：治所在今河南安陽市。 臨漳：縣名。治所在今河北臨漳縣西南。

[2]順宗：人名。陸爽之祖，北魏時人。官至員外郎、秘書中散。事亦見《魏書》卷四〇、《北史》卷二八《陸俟傳》。按，"順宗"《北史·陸俟傳》載作"孟遠"，但從其世系推斷，實爲同一個人，故疑"順宗"和"孟遠"乃名與字之別。

[3]南青州：北魏時治所在今山東沂水縣。按，《魏書·陸俟傳》載稱陸順宗官至員外郎、秘書中散，《北史·陸俟傳》則載稱陸孟遠官至奉朝請，二書所載官位都較低，且均未言及南青州刺史之任，故疑此處南青州刺史當是陸順宗死後的追贈之官。

[4]概之：人名。即陸概之，陸爽之父，北魏至北齊時人。東魏末年官任東莞郡太守，北齊時官至司農卿、霍州刺史。事亦見《魏書·陸俟傳》《北史·陸俟傳》。

[5]霍州：北齊時治所在今安徽霍山縣。

[6]尚書僕射：官名。北齊時爲尚書省的副長官，左、右各置一人，協助長官尚書令掌領尚書省政務。但因北齊尚書令不常置，左右僕射遂成爲尚書省的實際長官，是宰相之職。從二品。 楊遵彥：人名。即楊愔，字遵彥。北齊文宣帝天保八年（557）官任尚書左僕射，曾大力提拔士族名士，有知人善任之稱。傳見《北齊書》卷三四，《北史》卷四一有附傳。

[7]司州牧：官名。北齊時爲首都鄴城所在地司州（治所在今河北臨漳縣西南）的最高行政長官，因其地位有別於諸州刺史，故特稱"牧"，例由宗室諸王任之。從二品。 清河王：爵名。全稱是清河郡王。北齊時爲十一等爵的第一等。正一品。 岳：人名。即高岳。出身北齊宗室，北齊文宣帝時官任司州牧，爵封清河郡王。傳見《北齊書》卷一三、《北史》卷五一。 主簿：官名。此指司州主簿。北齊時爲司州牧的屬官，掌本州府監印，檢核文書簿籍，勾稽缺失等事。流內視從七品。

[8]治書：官名。全稱是治書侍御史。北齊時爲御史臺的次官，

置二人，協助長官御史中丞掌糾察彈劾百官，並通判臺内日常事務。從五品下。

[9]中書侍郎：官名。北齊時爲中書省的次官，置四員，協助長官中書監、令掌詔令出納宣行，並兼掌進御之音樂事務。從四品上。

[10]袁叔德：人名。即袁聿修，字叔德。北齊末年累官至吏部尚書，以爲官廉謹著稱。北周武帝平齊後，與陽休之、陸爽等十八人同被召赴長安，授爲儀同大將軍、吏部下大夫。傳見《北齊書》卷四二，《北史》卷四七有附傳。　關：此指潼關。在今陝西潼關縣東南，地處今陝西、山西、河南三省之要衝，素稱險要，爲出入關中的東面門户。

[11]宣納上士：官名。北周時其隸屬、職掌未詳，“或天官之屬”。正三命。（參見王仲犖《北周六典》卷七《六官餘録第十三》，中華書局 1979 年版，第 495 頁）

　　高祖受禪，轉太子内直監，[1]尋遷太子洗馬。[2]與左庶子宇文愷等撰《東宮典記》七十卷。[3]朝廷以其博學，有口辯，陳人至境，常令迎勞。開皇十一年，卒官，時年五十三，贈上儀同、宣州刺史，[4]賜帛百匹。

[1]太子内直監：官名。爲太子東宮門下坊所轄内直局的長官，置二人，掌東宮符璽、傘扇、几案、衣服等事。正六品下。

[2]太子洗（xiǎn）馬：官名。爲太子東宮門下坊所轄司經局的長官，掌東宮圖籍文翰，太子出行則當直者前驅導威儀。隋初置四員，從五品上；隋煬帝大業三年減置二員，從五品。

[3]左庶子：官名。爲太子東宮所轄門下坊的長官，置二員，掌侍從贊相，駁正啓奏，制比朝廷門下省的納言。正四品上。　宇文愷：人名。傳見本書卷六八，《北史》卷六〇有附傳。

[4]上儀同：贈官。全稱是上儀同三司。從四品上。　宣州：隋開皇九年平陳後改南豫州置。治所在今安徽宣城市。

子法言，[1]敏學有家風，釋褐承奉郎。[2]初，爽之爲洗馬，嘗奏高祖云：“皇太子諸子未有嘉名，請依《春秋》之義更立名字。”上從之。及太子廢，上追怒爽云：“我孫製名，寧不自解，陸爽乃爾多事！[3]扇惑於勇，[4]亦由此人。其身雖故，子孫並宜屏黜，[5]終身不齒。”[6]法言竟坐除名。

[1]法言：人名。即陸法言，陸爽之子，名慈，字法言，以字行。少承家學，博覽群書，尤精音韻之學，隋文帝開皇中官任承奉郎，曾與學者劉臻、蕭該、顏之推等人討論音韻，編成《切韻》五卷，爲唐宋韻書之藍本。隋文帝開皇二十年廢黜太子楊勇時，因其父曾久任太子屬官，遂遭文帝遷怒，陸法言亦受此牽連而被免官爲民。事亦見《北史》卷二八《陸爽傳》、《舊唐書·經籍志上》、《新唐書·藝文志一》。

[2]承奉郎：官名。隋文帝開皇六年於尚書省吏部別置承奉等八郎，爲散官番直，無具體職掌，常出使監檢。從八品上。隋煬帝大業三年罷廢。

[3]乃爾：如此，竟然如此。

[4]勇：人名。即楊勇。參見前注“廢太子勇”。

[5]屏（bǐng）黜：擯棄，斥逐。

[6]不齒：不錄用，不與同列。

爽同郡侯白，字君素，好學有捷才，性滑稽，尤辯俊。舉秀才，[1]爲儒林郎。[2]通俶不恃威儀，[3]好爲誹諧雜說，[4]人多愛狎之，[5]所在之處，觀者如市。楊素甚狎之。[6]素嘗與牛弘退朝，白謂素曰：“日之夕矣。”素大笑曰：“以我爲牛羊下來邪？”高祖聞其名，召與語，甚悦之，令於秘書修國史。[7]每將擢之，高祖輒曰“侯白不勝官”而止。後給五品食，月餘而死，時人傷其薄命。著《旌異記》十五卷，行於世。

[1]秀才：隋朝沿用漢代察舉科名而創設的科舉取士科目，用以選拔文學優異之士。凡經地方推舉而朝廷考試合格的士人，即可授官。

[2]儒林郎：官名。隋文帝開皇六年於尚書省吏部別置儒林等八郎，爲散官番直，無具體職掌，常出使監檢。正九品上。隋煬帝大業三年罷廢。

[3]通俛：亦作“通脱”。指性情放達而不拘小節。

[4]誹諧：詼諧而有風趣。

[5]愛狎：悦愛而親近。

[6]楊素：人名。傳見本書卷四八，《北史》卷四一有附傳。

[7]秘書：此指秘書省。官署名。掌國家圖書檔案、國史修撰及天文曆法之事，下領著作、太史二曹。長官爲秘書監，屬官有秘書丞、秘書郎、校書郎、正字等。

杜臺卿

杜臺卿字少山，博陵曲陽人也。[1]父弼，[2]齊衛尉卿。[3]臺卿少好學，博覽書記，解屬文。仕齊奉朝請，[4]歷司空西閣祭酒、司徒户曹、著作郎、中書黄門侍郎。[5]性儒素，每以雅道自居。及周武帝平齊，歸于鄉里，以《禮記》《春秋》講授子弟。開皇初，被徵入朝。臺卿嘗采《月令》，[6]觸類而廣之，爲書名《玉燭寶典》十二卷。至是奏之，賜絹二百匹。臺卿患聾，不堪吏職，請修國史。上許之，拜著作郎。十四年，上表請致仕，[7]敕以本官還第。數載，終於家。有集十五卷，撰《齊記》二十卷，並行於世。無子。

［1］博陵：郡名。治所在今河北定州市。　曲陽：縣名。治所在今河北曲陽縣。

［2］弼：人名。即杜弼，杜臺卿之父，北魏至北齊時人。勤學博覽，性好老、莊玄理，北齊文宣帝時官至衛尉卿、膠州刺史，爵封長安縣伯。傳見《北齊書》卷二四、《北史》卷五五。

［3］衛尉卿：官名。北齊時爲衛尉寺的長官，置一員，掌宮門禁衛、甲兵儀仗等事。正三品。

［4］奉朝請：官名。北齊時爲集書省的屬官，置二百四十人，掌侍從諷諫，獻納得失，實則爲閑散虚職，多用作加官。從七品下。

［5］司空西閤祭酒：官名。北齊時爲司空府的屬官，與東閤祭酒對置，分掌府内接對賓客之事。正七品上。　司徒户曹：官名。全稱是司徒户曹參軍事。北齊時爲司徒府的僚佐官，掌判府内户口、籍帳、婚姻、雜徭等民政事務。正六品上。　著作郎：官名。北齊時爲秘書省下轄著作省的長官，置二人，掌國史修撰之事。從五品上。　中書黄門侍郎：此是北齊“中書侍郎”和“黄門侍郎”兩個官名的並稱。中書侍郎，參見前注。黄門侍郎，全稱是給事黄門侍郎。北齊時爲門下省的次官，置六員，協助長官侍中掌獻納諫正，封駁制敕，兼管進御侍奉皇帝之事。正四品上。

［6］《月令》：《禮記》的篇名。又見於《逸周書》和《吕氏春秋》十二紀中。該篇記述每年夏曆十二個月的時令及其相關事

物，並把各類事物歸納在五行相生的體系中，比最早的行事月曆《夏小正》更爲豐富而系統。

[7]致仕：官制用語。即辭官退休。

有兄蕤，[1]學業不如臺卿，而幹局過之。[2]仕至開州刺史。[3]子公瞻，[4]少好學，有家風，卒於安陽令。[5]公瞻子之松，[6]大業中，[7]爲起居舍人。[8]

[1]蕤：人名。即杜蕤，杜臺卿之兄，杜弼的長子。有才識幹用，北齊時歷官大理少卿、吏部郎中，隋文帝開皇中終官開州刺史。事亦見《北齊書》卷二四《杜弼傳》、卷三〇《崔暹傳》，《北史》卷三二《崔暹傳》、卷五五《杜弼傳》。

[2]幹局：指從政辦事的才幹器識。

[3]開州：治所在今重慶開縣西北。

[4]公瞻：人名。即杜公瞻，杜蕤之子，杜臺卿之侄。少承家學門風，博聞多識，隋時官至安陽縣令，著有《荆楚歲時記》二卷。事亦見《北史·杜弼傳》《舊唐書·經籍志下》《新唐書·藝文志三》。按，"瞻"字《舊唐書·經籍志下》作"瞻"，當訛。

[5]安陽：縣名。隋時有三個安陽縣，一是隋初沿襲北魏所置的安陽縣，開皇十八年改名長川縣，治所在今甘肅秦安縣西北；二是隋初沿襲北魏所置的安陽縣，開皇十八年改名碭山縣，治所在今安徽碭山縣；三是隋開皇十年改北周末所置鄴縣而新置的安陽縣，治所在今河南安陽市。因杜公瞻卒於安陽縣令之任中，且著有《荆楚歲時記》，故疑文中所指似爲第二個安陽縣。

[6]之松：人名。即杜之松，杜公瞻之子，杜蕤之孫。承繼家學，善屬文。隋煬帝大業中官任起居舍人，隋末大亂時依附蕭銑政權任爲交州司馬，唐高祖武德四年（621）歸降唐朝，唐太宗時官至絳州刺史，有文集十卷行於世。事亦見《北史·杜弼傳》、《舊

唐書·經籍志下》及卷五六《蕭銑傳》、《新唐書》卷八七《蕭銑傳》及卷一九六《王績傳》。

[7]大業：隋煬帝楊廣年號（605—618）。

[8]起居舍人：官名。隋煬帝大業三年於内史省加置起居舍人二員，位次内史舍人之下，爲該省屬官。掌撰起居注，記録皇帝言行以備修史。從六品。

辛德源

辛德源字孝基，隴西狄道人也。[1]祖穆，[2]魏平原太守。[3]父子馥，[4]尚書右丞。[5]德源沉静好學，年十四，解屬文。及長，博覽書記，少有重名。齊尚書僕射楊遵彦、殿中尚書辛術皆一時名士，[6]見德源，並虛襟禮敬，[7]因同薦之於文宣帝。[8]起家奉朝請，[9]後爲兼員外散騎侍郎、聘梁使副。[10]後歷馮翊、華山二王記室。[11]中書侍郎劉逖上表薦德源曰：[12]“弱齡好古，[13]晚節逾厲，枕藉六經，[14]漁獵百氏，[15]文章綺艷，體調清華，恭慎表於閨門，[16]謙撝著於朋執。[17]實後進之辭人，當今之雅器。[18]必能效節一官，[19]騁足千里。”[20]由是除員外散騎侍郎，累遷比部郎中，[21]復兼通直散騎常侍，[22]聘于陳。及還，待詔文林館，[23]除尚書考功郎中，[24]轉中書舍人。及齊滅，仕周爲宣納上士。[25]因取急詣相州，[26]會尉迥作亂，[27]以爲中郎。[28]德源辭不獲免，遂亡去。

[1]隴西：郡名。治所在今甘肅隴西縣南。　狄道：縣名。治

所在今甘肅臨洮縣。

　　[2]穆：人名。即辛穆，辛德源之祖，北魏時人。舉茂才，官至平原相，有良吏之稱。《魏書》卷四五、《北史》卷二六有附傳。

　　[3]平原：郡國名。北魏時治所在今山東陵縣。按，"平原太守"各本皆同，《北史》卷五〇《辛德源傳》亦同，但《魏書·辛穆傳》《北史·辛穆傳》均載作"平原相"。考北魏時於平原郡置有平原王的封國，王國的行政長官即稱相，位同太守，故疑此處"平原太守"當是"平原相"之誤。

　　[4]子馥：人名。即辛子馥，辛德源之父，北魏至東魏時人。有學行，官至尚書右丞、清河郡太守。《魏書》卷四五、《北史》卷二六有附傳。

　　[5]尚書右丞：官名。東魏時爲尚書省的屬官，與尚書左丞對置，各一人，分掌尚書都省事務，總判諸曹文案，勾檢得失。從四品下。按，"右丞"各本皆同，《魏書·辛子馥傳》亦同，但《北史·辛德源傳》作"左丞"，疑訛。

　　[6]殿中尚書：官名。北齊時爲尚書省所轄六部之一殿中部的長官，置一員，掌宮殿禁衛、吉凶禮制、時令囚帳、車輿牛馬等政令，統殿中、儀曹、三公、駕部四曹。正三品。　辛術：人名。北齊文宣帝時官任殿中尚書，尋遷吏部尚書，有選賢任能之美譽，曾對辛德源的才學極爲賞識，並薦之入仕。傳見《北齊書》卷三八，《北史》卷五〇有附傳。

　　[7]虛襟：虛懷、虛心。

　　[8]文宣帝：即北齊開國皇帝文宣帝高洋。紀見《北齊書》卷四、《北史》卷七。

　　[9]起家：官制用語。即從家中徵召出來，始授以官職。

　　[10]員外散騎侍郎：官名。北齊時爲集書省的屬官，置一百二十人，掌侍從諷諫，獻納得失，實則爲閑散虛職，多用作加官。正七品上。　使副：即副使，爲正使的副貳。屬臨時差遣之職，事罷則廢。

[11]馮（píng）翊、華山二王：即北齊"馮翊郡王"和"華山郡王"，分別是北齊皇室親王高潤和高凝的封爵名。北齊時均爲十一等爵的第一等。正一品。此亦代指高潤和高凝二人，傳均見《北齊書》卷一〇、《北史》卷五一。

[12]劉逖：人名。北齊武成帝時官任中書侍郎，典掌機要，曾上表薦舉辛德源。傳見《北齊書》卷四五，《北史》卷四二有附傳。

[13]弱齡：弱冠之年。亦泛指幼年、青少年。

[14]枕藉：枕頭與墊席。引申喻謂沉溺，埋頭鑽研。　六經：指《詩》《書》《易》《禮》《樂》《春秋》六部儒家經典。但漢以來無《樂經》，今文家以爲樂本無經，樂皆包含於《詩》《禮》之中，而古文家則以爲《樂》毀於秦始皇焚書。

[15]漁獵：喻謂泛覽，涉獵。　百氏：指諸子百家之書。

[16]恭慎：謙恭謹慎。　閨門：即宮苑、内室之門。借指宮廷或家庭。

[17]謙撝：亦作"撝謙"。即謙遜、謙抑。　朋執：朋友、執友。

[18]雅器：喻指大才、高才。

[19]效節：盡忠盡職。

[20]騁足千里：駿馬奔馳千里，喻指前程遠大。

[21]比部郎中：官名。北齊時爲尚書省都官部所轄五曹之一比部曹的長官，置一員，掌詔書、律令之勾檢按核等事。正六品上。

[22]通直散騎常侍：官名。北齊時爲集書省的次官，置六人，掌侍從諷諫，獻納得失，實則爲閑散虛職，多用作加官。正四品下。

[23]待詔文林館：參見前注"文林館學士"。

[24]尚書考功郎中：官名。北齊時爲尚書省吏部所轄三曹之一考功曹的長官，置一員，掌官吏政績考課及策試秀孝貢士等事。正六品上。

[25]周：即北周（557—581），都於長安（今陝西西安市西北郊）。

[26]取急：指在職官員因趕辦私事而請假。　相州：北魏天興四年分冀州始置相州，治所在今河北臨漳縣西南。東魏、北齊時改稱司州，爲都城所在地。北周建德六年滅北齊後復名相州。北周大象二年（580）平定相州總管尉遲迥之叛後，因州城被毀，遂移治今河南安陽市。

[27]尉迥：人名。即尉遲迥。北周末年官任相州總管，起兵反對楊堅篡周，旋被討滅。傳見《周書》卷二一、《北史》卷六二。

[28]中郎：官名。此指“總管府中郎”。北周時爲諸州總管府的屬官，掌領府内列曹事務。命品視總管府的等級而有高低之分，爲正五命至正四命。

　　高祖受禪，不得調者久之，隱於林慮山，[1]鬱鬱不得志，著《幽居賦》以自寄，文多不載。德源素與武陽太守盧思道友善，[2]時相往來。魏州刺史崔彦武奏德源潛爲交結，[3]恐其有姦計。由是謫令從軍討南寧，[4]歲餘而還。秘書監牛弘以德源才學顯著，[5]奏與著作郎王劭同修國史。[6]德源每於務隙撰集，注《春秋三傳》三十卷，[7]注《揚子法言》二十三卷。[8]蜀王秀聞其名而引之，[9]居數歲，奏以爲掾。[10]後轉諮議參軍，[11]卒官。有集二十卷，[12]又撰《政訓》《内訓》各二十卷。[13]有子素臣、正臣，[14]並學涉有文義。[15]

[1]林慮山：本名隆慮山，因避東漢殤帝劉隆之諱而改名。在今河南林州市西。

[2]武陽：郡名。北周始置，隋初沿之，開皇三年郡廢，治所

在今山東莘縣。隋煬帝大業初又改魏州復置武陽郡，治所在今河北大名縣東北。文中所指是隋初的武陽郡。　盧思道：人名。傳見本書卷五七，《北史》卷三〇有附傳。

[3]魏州：北周始置，隋初沿之。治所在今河北大名縣東北。崔彥武：人名。隋文帝開皇初官任魏州刺史，曾奏告辛德源與武陽太守盧思道私交有奸，致使辛德源被謫貶充軍遠征。事亦見《北齊書》卷二三《崔㥄傳》、《北史》卷二四《崔叔仁傳》及卷五〇《辛德源傳》、《新唐書·宰相世系表二下》）。

[4]南寧：州名。隋開皇四年置，設總管府。治所在今雲南曲靖市。

[5]秘書監：官名。爲秘書省的長官，置一員，掌圖書經籍、天文曆法之事，統領著作、太史二曹。隋初爲正三品，隋煬帝大業三年降爲從三品，後又改稱秘書令。

[6]王劭：人名。傳見本書卷六九，《北史》卷三五有附傳。按，“劭”字底本原作“邵”，宋刻遞修本與底本同，當訛，今據殿本、庫本、中華本及《北史·辛德源傳》改。

[7]《春秋三傳》：指解釋《春秋》的《左傳》《公羊傳》《穀梁傳》。按，中華本在上句“撰集”下未斷句，而於“集注春秋三傳”標有書名號，文作“德源每於務隙撰《集注春秋三傳》三十卷”，疑其標點有誤，今依中華本《北史·辛德源傳》斷句標點。

[8]《揚子法言》：西漢時揚雄摹擬《論語》體裁寫成的一部以儒學思想爲中心的理論著作，共十三卷。

[9]蜀王秀：即隋文帝第四子楊秀。傳見本書卷四五、《北史》卷七一。

[10]掾：官名。此指親王府掾。爲親王府的屬官，置一人，掌領府中列曹官屬，統轄列曹事務。正六品上。

[11]諮議參軍：官名。此指“親王府諮議參軍事”。爲親王府的屬官，置一人，掌諮謀府中諸政事。正五品上。

[12]二十卷：各本皆同，《北史·辛德源傳》亦同，但本書

《經籍志四》《舊唐書·經籍志下》《新唐書·藝文志四》均載作
"三十卷"。

　　［13］《政訓》：各本皆同，《北史·辛德源傳》亦同，但本書
《經籍志三》《舊唐書·經籍志下》《新唐書·藝文志三》均載作
《正訓》。

　　［14］素臣：人名。即辛素臣，辛德源之子。承繼家學門風，善
屬文。事亦見《北史·辛德源傳》。　　正臣：人名。即辛正臣，辛
德源之子。廣學博覽，有文學幹用，隋文帝時官任承奉郎，隋煬帝
時官至餘杭郡司法書佐。事亦見周紹良主編《唐代墓誌彙編》龍朔
〇五一《大唐故刑部郎中定州司馬辛（驥）君墓誌銘并序》（第
369頁）。

　　［15］學涉：廣學博覽。　　文義：文辭、文學。

柳䛒

　　柳䛒字顧言，[1]本河東人也，[2]永嘉之亂，[3]徙家襄
陽。[4]祖惔，[5]梁侍中。[6]父暉，[7]都官尚書。[8]䛒少聰敏，
解屬文，好讀書，所覽將萬卷。仕梁，釋褐著作佐
郎。[9]後蕭詧據荊州，[10]以爲侍中，[11]領國子祭酒、吏部
尚書。[12]及梁國廢，[13]拜開府、通直散騎常侍，[14]尋遷
內史侍郎。[15]以無吏幹去職，轉晉王諮議參軍。[16]王好
文雅，招引才學之士諸葛穎、虞世南、王冑、朱瑒等百
餘人以充學士。[17]而䛒爲之冠，王以師友處之，每有文
什，[18]必令其潤色，然後示人。嘗朝京師還，作《歸藩
賦》，命䛒爲序，詞甚典麗。初，王屬文，爲庾信
體，[19]及見䛒已後，文體遂變。仁壽初，[20]引䛒爲東宮
學士，加通直散騎常侍，檢校洗馬。[21]甚見親待，每召

入卧内，與之宴謔。晋尤俊辯，多在侍從，有所顧問，應答如響。性又嗜酒，言雜誹諧，由是彌爲太子之所親狎。以其好内典，[22]令撰《法華玄宗》，爲二十卷，奏之。太子覽而大悦，賞賜優洽，儕輩莫與爲比。[23]

[1]訮（biàn）：同“辯”。

[2]河東：郡名。治所在今山西永濟市西蒲州鎮。

[3]永嘉：西晉懷帝司馬熾年號（307—313）。

[4]襄陽：郡名。西晉時治所在今湖北襄樊市。

[5]恢：人名。即柳恢，柳訮之祖，南朝齊、梁時人。粗通文辭，梁武帝天監年間官至尚書右僕射、湘州刺史，卒贈侍中、撫軍將軍。傳見《梁書》卷一二，《南史》卷三八有附傳。按，“恢”字底本、宋刻遞修本、庫本、中華本皆同，《北史》卷八三《柳訮傳》亦同，但殿本作“俠”，當訛。

[6]侍中：據《梁書·柳恢傳》，此是柳恢死後的贈官，南朝梁時爲十二班。

[7]暉：人名。即柳暉，柳訮之父。南朝梁元帝時官至都官尚書。事亦見《梁書》卷五《元帝紀》、《新唐書·宰相世系表三上》、周紹良主編《唐代墓誌彙編》顯慶一二五《大唐朝散大夫行晋安縣令蕭府君故夫人柳氏墓誌銘并序》（第308頁）。

[8]都官尚書：官名。南朝梁時爲尚書省所轄六部之一都官部的長官，置一員，掌刑法獄訟、徒隸囚帳、水利河運等政令。十三班。

[9]著作佐郎：官名。南朝梁時爲秘書省所轄著作曹的次官，置八人，協助長官著作郎掌撰國史及起居注，多用作士族子弟起家之官。二班。

[10]蕭詧：人名。即南朝後梁宣帝。爲南朝後梁國的開國皇帝，實爲西魏、北周所操控的傀儡皇帝。傳見《周書》卷四八、

《北史》卷九三。　荆州：南朝後梁時治所在今湖北荆州市。

[11]侍中：官名。南朝後梁時爲門下省的長官，掌侍從贊相，獻納諫正，糾駁制敕，監製御藥，是宰相之職。十二班。

[12]領：官制用語。即以較高官兼理較低官之職事。　國子祭酒：官名。南朝後梁時爲太常寺下轄國學的長官，置一人，掌儒學訓導之政。十三班。　吏部尚書：官名。南朝後梁時爲尚書省所轄六部之一吏部的長官，置一員，掌官吏銓選、考課等政令。十四班。

[13]梁國：即南朝後梁（555—587），爲西魏、北周及隋初的附庸藩國，都於江陵（今湖北荆州市）。

[14]開府：官名。全稱是開府儀同三司。隋文帝因改北周十一等勳官之制形成十一等散實官，用以酬勤勞，無實際職掌。開府儀同三司是十一等散實官的第六等，可開府置僚佐，正四品上。隋煬帝大業三年廢十一等散實官，唯保留開府儀同三司一官，並改爲從一品，位次王公。

[15]内史侍郎：官名。爲内史省的次官，協助本省長官掌詔令出納宣行。隋初置四員，正四品下；隋煬帝大業三年減置二員，正四品。大業十二年改内史省爲内書省，内史侍郎遂改稱内書侍郎。

[16]晋王：楊廣被立爲太子之前的封爵名。紀見本書卷三、四，《北史》卷一二。

[17]諸葛潁：人名。傳見本書卷七六、《北史》卷八三。按，“潁”底本原作“穎”，當訛，今據宋刻遞修本、殿本、庫本、中華本及《北史·柳晉傳》改。　虞世南：人名。出身會稽虞氏大族，世以文學書法著稱，南朝陳時官至西陽王友。陳亡入隋，被晋王楊廣召爲王府學士，隋煬帝時官至起居舍人。唐太宗時官至秘書監，兼弘文館學士，爵封永興縣子，爲唐代名臣。傳見《舊唐書》卷七二、《新唐書》卷一〇二。　王胄：人名。傳見本書卷七六、《北史》卷八三。　朱瑒：人名。南朝文學名士，曾仕梁官任驃騎府倉曹參軍。陳亡入隋，被晋王楊廣召爲王府學士。事亦見《南

史》卷六四《王琳傳》、《北史·柳晉傳》。

[18]文什：文章與詩篇。

[19]庾信：人名。南朝梁至北周時文學名家，善詩賦駢文。在梁時其作品綺艷輕靡，與徐陵並稱爲當時宮廷文學的代表，時號"徐庾體"，暮年其文風轉爲蕭瑟蒼凉。傳見《周書》卷四一、《北史》卷八三。

[20]仁壽：隋文帝楊堅年號（601—604）。

[21]檢校：官制用語。指尚未實授某官但已掌其職事，即代理、代辦之意。　洗馬：官名。即"太子洗馬"的省稱。參見前注"太子洗馬"。

[22]内典：指佛教經典。

[23]儕輩：同僚，朋輩。

　　煬帝嗣位，[1]拜秘書監，封漢南縣公。[2]帝退朝之後，便命入閣，[3]言宴諷讀，終日而罷。帝每與嬪后對酒，時逢興會，輒遣命之至，與同榻共席，恩若友朋。帝猶恨不能夜召，於是命匠刻木偶人，施機關，能坐起拜伏，以像於晉。帝每在月下對酒，輒令宮人置之於座，與相酬酢，[4]而爲歡笑。從幸揚州，遇疾卒，年六十九。帝傷惜者久之，贈大將軍，[5]謚曰康。[6]撰《晉王北伐記》十五卷，有集十卷，[7]行於世。

[1]煬帝：即隋煬帝楊廣。紀見本書卷三、四，《北史》卷一二。

[2]漢南縣公：爵名。爲隋九等爵的第五等。從一品。

[3]閣：此指宮中便殿。

[4]酬酢：主客相互敬酒。主敬客稱酬，客還敬主稱酢。

[5]大將軍：贈官。正三品。

[6]謚：古代帝王、貴族、大臣、士大夫或其他有地位的人死後，據其生前業迹評定的一種帶有褒貶意義的稱號。

[7]十卷：各本皆同，《北史》卷八三《柳䛒傳》、《舊唐書·經籍志下》、《新唐書·藝文志四》亦同，但本書《經籍志四》載作“五卷”。

許善心

許善心字務本，高陽北新城人也。[1]祖懋，[2]梁太子中庶子，[3]始平、天門二郡守，[4]散騎常侍。[5]父亨，[6]仕梁至給事黃門侍郎，[7]在陳歷羽林監、太中大夫、衛尉卿，[8]領大著作。[9]善心九歲而孤，爲母范氏所鞠養。[10]幼聰明，有思理，所聞輒能誦記，多聞默識，爲當世所稱。家有舊書萬餘卷，皆遍通涉。十五解屬文，箋上父友徐陵，[11]陵大奇之，謂人曰：“才調極高，此神童也。”起家除新安王法曹。[12]太子詹事江總舉秀才，[13]對策高第，授度支郎中，[14]轉侍郎，[15]補撰史學士。[16]

[1]高陽：郡名。治所在今河北高陽縣東。　北新城：縣名。漢時治所在今河北保定市。按，此處因言許氏郡望，故沿用漢縣名，隋時無北新城縣。

[2]懋：人名。即許懋，許善心之祖，南朝齊、梁時人。通經善文，尤曉禮制儀注。梁武帝時歷官太子家令，出爲始平、天門二郡太守，加散騎常侍，終官太子中庶子。傳見《梁書》卷四〇、《南史》卷六〇。按，“懋”底本原作“茂”，宋刻遞修本、殿本、庫本及《北史》卷八三《許善心傳》與底本同，中華本據《梁

書·許懋傳》、《陳書》卷三四《許亨傳》改作"懋"，今從改。

[3]太子中庶子：官名。南朝梁時爲太子東宮門下坊的長官，置四人，掌侍從贊相，駁正啓奏，行則負璽護駕，制比朝廷門下省的侍中。十一班。

[4]始平：郡名。南朝梁時治所在今四川三臺縣西北。　天門：郡名。南朝梁時治所在今湖南津市市。

[5]散騎常侍：官名。南朝梁時爲集書省的長官，置四人，掌侍從規諫，獻納得失，省駁奏聞，實則爲閑散虛職，多用作加官。十二班。

[6]亨：人名。即許亨，許善心之父。少承家學，博覽群書，通曉前朝舊事。南朝梁時官至給事黃門侍郎，南朝陳時歷官羽林監、太中大夫，領大著作，終官衛尉卿。著有《齊書》五十卷，又撰《梁史》，但僅成五十八卷而卒。傳見《陳書》卷三四，《南史》卷六〇有附傳。

[7]給事黃門侍郎：官名。南朝梁時爲門下省的次官，置四人，協助長官侍中掌侍從贊相，獻納諫正，糾駁制敕，監製御藥。十班。

[8]羽林監：官名。南朝陳時爲左右衛下轄羽林軍的長官，掌領羽林衛士禁衛宮掖，侍從皇帝左右。第七品。　太中大夫：官名。南朝陳時屬散官。第四品。　衛尉卿：官名。南朝陳時爲衛尉寺的長官，置一員，掌宮門屯兵儀仗，每月巡行宮徼以糾察不法。第三品。

[9]大著作：官名。即著作郎的別稱。南朝陳時爲秘書省所轄著作曹的長官，置一人，掌撰國史及起居注。第六品。

[10]鞠養：撫養，養育。

[11]徐陵：人名。南朝梁、陳時文學名家，善詩賦駢文，作品綺艷輕靡，與庾信並稱爲當時宮廷文學的代表，時號"徐庾體"。南朝陳時歷任顯官要職，與許善心之父許亨爲故交好友，曾對許善心的才學贊賞有加，並薦其入仕。傳見《陳書》卷二六，《南史》

卷六二有附傳。

　　[12]新安王：南朝陳文帝之子陳伯固的封爵名。全稱是新安郡
王。爲陳十二等爵的第一等，第一品。傳見《陳書》卷三六、《南
史》卷六五。　　法曹：官名。此是"王府法曹參軍事"的省稱。
南朝陳時爲諸王府的僚佐官，掌判府内律令刑獄之事。第八品。

　　[13]太子詹事：官名。南朝陳時爲太子東宮詹事府的長官，置
一人，掌總東宮内外衆務，統領太子家令、率更、僕三寺及左、右
二衛率，有宮相之稱。第三品。　　江總：人名。南朝梁、陳時文學
名士。陳宣帝時官任太子詹事，曾薦舉許善心應試秀才，使其高中
升遷。傳見《陳書》卷二七，《南史》卷三六有附傳。　　秀才：南
北朝沿襲漢制而設置的察舉科目，用以選拔文學優異之士。凡經朝
官推舉且對策考試録爲高等的士人，即可授官，已有官職者可得
升擢。

　　[14]度支郎中：官名。南朝陳時爲尚書省度支部下轄度支曹的
長官，置一人，掌財會審計、錢糧出納等政令。第四品。

　　[15]侍郎：官名。此指度支侍郎。南朝陳時沿襲梁制於尚書省
所轄列曹各置侍郎一人，掌同列曹郎中，但位秩稍高於郎中。凡郎
中在職勤能，任滿二年，則轉任侍郎。度支侍郎，即是度支郎中勤
能任滿二年後所遷轉之官。第四品。

　　[16]補：官制用語。即調選官吏補充某職官之缺位。按，
"補"字底本、宋刻遞修本、中華本及《北史·許善心傳》皆同，
但殿本、庫本作"稱"，當訛。　　撰史學士：官名。南朝陳時爲秘
書省所轄著作曹的屬官，掌史書修撰之事。無定員定品，多以才學
優長的朝官兼領此職。

　　禎明二年，[1]加通直散騎常侍，[2]聘於隋。遇高祖伐
陳，禮成而不獲反命，累表請辭。上不許，留縶賓館。
及陳亡，高祖遣使告之。善心衰服號哭於西階之下，[3]

藉草東向，[4]經三日。敕書喭焉。明日，有詔就館，拜通直散騎常侍，賜衣一襲。善心哭盡哀，入房改服，復出北面立，垂涕再拜受詔。明日乃朝，伏泣於殿下，悲不復興。[5]上顧左右曰："我平陳國，唯獲此人。既能懷其舊君，即是我誠臣也。"敕以本官直門下省，[6]賜物千段，草馬二十匹。[7]從幸太山，[8]還授虞部侍郎。[9]

[1]禎明：南朝陳後主陳叔寶年號（587—589）。

[2]通直散騎常侍：官名。南朝陳時爲集書省的次官，置四人，掌侍從規諫，獻納得失，省駁奏聞，實則爲閑散虛職，多用作加官。第四品。

[3]衰（cuī）服：即喪服。亦指穿着喪服。

[4]藉草：指坐臥在草墊之上。爲古代居喪的一種禮儀。

[5]悲不復興："復"字底本、殿本、庫本皆同，宋刻遞修本、中華本及《北史》卷八三《許善心傳》作"能"，當是。

[6]直門下省：即在門下省當值充任，署理本省之職事。屬臨時差遣之任。隋朝門下省是掌審駁制敕、參決政令的權要機構。

[7]草馬：即母馬。按，"草"字底本、宋刻遞修本、中華本皆同，《北史·許善心傳》亦同，殿本、庫本作"阜"，乃古今字之别。

[8]太山：即今山東境内的泰山，稱爲東岳。古代帝王多在此山舉行封禪典禮。隋文帝開皇十五年亦至太山舉行封禪典禮，向天地神靈告謝愆咎。

[9]虞部侍郎：官名。爲尚書省工部所轄四曹之一虞部曹的長官，置一員，掌山澤苑囿、京城街巷種植、百官時蔬薪炭供給與畋獵等政令。隋初爲正六品上，開皇三年升爲從五品。隋煬帝大業三年改諸曹侍郎爲郎，虞部侍郎遂改稱虞部郎。

十六年，有神雀降於含章闥，[1]高祖召百官賜宴，告以此瑞。善心於座請紙筆，製《神雀頌》，其詞曰：

[1]神雀：指鳳鳥。古代稱爲祥瑞之鳥。　含章闥：即含章殿。隋宮殿名。爲皇帝和皇后所居之寢殿。

臣聞觀象則天，[1]乾元合其德，[2]觀法審地，域大表其尊。雨施雲行，四時所以生殺，[3]川流岳立，萬物於是裁成。[4]出震乘離之君，[5]紀扈司鳳之后，[6]玉錘玉斗而降，[7]金版金縢以傳。[8]並陶冶性靈，含煦動植，[9]眇玄珠於赤水，[10]寂明鏡乎虛堂。[11]莫不景福氤氳，[12]嘉貺叢集，[13]馳聲南、董，越響《雲》《韶》。[14]

[1]觀象則天：意謂觀測天象，以天爲法而治理天下。

[2]乾元：指上天。

[3]生殺：指萌生凋落、昭蘇伏蟄、陰陽消長等自然規律。

[4]裁成：裁剪製成，形成。

[5]出震乘離：出於東方而駕御南方，喻指帝王居正位而統治天下。震、離，皆八卦名，分別對應東方和南方。

[6]紀扈（hù）司鳳：意謂綱紀百官，任用賢能，以治理天下。扈，即農桑侯鳥，古時少昊氏取以爲農官之名。鳳，古代傳説中的神鳥，比喻賢德之人。　后：即君主、帝王。

[7]玉錘玉斗：玉製的秤砣和量斗。借指國家頒行的法度。

[8]金版金縢：古代用以銘記大事的金屬版書和收藏書契的金屬櫃子。亦泛指國家圖書典籍。

[9]含煦：喻謂造化、化育。　動植：動物與植物。

[10]眇玄珠於赤水：語出《莊子·天地》：“黄帝游乎赤水之

北，登乎崑崙之丘而南望，還歸，遺其玄珠。"郭象注："赤水在崑崙山下。"陸德明釋文："玄珠，司馬云'道真也'。"意謂從黃帝治理天下的故事當中細察治道之真諦。

[11]寂明鏡乎虛堂：使鑒照冤案的法律明鏡寂寞空懸於高堂之上。喻指天下大治而無冤情。

[12]景福：洪福、大福。　氤氳：形容交會彌漫之狀。

[13]嘉貺：亦作"嘉況"。指上天厚賜的祥瑞。　龘（zá）集：聚集、匯集。

[14]《雲》《韶》：即黃帝《雲門》樂和虞舜《大韶》樂。後亦泛指高雅的廟堂音樂。

粵我皇帝之君臨，闡大方，[1]抗太極，[2]負鳳邸，[3]據龍圖。[4]不言行焉，攝提建指，[5]不肅清焉，喉鈴啟閉。[6]括地復夏，截海夐商，[7]就望體其尊，[8]登咸昌其會。[9]綿區浹宇，[10]遐至邇安，騰實飛聲，[11]直暢傍施。無體之禮，威儀布政之宮，無聲之樂，綴兆總章之觀。[12]上庠養老，[13]躬問百年，[14]下土字民，[15]心爲百姓。月棲日浴，[16]熱坂寒門，[17]吹鱗沒羽之荒，[18]赤蛇青馬之裔，[19]解辮請吏，[20]削衽承風。[21]豈止呼韓北場，[22]頗勒狼居之岫，[23]熄慎南境，[24]近表不耐之城。[25]故使天弗愛道，[26]地寧吝寶，川岳展異，幽明效靈。[27]狍素游頰，[28]團膏漱醴，[29]半景青赤，[30]孳歷虧盈。[31]足足懷仁，[32]般般擾義，[33]祥祐之來若此，升隆之化如彼。而登封盛典，[34]云亭佇白檢之儀，[35]致治成功，柴燎靡玄珪之告。[36]雖奉常定禮，[37]武騎草文，[38]天子抑而未行，推而不有。允恭克讓，[39]其在斯乎？七十二君，[40]信蔑如也！[41]故神禽顯賁，[42]玄應特昭，[43]

白爵主鐵豸之奇，[44]赤爵銜丹書之貴。[45]班固《神爵》之頌，[46]履武戴文，曹植《嘉爵》之篇，[47]棲庭集牖。未若于飛武帳，[48]來賀文槐，[49]刷采青蒲，[50]將翔赤鷖。[51]玉几朝御，[52]取玩軒楯之間，[53]金門旦開，[54]兼留翬翟之鑒。[55]終古曠世，未或前聞，福召冥徵，[56]得之茲日。

[1]大方：指治國的大道常理。

[2]抗：高舉、樹立。　太極：指天地事物的常道通理。

[3]鳳邸：指帝王即位之前所居的府第。

[4]龍圖：即“河圖”。古代儒家傳説伏羲時有龍馬出於黃河，馬背有旋毛如星點，稱作河圖，伏羲取法以畫八卦生蓍法。漢代讖緯家認爲河圖是帝王聖者受天命之祥瑞，故後亦用以借指君權、帝位。

[5]攝提：星名。屬亢宿，共六星，位於大角星兩側，左三星稱左攝提，右三星稱右攝提。古代星相家認爲大角一星在左右兩攝提之間，是人君之象；攝提六星輔夾大角，是大臣之象。後因以攝提星象喻指君臣之制或國家政體。

[6]喉鈴啓閉：喻謂朝廷權要機構嚴整有序，綱紀肅然。

[7]括地復夏，截海翦商：此句喻指隋文帝平滅南朝陳，重新恢復華夏統一的局面。

[8]就望：即舉行遥祭山川、日月、星辰的典禮。

[9]登咸：即“登三咸五”的略語。典出《史記》卷一一七《司馬相如列傳》：“方將增泰山之封，加梁父之事，鳴和鸞，揚樂頌，上咸五，下登三。”裴駰《集解》引韋昭曰：“咸同於五帝，登三王之上。”後因以“登三咸五”喻謂帝王功德廣被，超邁三王而同於五帝。

[10]綿區浹宇：指廣闊而通達的疆域。

[11]騰實飛聲：稱頌功德，傳揚聲名。

[12]綴兆：指古代樂舞中舞者的行列位置和進退範圍。亦用作樂舞的代稱。　總章：古代天子明堂的西向室名，取“西方總成萬物而章明之”之意。亦用爲明堂的別稱。

[13]上庠：古代的大學。亦爲敬養國老之所。

[14]百年：此指百歲老人。

[15]下土：指民間。　字民：撫慰和管理民衆。

[16]月棲日浴：月落之處與日出之處。借指東西兩端之邊境。

[17]熱坂寒門：古代傳説中的南方極炎熱之地和北方極寒冷之地。借指南北兩端之邊境。

[18]吹鱗没羽之荒：指古代以漁獵爲生的少數民族所居的荒遠之地。

[19]赤蛇青馬之裔：指古代以赤蛇青馬爲圖騰的少數民族部落。

[20]解辮：指古代少數民族解散其所結的髮辮，而改用中原漢人的髮式，以表示歸誠中原王朝。

[21]削衽：指古代少數民族改其左衽服飾爲中原漢人的右衽服飾，以表示歸順中原王朝。

[22]呼韓：即漢時匈奴單于呼韓邪的省稱。後亦借指古代北方少數民族的首領。此處借指突厥。　北場：即北方邊境。按，“場”字底本、中華本皆同，宋刻遞修本、殿本、庫本作“場”，義同。

[23]頫（tiào）勒：遥控、遠控。　狼居：山名。即狼居胥山的省稱。約爲今蒙古境内的肯特山。古代詩文叙與異族戰争常引用此山名，但多非實指。

[24]熄慎：亦作“息慎”。古代傳説中的南方大陸名。

[25]不耐：縣邑名。漢時爲樂浪郡東部都尉的治所，故地在今朝鮮德源、永興一帶。此處借指隋朝在邊境地帶或附屬藩國所設置的城邑。

[26]愛道：即愛寶。指愛惜寶物或隱藏寶物。

[27]幽明效靈：神祇顯靈。

[28]狎素游頳：指鳥獸魚蟲中所出現的顏色純白或純紅的奇異物種，古人以爲是祥瑞之物。

[29]團膏漱醴：指天降膏露、地出醴泉的祥瑞之事。

[30]青赤：指青紫和赤紅的祥雲。

[31]虧盈：指日月所呈現的圓缺明暗等符瑞之兆。

[32]足足：相傳爲雌鳳的鳴叫聲。亦用以指鳳凰。

[33]般般：亦作“斑斑”。指色彩斑斕之獸。亦特指傳説中的麒麟。

[34]登封：即登山封禪。指古代帝王登泰山祭祀天地。

[35]云亭：即云云山與亭亭山的並稱。二山均在泰山脚下，位於今山東泰安市南及東南，爲古代帝王封禪之處。　白檢：即玉檢。古代帝王舉行封禪大典時所用的玉製書篋函蓋。

[36]柴燎：古代帝王於京城南郊舉行的燔柴祭天典禮。　玄珪：亦作“玄圭”。古代祭天典禮中所用的一種形制爲上尖下方的黑色玉器，以示向上天告成大功。

[37]奉常：官名。漢景帝中元六年（前144）更名太常。秦漢時爲九卿之一，掌宗廟祭祀及國家禮樂之制。此處借指隋代職掌祭祀禮樂的太常卿。

[38]武騎：指漢代著名賦家司馬相如。漢景帝時司馬相如曾任武騎常侍，故以“武騎”稱之。此處借指隋文帝左右的近侍文臣。

[39]允恭克讓：語出《尚書·堯典》：“允恭克讓，光被四表，格于上下。”後遂用爲稱頌帝王善行美德之詞，意謂信實恭勤而善能謙讓。

[40]七十二君：典出《史記·封禪書》：“古者封泰山、禪梁父者七十二家，而夷吾所記者十有二焉。”張守節《正義》：“《韓詩外傳》云：‘孔子升泰山，觀易姓而王可得而數者七十餘人，不得而數者萬數也。’案：管仲所記自無懷氏以下十二家，其六十家無紀録也。”七十二君，即指古史傳説中封禪泰山的七十二位君王。

［41］蔑如：不如、不及。

［42］神禽：祥瑞之鳥。多指鳳凰。　顯賁：顯揚光大。

［43］玄應：神奇的天人感應。

［44］白爵：即白色的鳳鳥。爵，通“雀”。按，下文“赤爵”“神爵”“嘉爵”“瑞爵”“黄爵”之“爵”亦通“雀”，不再一一施注。　主：底本、宋刻遞修本、殿本、中華本皆同，但庫本作“呈”，當訛。　鐵豸：指豸冠。即古代御史等執法官員所戴的帽子。因冠之柱卷係鐵鑄成，故稱鐵豸。亦代指御史等執法官員。

［45］丹書：古代傳説中赤雀所銜的瑞書。

［46］班固《神爵》之頌：“班”字底本、殿本、庫本、中華本皆同，宋刻遞修本作“斑”，二字相通。按，下文凡屬“班”“斑”之別，不再施注。

［47］曹植：人名。三國時曹魏詩賦名家。曹操之子，爵封陳王，謚思，故世稱陳思王。原有文集傳世，後多散佚。傳見《三國志》卷一九。

［48］于飛：齊飛，偕飛。按，“于”字底本、宋刻遞修本、庫本、中華本皆同，但殿本作“未”，當訛。　武帳：即置有兵器的帷帳；一説是織有武士像的帷帳。爲帝王宫殿或大臣府第所張設之物。

［49］文棍（pí）：有彩繪的屋檐前板。

［50］青蒲：指帝王寢殿内鋪設於地上的青色蒲席。亦代指天子内庭。

［51］赤罽（jì）：紅色的毛氈地毯。

［52］玉几：古代帝王所用的玉飾矮桌。按，“玉”字底本、殿本、庫本、中華本皆同，但宋刻遞修本作“王”，疑訛。

［53］軒楯（shǔn）：殿庭四周所設的欄杆。

［54］金門：用黄金裝飾的宫殿大門。　開：底本、殿本、庫本、中華本皆同，但宋刻遞修本作“聞”，當訛。

［55］鸓翟：泛指雉科鳥類。亦專指鳳鳥。按，“鸓”字底本、

殿本、庫本、中華本皆同，但宋刻遞修本作"暈"，疑訛。　鑒：光影、身影。

[56]冥徵：神靈暗示的徵兆。按，"冥"字底本、宋刻遞修本、庫本、中華本皆同，但殿本作"宜"，當訛。

　　歲次上章，[1]律諧大呂，[2]玄枵會節，[3]玄英統時。[4]至尊未明求衣，[5]晨興於含章之殿。爰有瑞爵，翽翔而下。載行載止，[6]當宸宁而徐前，[7]來集來儀，[8]承軒墀而顧步。[9]夫瑞者符也，明主之休徵；[10]雀者爵也，[11]聖人之大寶。謹案《考異郵》云：[12]"軒轅有黃爵赤頭，[13]立日傍。"占云："土精之應。"[14]又《禮稽命徵》云：[15]"祭祀合其宜，則黃爵集。"昔漢集泰畤之殿，[16]魏下文昌之宮，[17]一見雍丘之祠，[18]三入平東之府，[19]並旁觀迴矚，事陋人微，奚足稱矣。抑又聞之，不刳胎剖卵則鸞鳳馴鳴，不漉浸焚原則螭龍盤蜿。[20]是知陛下止殺，故飛走宅心，[21]皇慈好生，而浮潛育德。[22]臣面奉綸綍，[23]垂示休祥，預承嘉宴，不勝藻躍。[24]李虔僻處西土，[25]陸機少長東隅，[26]微臣慚於往賢，逢時盛乎曩代，[27]輒竭庸瑣，[28]敢獻頌云。

[1]上章：即十天干中"庚"的太歲別稱，用以紀年。

[2]大呂：古音律名。爲十二律中六陰律的第四律。古人將十二律與十二個月相配，大呂對應十二月，故大呂亦用爲十二月的別稱。

[3]玄枵（xiāo）：十二星次之一。與二十八宿相配爲女、虛、危三宿，與十二辰相配爲子。此處用以紀日，指十二辰中的"子"日。　會節：行禮的節期。

［4］玄英：指冬季。《爾雅·釋天》稱：“冬爲玄英。”邢昺疏：“言冬之氣和則黑而清英也。”

［5］至尊：皇帝的代稱。此指隋文帝。　未明求衣：“未”字底本、殿本、庫本、中華本皆同，但宋刻遞修本作“末”，顯訛。

［6］載行載止：意謂又行又止，時行時停。

［7］扆宁（zhù）：指宮殿內窗門之間及門屏之間的地方。亦代指皇帝的御座。

［8］來集來儀：意謂前來會聚，行禮舞蹈而有容儀。

［9］軒墀：宮殿堂前的臺階。亦借指朝廷。　顧步：徘徊自顧，回首緩行。

［10］休徵：吉祥的徵兆。

［11］爵：古代一種盛酒和飲酒兼用的宗廟禮器，形制如雀，比尊彝小，受酒一升，爲國之寶器。

［12］《考異郵》：全稱《春秋考異郵》。漢代經師所造的一部《春秋》緯書，專談物應符瑞。

［13］軒轅：即黃帝。古史傳說中的聖賢帝王。詳見《史記》卷一《五帝本紀》。

［14］土精：指五行中的土行或五德中的土德。古代陰陽家認爲黃帝以土德而王，色尚黃，故此處“土精”即代指黃帝的五行、五德之屬及其符命。

［15］《禮稽命徵》：漢代經師所造的一部《禮》緯書，以符命解說《禮》。

［16］泰畤：西漢皇帝祭祀天神的祭壇名。漢武帝元鼎五年（前112）立於甘泉宮。故址在今陝西淳化縣西北甘泉山。

［17］文昌：三國時曹魏宮殿名。爲洛陽宮之正殿。

［18］雍丘：縣名。漢時治所在今河南杞縣。

［19］平東：此指三國時曹魏的平東將軍。

［20］漉浸焚原：意謂涸竭川澤，焚燒原野。按，“原”字底本、宋刻遞修本、中華本皆同，但殿本、庫本作“源”，當訛。

螭龍：古代傳説中的無角之龍。

　　［21］飛走：泛指各種飛禽走獸。　　宅心：歸心，心悦誠服地歸附。

　　［22］浮潜：泛指各種水生動物。　　育德：培養德性。

　　［23］綸綍（fú）：典出《禮記·緇衣》：“王言如綸，其出如綍。”鄭玄注：“言言出彌大也。”孔穎達疏：“‘王言如綸，其出如綍’者，亦言漸大，出如綍也。綍又大於綸。”後因以稱皇帝的詔令爲“綸綍”。

　　［24］藻躍：歡欣鼓舞。

　　［25］李虔：人名。又名李密。三國蜀至西晉時文學家，以孝聞名。傳見《晋書》卷八八。

　　［26］陸機：人名。三國吳至西晉時文學家。傳見《晋書》卷五四。

　　［27］曩代：前代、前朝。

　　［28］庸瑣：指庸下而不識大體之才。此處用作自謙之辭。

　　太素式肇，[1]大德資生，功玄不器，[2]道要無名。質文鼎革，[3]沿習因成，祥圖瑞史，赫赫明明。[4]天保大定，[5]於鑠我君，[6]武義乃武，文教惟文。横塞宇宙，旁凝射汾，[7]軒物重造，[8]姚風再薫。[9]焕發王策，昭彰帝道，御地七神，[10]飛天五老。[11]山祇吐秘，[12]河靈孕寶，[13]黑羽升壇，[14]青鱗伏皁。[15]丹烏流火，[16]白雉從風，[17]棲阿德劭，[18]鳴岐祚隆。[19]未如神爵，近賀王宮，五靈何有，[20]百福攸同。孔圖獻赤，[21]荀文表白，[22]節節奇音，[23]行行瑞迹。[24]化玉蠲疢，[25]銜環陛戟，[26]上天之命，明神所格。[27]綏應在旐，[28]伊臣預焉，永緝韋素，[29]方流管弦。[30]頌歌不足，蹈舞無宣，[31]臣拜稽

首，^[32]億萬斯年。^[33]

[1]太素：古代指最原始的物質。亦引申爲天地。　式肇：創始，初始。

[2]功玄不器：意謂功德遠大而不局限於一個方面。

[3]質文鼎革：意謂實質内容與外在形式均不斷發生變革。

[4]赫赫明明：語出《詩·大雅·常武》："赫赫明明，王命卿士。"後因以爲歌頌帝王或神靈之詞，意謂顯赫盛大而睿智明察。

[5]天保大定：語出《詩·小雅·天保》："天保定爾，亦孔之固。"意謂上天保佑，使國運安定。

[6]於鑠：嘆詞。表示贊美、頌揚。

[7]射汾：亦作"汾射"。典出《莊子·逍遥游》："堯治天下之民，平海内之政，往見四子藐姑射之山，汾水之陽，窅然喪其天下焉。"後因以"射汾"指隱居賢士或隱士的居處。

[8]軒：指黄帝軒轅氏。參見前注"軒轅"。

[9]姚：指虞舜。古史傳説舜爲姚姓，後遂以"姚"稱舜。參見前注"舜"。

[10]七神：指古代神話傳説中掌管大地五方及山川的七位神靈。

[11]五老：指古代神話傳説中的水、木、金、火、土五大行星之精。

[12]山祇：即山神。按，"祇"字底本、宋刻遞修本、殿本、庫本皆同，中華本作"祇"，二字相通。

[13]河靈：泛指河川之精靈。亦特指古代神話傳説中的黄河水神巨靈。

[14]黑羽：即玄鳥。所指不一：或説指燕子；或説指鶴；或説指八哥。古時視爲瑞鳥。

[15]青鱗伏皁：指青魚伏生於牛馬的飲水槽中。古時以爲祥瑞

之兆。按，"皂"字底本、殿本、庫本、中華本皆同，宋刻遞修本作"早"，二字相通。

〔16〕丹烏：即赤色的烏鴉。古時以爲丹烏出現是國之祥瑞。流火：相傳周武王伐紂，渡孟津，有火覆蓋武王帷幕，流變爲赤烏飛去。事見《史記》卷四《周本紀》。後遂以"流火"作爲王朝勃興之典。

〔17〕白雉：即白色羽毛的野雞。古時視爲瑞鳥。　從風：比喻迅即附和響應。

〔18〕棲阿德劭：意謂瑞鳥棲息於河澤水邊，以昭示帝德之美善。

〔19〕鳴岐祚隆：意謂鳳凰和鳴於岐山，以昭示國祚之昌盛。按，"岐"字底本原作"歧"，宋刻遞修本與底本同，當訛，今據殿本、庫本、中華本改。

〔20〕五靈：指古代傳說中的五種靈異鳥獸，即麟、鳳、神龜、龍、白虎，爲王者之嘉瑞。

〔21〕孔圖獻赤：《後漢書》卷四〇下《班固傳下》載固作《典引篇》云："蓋以膺當天之正統，受克讓之歸運，蓄炎上之烈精，蘊孔佐之弘陳云爾。"李賢注："'孔佐'謂孔丘制作《春秋》及緯書以佐漢也，即《春秋演孔圖》曰'卯金刀，名爲劉。中國東南出荊州，赤帝後，次代周'是也。謂大陳漢之期運也。"此處"孔圖獻赤"，當指漢代緯書《春秋演孔圖》所言漢室勃興之符瑞事，借以喻謂神雀朝賀隋宮的祥瑞之象。

〔22〕荀文表白：《宋書·禮志一》載："昔漢建安中，將王會，而太史上言正旦當日蝕。朝士疑會不，共詣尚書令荀文若諮之。時廣平計吏劉劭在坐，曰：'梓慎、裨竈，古之良史，猶占水火，錯失天時。《禮》諸侯旅見天子，入門不得終禮者四，日蝕在一。然則聖人垂制，不爲變異豫廢朝禮者，或災消異伏，或推術謬誤也。'文若及眾人咸喜而從之，遂朝會如舊，日亦不蝕。"此處"荀文表白"，當指荀文若（名彧）從劉劭議表請如期朝會而日蝕自消之

事，借以喻謂神雀朝賀隋文帝的祥瑞之兆。

[23]節節：亦作"即即"。相傳爲雄鳳的鳴叫聲。

[24]行行：即行走，不停地前行。　瑞迹：祥瑞的行迹。按，"瑞"字底本、宋刻遞修本、中華本皆同，但殿本、庫本作"端"，疑訛。

[25]化玉：指古代傳説中黄雀化玉報恩的典故。詳見下注"銜環"。　黼扆：古代帝王座後的屏風，上畫斧形花紋。亦借指帝王或帝王的寶座。

[26]銜環：相傳東漢名士楊寶九歲時，至華陰山，見一黄雀爲鴟鴞所搏，墜於樹下，寶取雀以歸，置巾箱中，食以黄花，經百餘日雀毛羽成，乃飛去。其夜有黄衣童子自稱西王母使者，以白玉環四枚與寶曰："令君子孫潔白，且從登三公，事如此環矣。"後寶及子孫四世皆爲名公。事見南朝梁吳均《續齊諧記》。後遂以"銜環"用爲知恩圖報之典實。　陛戟：意謂持戟侍衛於殿階兩側。

[27]格：指天人之間或人神之間的感應和感通。

[28]綏應在㡥：意謂上天垂示物應徵祥於殿内毛氈地毯之上。㡥，通"氈"。按，"綏"底本原作"經"，殿本、庫本與底本同，當訛，今據宋刻遞修本、中華本及《文苑英華》卷七七八載引許善心《神雀頌》改。

[29]韋素：古時用以繫竹簡的皮繩和用以書寫的絹帛。後因以借指書册、典籍。

[30]管弦：管樂器與弦樂器。亦泛指樂器和樂曲。

[31]蹈舞：即舞蹈。古代臣下朝見帝王時表達敬意或頌揚的一種禮節。

[32]稽首：古代一種跪拜禮，須叩頭至地，是九拜中最恭敬的禮節。

[33]億萬斯年：語出《詩·大雅·下武》："於萬斯年，受天之祜。"後因以爲頌揚帝王之辭，極言帝祚久長。

頌成，奏之，高祖甚悦，曰："我見神雀，共皇后觀之。今旦召公等入，適述此事，善心於座始知，即能成頌。文不加點，[1]筆不停豪，[2]常聞此言，今見其事。"因賜物二百段。十七年，除秘書丞。[3]于時秘藏圖籍尚多淆亂，善心放阮孝緒《七録》更製《七林》，[4]各爲總叙，冠於篇首。又於部録之下，明作者之意，區分其類例焉。又奏追李文博、陸從典等學者十許人，[5]正定經史錯謬。仁壽元年，攝黃門侍郎。[6]二年，加攝太常少卿，[7]與牛弘等議定禮樂，秘書丞、黃門，並如故。四年，留守京師。高祖崩于仁壽宮，[8]煬帝秘喪不發，先易留守官人，出除岩州刺史。[9]逢漢王諒反，[10]不之官。

[1]文不加點：指作文一氣呵成，無須修改。加點，即寫作時有所增删而加以點抹。

[2]筆不停豪：指作文時才思敏捷，書寫不停，迅即成章。按，"豪"字底本、宋刻遞修本、中華本皆同，殿本、庫本及《北史》卷八三《許善心傳》作"毫"，二字相通。

[3]秘書丞：官名。隋初爲秘書省之次官，置一員，協助長官秘書監掌圖書典籍之事，總判本省日常事務。正五品上。隋煬帝大業三年增置秘書少監一人爲本省次官，秘書丞遂退爲本省屬官。

[4]阮孝緒：人名。南朝梁武帝時人。隱居不仕，遍覽群書，博采宋、齊以來公私圖書記録，撰成《七録》。傳見《梁書》卷五一、《南史》卷七六。 《七録》：南朝梁處士阮孝緒參考《梁文德殿五部目録》而編成的一部圖書分類目録著作。包括經典録、記傳録、子兵録、文集録、術技録、佛法録、仙道録等七録，故名。

[5]李文博：人名。傳見本卷、《北史》卷八三。按，"博"底

本原作“傅”，殿本、庫本與底本同，當訛，今據宋刻遞修本、中華本及《北史·許善心傳》改。　　陸從典：人名。出身吳郡陸氏望族，少承家學，博覽群書，通經史，善屬文。隋時歷官給事郎、著作佐郎，兼東宮學士，開皇十七年被許善心召入祕書省參與經史圖書的校正工作。《陳書》卷三〇、《南史》卷四八有附傳。

〔6〕攝：官制用語。即以本官代理或兼理他官之職事。　　黃門侍郎：官名。隋初於門下省置給事黃門侍郎四員，爲門下省的次官，協助長官納言掌封駁制敕，參議政令的制定。正四品上。隋煬帝大業三年去“給事”之名，但稱“黃門侍郎”，並減置二員。正四品。按，文中所述事在隋文帝仁壽元年，此時給事黃門侍郎尚未改稱黃門侍郎，故此處載稱許善心攝“黃門侍郎”則欠準確，當作“給事黃門侍郎”。

〔7〕太常少卿：官名。爲太常寺的次官，協助長官太常卿掌國家禮樂、郊廟社稷祭祀等事務，通判本寺各署事。隋初置一員，正四品上；隋煬帝大業三年增置二員，降爲從四品。

〔8〕仁壽宮：隋離宮名。始建於開皇十三年，位於今陝西麟游縣西天臺山上。因其涼爽宜人，且離京城不遠，故爲隋代帝王消夏避暑之所。

〔9〕岩州：隋開皇十六年置。治所在今河南林州市。

〔10〕漢王諒：即隋文帝第五子楊諒。傳見本書卷四五、《北史》卷七一。

　　大業元年，轉禮部侍郎，[1]奏薦儒者徐文遠爲國子博士，[2]包愷、陸德明、褚徽、魯世達之輩並加品秩，[3]授爲學官。其年，副納言楊達爲冀州道大使，[4]以稱旨，賜物五百段。左衛大將軍宇文述每旦借本部兵數十人，[5]以供私役，常半日而罷。攝御史大夫梁毗奏劾之。[6]上方以腹心委述，初付法推，千餘人皆稱被役。

經二十餘日，法官候伺上意，乃言役不滿日，其數雖多，不合通計，縱令有實，亦當無罪。諸兵士聞之，更云初不被役。上欲釋之，付議虛實，百僚咸議爲虛。善心以爲述於仗衛之所抽兵私役，雖不滿日，關於宿衛，與常役所部，情狀乃殊。又兵多下番，散還本府，分道追至，不謀同辭。今殆一月，方始翻覆，姦狀分明，此何可捨？蘇威、楊汪等二十餘人，[7]同善心之議。其餘皆議免罪。煬帝可免罪之奏。後數月，述譖善心曰：“陳叔寶卒，[8]善心與周羅睺、虞世基、袁充、蔡徵等同往送葬。[9]善心爲祭文，謂爲‘陛下’，敢於今日加叔寶尊號。”召問有實，自援古例，事得釋，而帝甚惡之。又太史奏帝即位之年，[10]與堯時符合，善心議以國哀甫爾，[11]不宜稱賀。述諷御史劾之，[12]左遷給事郎，[13]降品二等。四年，撰《方物志》，奏之。七年，從至涿郡，[14]帝方自御戎以東討，善心上封事忤旨，[15]免官。其年復徵爲守給事郎。[16]九年，攝左翊衛長史，[17]從渡遼，[18]授建節尉。[19]帝嘗言及高祖受命之符，因問鬼神之事，敕善心與崔祖濬撰《靈異記》十卷。[20]

[1]禮部侍郎：官名。隋初於尚書省禮部下轄四曹之一禮部曹置禮部侍郎一人，爲該曹長官，掌禮儀之制。正六品上，開皇三年升爲從五品。隋煬帝大業三年改諸曹侍郎爲“郎”，而又於尚書省所轄六部各置侍郎一人，爲六部之次官，正四品。此後，禮部侍郎就成爲禮部的副長官，而原禮部侍郎則改稱爲儀曹郎。

[2]徐文遠：人名。即徐曠，字文遠，以字行。北周至唐初時人。勤學博覽，通曉五經，尤精《春秋左氏傳》，爲當世名儒。隋

煬帝大業元年許善心奏薦其爲國子博士。傳見《舊唐書》卷一八九上、《新唐書》卷一九八。 國子博士：官名。爲國子學的教官，掌以儒經教授國子學生，國有疑事則掌承問對。隋初置五人，正五品上，仁壽元年隨國子學罷廢；隋煬帝大業初復置一人，正五品。

[3]包愷：人名。傳見本書卷七五，《北史》卷八二有附傳。

陸德明：人名。即陸元朗，字德明，以字行。出身吳郡陸氏望族，博學通經，尤善《易經》《老子》。隋煬帝大業元年許善心奏薦其爲國子學教官，唐初官至國子博士，著有《經典釋文》等書，爲當世名儒。傳見《舊唐書》卷一八九上、《新唐書》卷一九八。

褚徽：人名。徽，亦作“輝”或“暉”。傳見本書卷七五，《北史》卷八二有附傳。 魯世達：人名。唐人亦諱稱“魯達”。傳見本書卷七五，《北史》卷八二有附傳。

[4]納言：官名。爲門下省的長官，置二員，掌封駁制敕，參決軍國大政，是宰相之職。正三品。 楊達：人名。本書卷四三、《北史》卷六八有附傳。 冀州道：巡察區域名。即以冀州（治所在今河北冀州市）爲中心而臨時劃定的巡察區域，巡察事畢則罷廢。

[5]左衛大將軍：官名。隋初設左右衛，各置大將軍一人爲本府長官，掌宮掖禁禦，督攝仗衛。正三品。隋煬帝大業三年改左右衛爲左右翊衛，左衛大將軍遂改稱左翊衛大將軍。 宇文述：人名。傳見本書卷六一、《北史》卷七九。

[6]御史大夫：官名。爲御史臺的長官，置一員，掌國家刑憲典章之政令，糾察彈劾百官。隋初爲從三品，隋煬帝大業五年（此據本書《百官志下》。《唐六典》卷一三《御史臺》載作“大業八年”）降爲正四品。 梁毗：人名。傳見本書卷六二、《北史》卷七七。

[7]蘇威：人名。傳見本書卷四一，《北史》卷六三有附傳。

楊汪：人名。傳見本書卷五六、《北史》卷七四。

[8]陳叔寶：人名。南朝陳末代皇帝，史稱陳後主。紀見《陳

書》卷六、《南史》卷一○。

[9]周羅睺：人名。傳見本書卷六五、《北史》卷七六。　虞
世基：人名。傳見本書卷六七、《北史》卷八三。　袁充：人名。
傳見本書卷六九、《北史》卷七四。　蔡徵：人名。南朝陳後主時
官至中書令、權知中領軍，陳亡入隋，歷官太常丞、儀曹郎、給事
郎。傳見《陳書》卷二九，《南史》卷六八有附傳。

[10]太史：官署名。隋初稱太史曹或太史局，隋煬帝大業三年
改稱太史監。隸屬秘書省，掌天文曆法之事。長官爲太史令，次官
爲太史丞，屬官有司曆、監候、司辰師等。

[11]國哀：亦稱“國喪”。古代帝、后喪亡，臣民縞素哀悼，
停止宴樂婚嫁，稱爲國喪或國哀。此指隋文帝之喪。　甫爾：初
始、不久。

[12]御史：官名。此是御史臺官員的泛稱。掌糾彈百官。

[13]左遷：官制用語。即降官、貶職。　給事郎：官名。隋文
帝開皇六年於尚書省吏部置給事郎，爲散官番直，無具體職掌。正
八品上。隋煬帝大業三年罷吏部給事郎，而取其名於門下省另置給
事郎四人，位在黄門侍郎之下，爲門下省的屬官，掌省讀奏案。從
五品。

[14]涿郡：隋大業初改幽州置。治所在今北京市西南。

[15]上封事：古代臣下上書言事，將奏章用皂囊緘封呈進，以
防泄漏，謂之“上封事”。

[16]守：官制用語。即以較低官階署理較高官職。

[17]左翊衛長史：官名。隋初於左右衛各置長史一人爲本府上
佐官，掌領府内行政事務。正七品上。隋煬帝大業三年改左右衛爲
左右翊衛，左衛長史遂改稱左翊衛長史。從五品。

[18]渡遼：指隋煬帝親征高麗之事。“渡”底本原作“度”，
宋刻遞修本、殿本、庫本與底本同，今據中華本改。遼，指遼水。
即今遼寧境内的遼河。

[19]建節尉：官名。隋煬帝大業三年始置，爲八尉之一，屬散

實官。正六品。

[20]崔祖濬：人名。即崔賾，字祖濬。本書卷七七、《北史》卷八八有附傳。按，“濬”底本原作“璿”，中華本與底本同，當訛，今據宋刻遞修本、殿本、庫本及《北史》卷八三《許善心傳》改（參見唐華全《中華書局點校本〈隋書〉質疑二十九則》，《河北師範大學學報》2012 年第 1 期）。

初，善心父撰著《梁史》，未就而歿。善心述成父志，修續家書，其《序傳》末，述制作之意曰：

謹案太素將萌，洪荒初判，[1]乾儀資始，[2]辰象所以正時，[3]巛載厚生，[4]品物於焉播氣。[5]參三才而育德，[6]肖二統而降靈。[7]有人民焉，樹之君長，有貴賤矣，爲其宗極。[8]保上天之眷命，[9]膺下土之樂推，[10]莫不執大方，[11]振長策，[12]感召風雲，驅馳英俊。干戈揖讓，[13]取之也殊功，[14]鼎玉龜符，[15]成之也一致。革命創制，[16]竹素之道稍彰，[17]紀事記言，筆墨之官漸著。[18]炎農以往，[19]存其名而漏其迹，黃軒以來，[20]晦其文而顯其用。登丘納麓，[21]具訓誥及典謨，[22]貫昴入房，[23]傳夏正與殷祀。[24]洎辯方正位，[25]論時訓功，南北左右，兼四名之別，《檮杌》《乘》車，[26]擅一家之稱。國惡雖諱，君舉必書，故賊子亂臣，天下大懼，元龜明鏡，[27]昭然可察。及三郊遞襲，[28]五勝相沿，[29]俱稱百谷之王，[30]並以四海自任，[31]重光累德，何世無哉！

[1]洪荒：指混沌蒙昧的狀態。亦借指遠古時代。
[2]乾儀：指天道，天綱。

〔3〕辰象：日月星辰所呈現的天象。

〔4〕巛載厚生：意謂大地廣厚，能負載和滋生萬物。巛，同"坤"。

〔5〕品物：即萬物。

〔6〕三才：指天、地、人。

〔7〕二統：指天與地。

〔8〕宗極：指至高無上的君主。

〔9〕眷命：眷顧垂愛並賦予重任。

〔10〕樂推：樂意擁戴。

〔11〕莫不執大方："大"底本原作"太"，殿本、庫本與底本同，今據宋刻遞修本、中華本及《北史》卷八三《許善心傳》改。

〔12〕長策：長鞭。常比喻帝王或尊者的威勢。

〔13〕干戈揖讓：古代的廟堂武舞與迎賓禮儀。亦泛指禮樂文德之制。

〔14〕殊功：不同的方式和途徑。

〔15〕鼎玉龜符：指古代帝王的傳國之寶及受命之符籙。

〔16〕革命創制：變革天命，創立新制。多指改朝換代。

〔17〕竹素：即古時用以書寫文字的竹簡和白絹。亦代指史册、書籍。

〔18〕筆墨之官：此指史官。

〔19〕炎農：即炎帝神農氏的省稱。古史傳説中的太古帝王。詳見《史記》卷一《五帝本紀》。

〔20〕黄軒：即黄帝軒轅氏的省稱。參見前注"軒轅"。

〔21〕登丘納麓：指古代帝王登山封禪及統攬國政萬機等大事。麓，通"録"。

〔22〕訓誥及典謨：指《尚書》六體中的訓、誥、典、謨四類文體篇章。亦代指《尚書》等儒家經典。

〔23〕貫昴入房：昴、房，均爲二十八宿中的星宿名。古代星相家以爲昴宿七星是顯貴大臣之象，房宿四星是天子四輔官之象，故

"貫昴入房"即喻謂朝廷重臣輔佐帝王施政治國。

[24]夏正與殷祀：即夏代的曆法和商代的紀年。借指上古以來的曆法典章。

[25]洎辯方正位："辯"字底本、宋刻遞修本、中華本皆同，殿本、庫本作"辨"，二字相通。

[26]《檮杌》：春秋時楚國的史書。　《乘》：春秋時晉國的史書。

[27]元龜：古代用以占卜吉凶的大龜。比喻可資借鑒的往事。

[28]三郊：古代大國諸侯的行政區劃分爲三郊三遂，後因以"三郊"指大國諸侯。

[29]五勝：即五行相勝的學説，謂水勝火、火勝金、金勝木、木勝土、土勝水。古代陰陽家認爲各王朝均有其五行之屬，王朝的更替即是五行相勝的反映，後因以"五勝"喻指歷代王朝或帝王。

[30]百谷之王：語出《老子》："江海所以能爲百谷王者，以其善下之，故能爲百谷王。"後因以"百谷之王"指江海，亦喻指有海納百川之德的帝王。

[31]四海：古代以爲中國四境有四海環繞，各按方位爲東海、南海、西海和北海。但亦因時而異，四海的説法不一。後遂以"四海"代指天下或全中國。

　　逮有梁之君臨天下，江左建國，[1]莫斯爲盛。受命在於一君，繼統傳乎四主，[2]克昌四十八載，餘祚五十六年。武皇帝出自諸生，[3]爰升寶曆，[4]拯百王之弊，[5]救萬姓之危，反澆季之末流，[6]登上皇之獨道。[7]朝多君子，野無遺賢，禮樂必備，憲章咸舉。弘深慈於不殺，濟大忍於無刑，蕩蕩巍巍，[8]可爲稱首。[9]屬陰戎入潁，[10]羯胡侵洛，[11]沸騰磣黷，[12]三季所未聞，[13]掃地滔天，[14]一元之巨厄。[15]廊廟有序，[16]剗成狐兔之場，珪帛有儀，[17]碎夫犬羊之手。福善積而身禍，仁義在而國亡。豈天道歟？豈人事歟？嘗別論之，在《序論》之卷。

[1] 江左：地區名。亦稱"江東"。指長江下游以東地區。此處代指東晉南朝。

[2] 四主：指南朝梁武帝、簡文帝、元帝、敬帝四代君主。

[3] 武皇帝：即南朝梁武帝蕭衍。南朝梁開國皇帝。紀見《梁書》卷一至三，《南史》卷六、七。　諸生：指有知識學問的眾儒生。

[4] 寶曆：指國祚，皇位。

[5] 百王：泛指歷代帝王。

[6] 墝季：指道德風俗浮薄貧瘠的末世。按，"墝"字宋刻遞修本、殿本、庫本、中華本及《北史》卷八三《許善心傳》作"澆"，義同。

[7] 上皇：指上古聖賢帝皇。

[8] 蕩蕩巍巍：亦作"巍巍蕩蕩"。語出《論語·泰伯》："大哉堯之為君也！巍巍乎！唯天為大，唯堯則之。蕩蕩乎！民無能名焉。"朱熹《集注》："巍巍，高大之貌；蕩蕩，廣遠之稱也。"後因以"巍巍蕩蕩"形容帝王道德崇高，恩澤博大。

[9] 稱首：第一，最好。

[10] 陰戎：古族名。為春秋時西戎的一支，即陸渾之戎。因其居住在河南山北，故稱陰戎。一說陸渾近陰地，故名陰戎。　潁：地名。在今河南登封市東，潁水以北。按，"潁"底本原作"穎"，當訛，今據宋刻遞修本、殿本、庫本、中華本及《北史·許善心傳》改。

[11] 羯胡：古代用以泛稱來自北方的外族。　洛：都邑名。即洛陽的簡稱。在今河南洛陽市東北。按，此處"陰戎入潁""羯胡

侵洛”，均借指南朝梁武帝末年發生的侯景之亂。

　　［12］沸騰磣黷：喻謂社會動亂不安，世道混濁不清。按，“磣”字底本、宋刻遞修本、中華本皆同，殿本、庫本作“墋”，二字相通。

　　［13］三季：指夏、商、周三代的末期。

　　［14］掃地滔天：喻謂殺戮殆盡，罪惡極大。

　　［15］一元：指天下。　巨厄：巨大的灾難。

　　［16］廊廟：殿下廊屋和太廟的合稱。兩地皆爲古代君臣議政之處，故亦代指朝廷。

　　［17］珪帛：古代祭祀神靈所用的玉和帛。此處用以代指祭祀禮制。

　　先君昔在前代，[1]早懷述作，凡撰《齊書》爲五十卷；《梁書》紀傳，隨事勒成，[2]及闕而未就者，《目録》注爲一百八卷。梁室交喪，墳籍銷盡。[3]冢壁皆殘，不準無所盜，[4]帷囊同毀，[5]陳農何以求！[6]秦儒既坑，先王之道將墜，漢臣徒請，[7]口授之文亦絕。所撰之書，一時亡散。有陳初建，詔爲史官，補闕拾遺，心識口誦。依舊目録，更加修撰，且成百卷，已有六帙五十八卷，[8]上秘閣訖。[9]

　　［1］先君：古時稱指已故的父親。此處指許善心之父許亨。

　　［2］勒：編纂、撰寫。

　　［3］墳籍：指古代圖書典籍。

　　［4］不（fōu）準：人名。西晉汲郡人。晉武帝時，不準盜發戰國時魏襄王墓（或說是魏安釐王冢），得竹書數十車，獻藏於秘府，後世稱爲“汲冢書”。事見《晉書》卷三《武帝紀》及卷五一

《束皙傳》。按，"準"底本原作"淮"，當訛，今據殿本、庫本及
《北史》卷八三《許善心傳》改；又宋刻遞修本、中華本作"准"，
通"準"。另按，此句謂南朝梁末圖書典籍被戰火銷毀殆盡，史家
難以尋求可憑撰史的書籍。下句義同。

[5]帷囊：古時用以裝盛圖書的布帛袋子。

[6]陳農：人名。西漢時人。官至謁者。漢成帝時，陳農奉詔
出使，廣求天下遺書。事見《漢書》卷一〇《成帝紀》及卷三
〇《藝文志》。

[7]徒請：空盡，清除殆盡。請，通"清"。按，此句謂南朝
梁末官僚士大夫大量死於戰亂，口授心傳的文字記錄近乎斷絕，史
家難以尋求可憑撰史的當代資料。

[8]帙：即包裝圖書的函套，多以布帛製成。亦用作圖書量詞，
每帙通常爲十卷。

[9]秘閣：此指南朝陳秘書省所轄的國家藏書樓閣。

　　善心早嬰荼蓼，[1]弗荷薪構，[2]太建之末，[3]頻抗表
聞，至德之初，[4]蒙授史任。方願油素採訪，[5]門庭記
錄，[6]俯勵弱才，[7]仰成先志；而單宗少强近，[8]虛室類
原、顏，[9]退屏無所交游，[10]棲遲不求進益。[11]假班嗣之
書，[12]徒聞其語，給王隱之筆，[13]未見其人。加以庸瑣
涼能，[14]孤陋末學，忝職郎署，[15]兼撰《陳史》，致此
書延時，未即成績。禎明二年，以臺郎入聘，[16]值本邑
淪覆，佗鄉播遷，[17]行人失時，[18]將命不復。[19]望都亭
而長慟，[20]還別館而懸壺，[21]家史舊書，在後焚蕩。今
止有六十八卷在，[22]又並缺落失次。自入京已來，隨見
補葺，略成七十卷：《四帝紀》八卷，《后妃》一卷，
《三太子錄》一卷，爲一帙十卷；《宗室王侯列傳》一

帙十卷；《具臣列傳》二帙二十卷；《外戚傳》一卷，《孝德傳》一卷，《誠臣傳》一卷，《文苑傳》二卷，《儒林傳》二卷，《逸民傳》一卷，《數術傳》一卷，《藩臣傳》一卷，合一帙十卷；《止足傳》一卷，《列女傳》一卷，[23]《權幸傳》一卷，《羯賊傳》二卷，《逆臣傳》二卷，《叛臣傳》二卷，《叙傳論述》一卷，合一帙十卷。[24]凡稱史臣者，皆先君所言，下稱名案者，並善心補闕。別爲《叙論》一篇，托于《叙傳》之末。

[1]荼蓼：即荼和蓼兩種雜草。荼味苦，蓼味辛，因以比喻艱難困苦。

[2]薪構：即柴火。古代官吏的柴火費用多由政府供給，故常以"薪構"借指官俸。

[3]太建：南朝陳宣帝陳頊年號（569—582）。按，"太"底本原作"大"，殿本、庫本與底本同，今據宋刻遞修本、中華本及《北史》卷八三《許善心傳》改。

[4]至德：南朝陳後主陳叔寶年號（583—586）。

[5]油素採訪：典出漢揚雄《答劉歆書》："天下上計孝廉及内郡衛卒會者，雄常把三寸弱翰，賫油素四尺，以問其異語，歸即以鉛摘次之於槧。"後因以"油素採訪"指史官搜集尋訪民間故事傳聞。

[6]門庭：即宮廷。此指宮廷藏書之所。

[7]弱才：平庸低下的才能。多用作自謙之詞。

[8]單宗：丁口單寒的家族。　強近：指較爲親近的親屬。

[9]虛室：財物空乏的家室。　原、顏：即孔子賢弟子原憲和顏回。二人皆以家貧好學而聞名。事均見《史記》卷六七《仲尼弟子列傳》。

[10]退屏：引退，隱居。

[11]棲遲：指長時間滯留於某官職而不得升遷。

[12]班嗣：人名。東漢時人，班固的從伯。班嗣尚老莊之學，家有賜書。桓譚曾向其借閱《莊子》，班嗣不肯借，答曰：“今吾子已貫仁誼之羈絆，繫名聲之繩鎖，伏周、孔之軌躅，馳顏、閔之極摯，既繫攣於世教矣，何用大道爲自眩曜?”事見《漢書》卷一〇〇上《叙傳上》。按，此處“假班嗣之書，徒聞其語”，即指桓譚向班嗣借書不得反受班嗣譏諷之事，許善心借以喻其在陳朝撰史時借閱私家藏書之艱難。

[13]給王隱之筆：據《晋書》卷八二《王隱傳》載，王隱撰《晋書》時，家貧無資用，書不就，遂往武昌投靠征西將軍庾亮，亮供給其紙筆，書乃得成。此處“給王隱之筆”即指庾亮資助王隱撰成《晋書》之事。而下文“未見其人”則是許善心自稱其在陳朝撰史時未能獲得像庾亮一樣的貴人資助，因而難以完成先父遺志續修《梁史》。

[14]庸瑣涼能：意謂見識庸下，才能微薄。多用作自謙之辭。

[15]忝職：意謂愧居其職。多用作自謙之辭。　郎署：即侍郎、郎中等官所居的官署。指尚書省所轄的各曹司。此處指許善心在南朝陳供職的尚書省度支曹。

[16]臺郎：指尚書省所轄各曹司的侍郎、郎中等官，亦通稱爲尚書郎。此處指許善心在禎明二年出使隋朝時所任的本官度支侍郎。

[17]佗鄉：“佗”字底本、宋刻遞修本、殿本、庫本皆同，中華本及《北史·許善心傳》作“他”，二字相通。　播遷：流離，遷徙。

[18]行人：本爲周代掌管朝覲聘問的職官名，後因以爲出訪使者的通稱。

[19]將命：此指出訪使者所奉的使命。

[20]都亭：即都邑中的傳舍，爲各地使者的暫居之所。

〔21〕懸壺：即“懸壺代哭”的省稱。爲古代國君的喪禮之一。語本《禮記·喪大記》：“君喪，虞人出木角，狄人出壺，雍人出鼎，司馬縣之，乃官代哭。大夫官代哭不縣壺。”鄭玄注：“代，更也。未殯，哭不絕聲。爲其罷倦，既小斂，可以爲漏刻分時而更哭也。”

〔22〕六十八卷：各本皆同，但《北史·許善心傳》載作“六卷”。

〔23〕《列女傳》：“列”底本原作“烈”，今據宋刻遞修本、殿本、庫本、中華本及《北史·許善心傳》改。

〔24〕合一帙十卷：“合”字底本、宋刻遞修本、中華本及《北史·許善心傳》皆同，但殿本、庫本作“各”。按，此段文中所載各紀傳的卷數合計爲“六十卷”，而前稱全書的總卷數爲“七十卷”，兩者相差十卷，故疑其中某些紀傳的卷數當有訛誤，或總卷數有訛誤，抑或此處“合”字當如殿本、庫本作“各”，亦可吻合。

十年，又從至懷遠鎮，[1]加授朝散大夫。[2]突厥圍雁門，[3]攝左親衛武賁郎將，[4]領江南兵宿衛殿省。駕幸江都郡，[5]追叙前勳，授通議大夫，[6]詔還本品，行給事郎。[7]十四年，化及殺逆之日，[8]隋官盡詣朝堂謁賀，善心獨不至。許弘仁馳告之曰：[9]“天子已崩，宇文將軍攝政，[10]合朝文武莫不咸集。天道人事，自有代終，[11]何預於叔而低徊若此！”[12]善心怒之，不肯隨去。弘仁反走上馬，泣而言曰：“將軍於叔全無惡意，忽自求死，豈不痛哉！”還告唐奉義，[13]以狀白化及，遣人就宅執至朝堂。化及令釋之，善心不舞蹈而出。化及目送之曰：“此人大負氣。”[14]命捉將來，罵云：“我好欲放你，敢如此不遜!”其黨輒牽曳，因遂害之，時年六十一。
及越王稱制，[15]贈左光禄大夫、高陽縣公，[16]謚曰文節。

[1]懷遠鎮：鎮、城名。在今遼寧遼陽縣西北。隋煬帝三征高
麗時常駐蹕於此。

[2]朝散大夫：官名。屬散實官。隋初爲正四品下，隋煬帝大
業三年降爲從五品。

[3]突厥：古族名、國名。公元六世紀初興起於今阿爾泰山西
南麓，552年在今鄂爾渾河流域建立突厥汗國，此後其勢力擴展至
大漠南北，橫跨蒙古高原，隋開皇二年分裂爲東、西兩部。傳見本
書卷八四、《周書》卷五〇、《北史》卷九九、《舊唐書》卷一九
四、《新唐書》卷二一五。　雁門：郡名。隋煬帝大業初改代州置。
治所在今山西代縣。

[4]左親衛武賁郎將：官名。按，此處“左親衛”各本皆同，
但《北史》卷八三《許善心傳》作“左親侍”。考本書《百官志》，
隋初於左右衛之下各設有親衛，爲左右衛所轄三衛之一；隋煬帝大
業三年改左右衛爲左右翊衛，其所轄親衛亦改稱親侍。而文中所述
事在隋煬帝大業十一年突厥圍雁門之時，此時親衛已改稱親侍長達
八年，故此處“左親衛”當是“左親侍”之誤，當以《北史》所
載爲是（參見唐華全《中華書局點校本〈隋書〉質疑二十九則》）。
再考本書《百官志》，隋煬帝大業三年於十二衛各置護軍四人，爲
十二衛將軍之副貳，尋又改稱護軍爲武賁郎將。由此可知，左親侍
武賁郎將，當是左翊衛下轄左親侍的統軍將官，掌領左親侍之兵宿
衛侍從。正四品。

[5]江都郡：隋煬帝大業初改揚州置。治所在今江蘇揚州市。

[6]通議大夫：官名。隋煬帝大業三年始置，爲九大夫之一，
屬散實官。從四品。

[7]行：官制用語。即以較高官階署理較低官之職事。

[8]化及：人名。即宇文化及。傳見本書卷八五，《北史》卷七九有附傳。　殺逆：古代指臣弒君、子殺父的惡劣行爲。亦僅指弒君。此指宇文化及在大業十四年弒隋煬帝於江都宮。按，"殺"字底本、宋刻遞修本、中華本皆同，殿本、庫本及《北史·許善心傳》作"弒"，二字相通。

[9]許弘仁：人名。許善心的族姪，隋煬帝時官至直長。大業十四年隨從宇文化及行弒隋煬帝，事後又勸許善心歸順宇文化及，但許善心怒而不從，以致於被害。事亦見本書卷四《煬帝紀下》、卷八五《宇文化及傳》《司馬德戡傳》，《北史》卷一二《隋煬帝紀》、卷七九《宇文化及傳》《司馬德戡傳》、卷八三《許善心傳》，《舊唐書》卷五四《竇建德傳》，《新唐書》卷八五《竇建德傳》。

[10]宇文將軍：指宇文化及。因宇文化及時任右屯衛將軍，故以其職官稱之。

[11]代終：指新王朝取代舊王朝。

[12]低徊：徘徊，留戀。

[13]唐奉義：人名。隋煬帝大業十四年官任城門郎，隨從宇文化及行弒隋煬帝。唐初官至廣州都督府長史，後以弒逆之罪被流放禁錮。事亦見本書卷四《煬帝紀下》、卷八五《宇文化及傳》，《北史》卷一二《隋煬帝紀》、卷七九《宇文化及傳》，《舊唐書》卷二《太宗紀上》、卷三《太宗紀下》、卷六七《李靖傳》，《新唐書》卷二《太宗紀》、卷九三《李靖傳》。

[14]負氣：憑恃意氣而不肯屈居人下。

[15]越王：隋煬帝之孫楊侗的封爵名。參見前注"越王侗"。

[16]左光禄大夫：贈官。正二品。　高陽縣公：贈爵。從一品。

善心母范氏，梁太子中舍人孝才之女，[1]少寡養孤，博學有高節。高祖知之，敕尚食每獻時新，[2]常遣分賜。

嘗詔范入内，侍皇后講讀，封永樂郡君。[3]及善心遇禍，范年九十有二，臨喪不哭，撫柩曰：“能死國難，我有兒矣。”因卧不食，後十餘日亦終。

[1]太子中舍人：官名。南朝梁時爲太子東宮門下坊的次官，置四人，協助長官太子中庶子掌侍從贊相，駁正啓奏，制比朝廷的給事黄門侍郎。八班。　孝才：人名。即范孝才。南朝齊、梁時文學家，名臣范雲之子，許善心的外祖父，梁武帝時官至太子中舍人。事亦見《梁書》卷一三《范雲傳》、《南史》卷三九《劉孝綽傳》及卷五七《范雲傳》、《北史》卷八三《許善心傳》。

[2]尚食：即尚食局。官署名。隋初隸門下省，隋煬帝大業三年改隸殿内省，掌宮廷膳食、百官宴享之采辦儲供事務，置有典御（大業三年改稱奉御）、直長、食醫等官。另隋時宮官六局亦有尚食局，掌宮中膳食酒醴事務，與朝省尚食局掌采辦儲供有所不同，置有尚食等女官。

[3]永樂郡君：女封號名。隋時四品官之母及妻可封郡君，亦有不因夫、子而獲封者，母封號多加“太”字。

李文博

博陵李文博，性貞介鯁直，好學不倦，至於教義名理，特所留心。每讀書至治亂得失，忠臣烈士，未嘗不反覆吟玩。開皇中，爲羽騎尉，[1]特爲吏部侍郎薛道衡所知，[2]恒令在聽事帷中披檢書史，[3]并察己行事。若遇治政善事，即抄撰記録，如選用疏謬，即委之臧否。[4]道衡每得其語，莫不欣然從之。後直秘書内省，[5]典校墳籍，守道居貧，晏如也。雖衣食乏絶，而清操逾厲，不妄通賓客，恒以禮法自處，儕輩莫不敬憚焉。道衡知其貧，每延于家，給以資費。文博商略古今，[6]治政得失，如指諸掌，然無吏幹。[7]稍遷校書郎，[8]後出爲縣丞，[9]遂得下考，[10]數歲不調。道衡爲司隸大夫，[11]遇之於東都尚書省，[12]甚嗟愍之，遂奏爲從事。[13]因爲齊王司馬李綱曰：[14]“今日遂遇文博，得奏用之。”以爲歡笑。其見賞知音如此。在洛下，[15]曾詣房玄齡，[16]相送於衢路。玄齡謂之曰：“公生平志尚，唯在正直，今既得爲從事，故應有會素心。比來激濁揚清，[17]所爲多少？”文博遂奮臂屬聲曰：“夫清其流者必潔其源，正其末者須端其本。今治源混亂，雖日免十貪郡守，亦何所益！”其瞽直疾惡，[18]不知忌諱，皆此類也。于時朝政浸壞，人多贓賄，唯文博不改其操，論者以此貴之。遭離亂播遷，不知所終。

[1]羽騎尉：官名。隋文帝開皇六年於尚書省吏部別置羽騎等八尉，爲散官番直，無具體職掌，常出使監檢。從九品下。隋煬帝大業三年罷廢。

[2]吏部侍郎：官名。隋初爲尚書省吏部下轄四曹之一吏部曹的長官，置二員，掌全國文職官吏銓選之政務。正四品上。隋煬帝大業三年改諸曹侍郎爲“郎”，而又於尚書省所轄六部各置“侍郎”一人，爲六部之次官。正四品。此後，吏部侍郎就成爲吏部的副長官，而原吏部侍郎則改稱爲選部郎。　薛道衡：人名。傳見本書卷五七，《北史》卷三六有附傳。

[3]聽事：即廳堂。爲官員辦公治事之所。聽，同“廳”。

[4]臧否：品評褒貶，議論得失。

[5]直秘書內省：即在秘書內省當值充任，署理其職事。屬臨

時差遣之任。隋代秘書内省是掌管國家圖書檔案的機構。

[6]商略：商討，評論。按，"商"底本原作"商"，當訛，今據宋刻遞修本、殿本、庫本、中華本及《北史》卷八三《李文博傳》改。

[7]吏幹：指爲官從政的才幹。

[8]校書郎：官名。隋秘書省及著作曹皆置校書郎爲其屬官，掌校讎圖書典籍。隋初省、曹共置十四人，隋煬帝大業三年減爲十人，後又增至四十人。正九品上。

[9]縣丞：官名。爲縣之副長官，位居縣令之下。京縣之丞爲從七品下，其餘上、中、下三等縣之丞分別爲從八品下、正九品上、從九品上。

[10]下考：即在官吏政績考核中列爲下等。

[11]司隸大夫：官名。隋煬帝大業三年始置司隸臺，與御史臺、謁者臺合稱三臺。司隸大夫即是司隸臺的長官，置一人，掌諸巡察之事。正四品。

[12]東都尚書省：官署名。隋煬帝即位初營建洛陽（今河南洛陽市東北）爲東京，大業五年又改東京爲東都。煬帝常居東都，故置東都尚書省，爲中央最高行政機關尚書省的分司機構。

[13]從事：官名。此指司隸從事。爲司隸臺的屬官，置四十人，掌佐司隸刺史巡察畿外諸郡縣。每年二月以六條出巡按察，十月入奏。品階未詳。

[14]齊王司馬：官名。齊王是隋煬帝次子楊暕的封爵名。齊王司馬，即爲齊王府的上佐官，掌領王府内諸軍務。從四品。　李綱：人名。隋文帝仁壽末官任尚書右丞，隋煬帝大業中官任齊王府司馬，與薛道衡、李文博爲好友。唐初官至禮部尚書、太子少師，爲唐代名臣。傳見《舊唐書》卷六二、《新唐書》卷九九。

[15]洛下：指洛陽城。在今河南洛陽市東北白馬寺東。

[16]詣：造訪，拜訪。　房玄齡：人名。隋煬帝大業中官司隸刺史房彥謙之子，時賦閑居洛陽，與司隸從事李文博爲好友，二人曾

共論時政得失。唐太宗時官至尚書左僕射、司空，爵封梁國公，爲唐代名相。傳見《舊唐書》卷六六、《新唐書》卷九六。

[17]激濁揚清：語出《尸子·君治》："水有四德……揚清激濁，蕩去滓穢，義也。"本指冲去污水，浮起清水，後用以比喻斥惡奬善。

[18]謇直：剛正，戇直。

初，文博在內校書，虞世基子亦在其內，盛飾容服，而未有所却。文博因從容問之年紀，答云："十八。"文博乃謂之曰："昔賈誼當此之年，[1]議論何事？君今徒事儀容，故何爲者！"又秦孝王妃生男，[2]高祖大喜，頒賜群官各有差。文博家道屢空，人謂其悅，乃云："賞罰之設，功過所歸，今王妃生男，於群官何事，乃妄受賞也！"其循名責實，[3]錄過計功，必使賞罰不濫，功過無隱者皆爾。文博本爲經學，後讀史書，於諸子及論尤所該洽。[4]性長議論，亦善屬文，著《治道集》十卷，大行於世。

[1]賈誼：人名。漢文帝時著名賦家和政論家。傳見《史記》卷八四、《漢書》卷四八。

[2]秦孝王：隋文帝第三子楊俊。傳見本書卷四五、《北史》卷七一。

[3]循名責實：意謂按其名而求其實，要求名實相符。

[4]該洽：博通、精通。

史臣曰：明克讓、魏澹等，或博學洽聞，詞藻贍逸，既稱燕、趙之俊，[1]實曰東南之美。[2]所在見寶，[3]

咸取禄位，雖無往非命，[4]蓋亦道有存焉。澹之《魏書》，時稱簡正，條例詳密，足傳於後。此外諸子，各有記述，雖道或小大，皆志在立言，美矣。

[1]燕、趙：戰國時國名。亦泛指燕、趙二國所在之地，即今河北及山西東部一帶。此處借指本卷某些傳主所經歷過的東魏、北齊兩個王朝政權。

[2]東南：此指本卷某些傳主所經歷過的南朝梁、陳兩個王朝政權。

[3]見寶：意謂如同寶貝一樣受到重視。

[4]無往非命：意謂無論到哪里皆非命運安排注定。形容人生無常，多隨形勢而發生改變。

隋書　卷五九

列傳第二十四

煬三子

　　煬帝三男，[1]蕭皇后生元德太子昭、齊王暕，[2]蕭嬪
生趙王杲。[3]

　　[1]煬帝：即隋煬帝楊廣。紀見本書卷三、四，《北史》卷
一二。
　　[2]蕭皇后：即隋煬帝皇后蕭氏。傳見本書卷三六、《北史》
卷一四。　昭：人名。即楊昭。大業元年（605）被立爲皇太子。
傳另見《北史》卷七一。　暕：人名。即楊暕。大業元年被封爲齊
王。傳另見《北史》卷七一。
　　[3]蕭嬪：即隋煬帝後宮妃嬪蕭氏。　杲：人名。即楊杲。大
業九年被封爲趙王。傳另見《北史》卷七一。

　　元德太子昭，煬帝長子也，生而高祖命養宮中。[1]
三歲時，於玄武門弄石師子，[2]高祖與文獻后至其所。[3]
高祖適患腰痛，舉手憑后，[4]昭因避去，如此者再三。

高祖歎曰：“天生長者，誰復教乎！”由是大奇之。高祖嘗謂曰：“當爲爾娶婦。”昭應聲而泣。高祖問其故，對曰：“漢王未婚時，[5]恒在至尊所，一朝娶婦，便則出外。懼將違離，是以啼耳。”上歎其有至性，特鍾愛焉。

[1]高祖：隋文帝楊堅廟號。紀見本書卷一、二，《北史》卷一一。

[2]玄武門：城門名。大興宮城正北門。

[3]文獻后：隋文帝皇后，名獨孤伽羅。傳見本書卷三六、《北史》卷一四。

[4]憑：《北史》作“馮”。古時二字相通，義同。

[5]漢王：即隋文帝楊堅第五子楊諒。傳見本書卷四五、《北史》卷七一。

年十二，立爲河南王。[1]仁壽初，[2]徙爲晉王，拜内史令，[3]兼左衛大將軍。[4]後三年，轉雍州牧。[5]煬帝即位，便幸雒陽宮，[6]昭留守京師。大業元年，[7]帝遣使者立爲皇太子。昭有武力，能引強弩。性謙冲，言色恂恂，未嘗忿怒。有深嫌可責者，但云“大不是”。所膳不許多品，帷席極於儉素。臣吏有老父母者，必親問其安否，歲時皆有惠賜。其仁愛如此。明年，朝於雒陽。後數月，將還京師，願得少留，帝不許，拜請無數。體素肥，因致勞疾。帝令巫者視之，云：“房陵王爲祟。”[8]未幾而薨。詔内史侍郎虞世基爲哀册文曰：[9]

[1]年十二：《北史》卷七一《元德太子昭傳》亦載楊昭年十二立爲河南王。然查本書《隋文帝紀》載：開皇十年（590）立皇

孫昭爲河南王。據《北史·元德太子昭傳》楊昭生於開皇四年，年
十二當爲開皇十六年，與本紀不符。　　河南王：爵名。即河南郡
王。隋九等爵的第二等。從一品。

[2]仁壽：隋文帝楊堅年號（601—604）。

[3]内史令：官名。内史省長官，掌皇帝詔令出納宣行，居宰
相之職。隋初内史省置監、令各一人，尋廢監，置令二人。正
三品。

[4]左衛大將軍：官名。隋中央軍事機關十二衛中有左右衛，
掌領外軍宿衛宫禁。大將軍爲其主官，置一人。正三品。

[5]雍州牧：官名。京畿地區最高行政長官。從二品。雍州，
治所在今陝西西安市西北郊。

[6]雒陽宫：宫殿名。隋大業二年建，在今河南洛陽市城區西
北隅。

[7]大業：隋煬帝楊廣年號（605—618）。

[8]房陵王：即隋文帝長子楊勇。傳見本書卷四五、《北史》
卷七一。

[9]内史侍郎：官名。隋内史省副長官，佐宰相之職的本省長
官内史監、令處理政務。初設四員，正四品下；大業三年減爲二
員，正四品。　　虞世基：人名。傳見本書卷六七、《北史》卷八三。

　　維大業二年七月癸丑朔二十三日，皇太子薨于行
宫。[1]粵三年五月庚辰朔六日，將遷座于莊陵，[2]禮也。
蠡綍宵載，[3]鶴關曉闢，[4]肅文物以具陳，儼賓從其如
昔。皇帝悼離方之云晦，嗟震宫之虧象，[5]顧守器以長
懷，[6]臨登餕而興想。[7]先遠戒日，[8]占謀允從，庭彝徹
祖，[9]階阤收重，[10]抗銘旌以啓路，[11]勅徐輪於振容。撲
行度名，累德彰謚，爰詔史册，式遵典志，俾濬哲之徽

猷，[12]播長久乎天地。其辭曰：

[1]大業二年七月癸丑朔二十三日：查《二十史朔閏表》，大業二年七月癸丑朔，第二十三日爲乙亥日。據本書《煬帝紀上》載：大業二年秋七月甲戌日皇太子薨，甲戌日爲朔後第二十二日。

[2]莊陵：陵墓名。故址在今陝西乾縣陽洪鄉乳臺村南。

[3]蜃：指大蛤或畫有蛤形的漆尊祭器。按，殿本、庫本作"蜄"。　綍（fú）：大索。特指牽引棺的繩索。

[4]鶴關：太子宮禁之門。

[5]震宮：東方。此指東宮，太子之宮。　杬：宋刻遞修本、汲古閣本、中華本同，殿本、庫本作"杳"。

[6]守器：本意守護國家的重器，因太子主宗廟之器，此借指太子。

[7]登餕（jùn）：指在祭祀中，嗣子登堂接受祭祀的餘食。在皇家祭典中，登餕之事往往由太子職司。餕，指祭之餘，或食之餘。

[8]戒日：指占卜日。

[9]彝：古代祭祀時使用的大型酒器或禮器。

[10]甋（shì）：階旁所砌的斜石。

[11]銘旌：豎在靈柩前標志死者官職和姓名的旗幡。多用絳帛粉書。品官則借銜題寫曰某官某公之柩，士或平民則稱顯考顯妣。另紙書題者姓名粘於旌下。大斂後，以竹杠懸之依靈右。葬時取下加於柩上。

[12]濬哲：智慧，明智。　徽猷：美善之道。猷，指道、修養、本事等。

　　宸基峻極，帝緒會昌。體元襲聖，儀耀重光。氣秀春陸，神華少陽。居周軼誦，[1]處漢韜莊。[2]有縱生知，誕膺惟睿。性道觴日，[3]幾深綺歲。降迹大成，俯情多藝。樹親建國，命懿作藩。威蕤先路，[4]烏弈渠門。[5]庸服有紀，分器惟尊。風高楚殿，[6]雅盛梁園。[7]睿后膺儲，天人叶順。本茂條遠，基崇體峻。改王參墟，[8]奄有唐、晋。[9]在貴能謙，居沖益慎。封畿千里，[10]閶闔九重。[11]

［1］周：指西周（前1046—前771），都鎬京（今陝西西安市長安區西北豐鎬村附近）。　誦：人名。指西周成王姬誦。事見《史記》卷四《周本紀》。

［2］漢：此指東漢（25—220），都洛陽（今河南洛陽市東）。　韜：掩藏，隱藏，隱蔽。　莊：人名。指東漢明帝劉莊。紀見《後漢書》卷二。

［3］觿：古代一種解結的錐子，用骨、玉等製成，也用作佩飾。

［4］威蕤：華麗、茂盛貌。

［5］渠門：旗名。一說古時兩旗交接以爲軍門。亦可指古城門名。

［6］楚：古國名。指春秋戰國時期楚國，都郢（今湖北荆州市荆州區）。

［7］梁：即南朝梁（502—557），都建康（今江蘇南京市）。

［8］參墟：亦作“參虛”。按古代星相學，參星的分野當今山西、河南一帶，爲古晋國。而楊昭就曾被封爲晋王。

［9］唐：指周武王幼子叔虞。因初封於唐，故稱唐叔虞，是古晋國始祖。事見《史記》卷三九《晋世家》。　晋：古國名。西周分封的諸侯國之一。原稱唐，後因地近晋水改稱晋國。事見《史記・晋世家》。

［10］畿：古代王都所處的千里地面。

［11］閶闔：傳說中的天門，也指皇宮的正門。

　　神州王化，禁旅軍容。瞻言偃草，高視折衝。[1]帷宸清秘，親賢允屬。泛景風瀾，飛華螭玉。[2]揮翰泉湧，敷言藻縟。[3]式是便煩，思謀啓沃。洪惟積德，豐衍繁祉。粵自天孫，光升元子。綠車逮事，翠緌奉祀。蕭穆滿容，儀形讓齒。[4]禮樂交暢，愛敬兼資。優游養德，恭己承儀。南山聘隱，東序尊師。[5]有粹神儀，深穆其度。顯顯觀德，温温審諭。炯戒齊箴，留連主賦。入監出撫，[6]日就月將。沖情玉裕，令問金相。宜綏景福，永作元良。神理冥漠，天道難究。仁不必壽，善或愆祐。遽瑤山之頹壞，忽桂宮之毀構。痛結幽明，悲纏宇宙。慟皇情之深憫，摧具僚其如疚。嗚呼哀哉！回環氣朔，荏苒居諸。霑零露於瑤圃，下申霜於玉除。[7]夜漏盡兮空階曙，曉月懸兮帷殿虛。嗚呼哀哉！將寧甫竁，[8]長違望苑。[9]渡渭涘於造舟，[10]遵長平之修阪。[11]望鶴駕而不追，顧龍樓而日遠。嗚呼哀哉！永隔存没，長分古今。去榮華於人世，即潛壞之幽深。[12]

　　[1]折衝：使敵方的戰車折還，意謂抵禦、擊退敵人。後引申爲進行外交談判。

　　[2]螭：古代傳説中的一種動物，蛟龍之屬，頭上無角。

　　[3]藻縟：繁密的色彩。

　　[4]讓齒：對年長者謙讓有禮。

　　[5]東序：相傳爲夏代的大學，在王宮之東。同時也是國老養老之所，他們於此教授文化。後亦爲國學的通稱。後來古代宮室的東廂房，爲藏圖書、秘笈之所。

　　[6]入監出撫：指皇太子留守京師監國或巡撫地方民情。

[7]玉除：指玉階。用玉石砌成或裝飾的臺階，亦用作石階的美稱。借指朝廷。

[8]竁（cuì）：挖地造墓穴。

[9]望苑：即博望苑。漢武帝爲戾太子立，使交接賓客之處。後多借指太子之宮。

[10]渭涘：概指渭水。即今渭河，爲黃河最大的支流，在陝西省中部。

[11]長平：古地名。其地約今山西高平市西北。

[12]潛壙：墓道。

霏夕煙而稍起，慘落景而將沈。聽哀挽之悽楚，雜灌木之悲吟。紛徒御而流袂，[1]歓纓弁以霑衿。[2]嗚呼哀哉！九地黃泉，千年白日。雖金石之能久，終天壤乎長畢。敢圖芳於篆素，[3]永飛聲而騰實。[4]

[1]徒御：挽車、御馬的人。

・[2]歓：抽泣，嘆息。 纓弁：仕宦的代稱。 衿：古代服裝下連到前襟的衣領。

[3]篆素：寫篆書於素帛。

[4]騰實：功績傳揚。

帝深追悼。

有子三人，韋妃生恭皇帝，[1]大劉良娣生燕王倓，[2]小劉良娣生越王侗。[3]

[1]韋妃：即元德太子妃。事亦見本書卷五《恭帝紀》。 恭皇帝：即隋恭帝楊侑。紀見本書卷五、《北史》卷一二。

[2]大劉良娣：即元德太子楊昭之妃，具體事迹不詳。　倓：人名。隋煬帝長孫，元德太子楊昭長子楊倓。《北史》卷七一有附傳。

[3]小劉良娣：即元德太子楊昭之妃，具體事迹不詳。　侗：人名。隋煬帝之孫，元德太子楊昭次子楊侗。《北史》卷七一有附傳。

燕王倓字仁安。敏慧美姿儀，煬帝於諸孫中特所鍾愛，常置左右。性好讀書，尤重儒素，非造次所及，[1]有若成人。良娣早終，每至忌日，未嘗不流涕嗚咽。帝由是益以奇之。宇文化及弑逆之際，[2]倓覺變，欲入奏，恐露其事，因與梁公蕭鉅、千牛宇文晶等穿芳林門側水竇而入。[3]至玄武門，[4]詭奏曰：“臣卒中惡，命縣俄頃，請得面辭，死無所恨。”冀以見帝，爲司宮者所遏，竟不得聞。俄而難作，爲賊所害，時年十六。

[1]非造次所及：諸本均同，《北史》卷七一《元德太子昭傳》作“造次所及”。

[2]宇文化及：人名。傳見本書卷八五，《北史》卷七九有附傳。

[3]梁公：爵名。全稱爲梁國公。隋九等爵的第三等。從一品。蕭鉅：人名。蕭巋之孫。事見本書卷七九《蕭琮傳》。　千牛：官名。千牛左右，隋初於左右領左右府置千牛備身十二人，掌供御弓箭，執千牛御刀侍衛皇帝左右，正六品下。煬帝大業三年改左右領左右府爲左右備身府，千牛備身則改名爲千牛左右，其職掌未變，員額增至十六人，正六品。　宇文晶：人名。隋初大將宇文慶之孫。事見本書卷五〇《宇文慶傳》。　芳林門：隋江都宮宮門。

據顧祖禹《讀史方輿紀要》卷二三《南直五》記載："江都宮，在故廣陵城內，隋煬帝所築宮也。其宮城東偏門曰芳林，又有玄武、玄覽諸門，皆宮門也。" 水竇：水道。

[4]玄武門：宮門名。隋江都宮北門。

越王侗字仁謹，美姿儀，性寬厚。大業二年，立爲越王。帝每巡幸，侗常留守東都。[1]楊玄感作亂之際，[2]與民部尚書樊子蓋拒之。[3]及玄感平，朝於高陽，[4]拜高陽太守。俄以本官復留守東都。十三年，帝幸江都，[5]復令侗與金紫光祿大夫段達、太府卿元文都、攝民部尚書韋津、右武衛將軍皇甫無逸等總留臺事。[6]宇文化及之弑逆也，文都等議，以侗元德太子之子，屬最爲近，於是乃共尊立，大赦，改元曰皇泰。諡帝曰明，廟號世祖。追尊元德太子爲孝成皇帝，廟號世宗。尊其母劉良娣爲皇太后。以段達爲納言、右翊衛大將軍、攝禮部尚書，[7]王世充亦納言、左翊衛大將軍、攝吏部尚書，[8]元文都內史令、左驍衛大將軍，[9]盧楚亦內史令，[10]皇甫無逸兵部尚書、右武衛大將軍，[11]郭文懿內史侍郎，[12]趙長文黃門侍郎，[13]委以機務，爲金書鐵券，藏之宮掖。于時雒陽稱段達等爲"七貴"。

[1]東都：即洛陽。

[2]楊玄感：人名。傳見本書卷七〇，《北史》卷四一有附傳。

[3]民部尚書：官名。隋沿北魏、北齊置度支尚書，開皇三年改稱民部尚書，是尚書省下轄六部之一民部的長官。職掌全國土地、戶口、賦稅、錢糧之政令。置一員，正三品。 樊子蓋：人名。傳見本書卷六三、《北史》卷七六。

[4]高陽：郡名。大業九年以博陵郡改置，治所在今河北定州市。據本書卷四《煬帝紀下》載：大業九年閏九月己巳，煬帝"幸博陵"。故此處稱越王"朝於高陽"。

[5]江都：郡名。治所在今江蘇揚州市。

[6]金紫光禄大夫：官名。屬散實官。隋文帝置特進、左右光禄大夫等，以加文武官之有德聲者，並不理事。因其金印紫綬，故名。隋初爲從二品，煬帝大業三年降爲正三品。 段達：人名。傳見本書卷八五、《北史》卷七九。 太府卿：官名。隋太府寺主官，掌供賦貨賄、金帛府庫、營造器物。開皇仁壽時統左藏、左尚方、内尚方、右尚方等署。置一員，正三品。大業時，分太府寺爲少府監，太府祇掌京都市五署及平準、左右藏八署。 元文都：人名。傳見本書卷七一。 攝：代理、兼職。 韋津：人名。事見本書卷四七《韋世康傳》、《北史》卷六四《韋孝寬傳》、《舊唐書》卷九二《韋安石傳》、《新唐書》卷一二二《韋安石傳》。 右武衛將軍：官名。隋中央軍事機關十二衛中有左右武衛，各置大將軍一人爲主官，將軍二人副之。掌領外軍宿衛宮禁。從三品。 皇甫無逸：人名。隋任右武衛將軍，後降唐。傳見《舊唐書》卷六二、《新唐書》卷九一，本書卷七一、《北史》卷七〇有附傳。

[7]納言：官名。門下省長官，職掌封駁制敕，並參與軍國大政決策等，居宰相之職。置二員，正三品。 右翊衛大將軍：官名。隋中央軍事機關十二衛中有左右翊衛，各置大將軍一人爲主官，掌宮掖禁禦，督攝仗衛。正三品。 禮部尚書：官名。隋尚書省禮部主官，一人，下統禮部、祠部、主客和膳部四曹。掌禮儀、祭享、貢舉等事務。正三品。

[8]王世充：人名。傳見本書卷八五、《北史》卷七九、《舊唐書》卷五四、《新唐書》卷八五。 左翊衛大將軍：官名。隋中央軍事機關十二衛中有左右翊衛，各置大將軍一人爲主官，掌宮掖禁禦，督攝仗衛。正三品。 吏部尚書：官名。隋尚書省吏部主官，一人。下統吏部、主爵、司勳、考功四曹。掌全國官吏任免、考

課、升降、調動等事務，爲六部之首。正三品。

[9]内史令：官名。内史省長官，掌皇帝詔令出納宣行，居宰相之職。隋初内史省置監、令各一人，尋廢監，置令二人，正三品。　左驍衛大將軍：官名。隋中央軍事機關十二衛中有左右衛，各置大將軍一人爲主官，所領軍隊名爲驍騎，故左衛大將軍又稱左驍衛大將軍。掌宫掖禁禦、督攝仗衛。正三品。

[10]盧楚：人名。傳見本書卷七一、《北史》卷八五。

[11]兵部尚書：官名。隋尚書省下轄六部之一兵部的長官。掌全國軍衛武官選授之政令，統兵部、職方、駕部、庫部四曹。置一員，正三品。　右武衛大將軍：官名。隋中央軍事機關十二衛中有左右武衛，各置大將軍一人爲主官。掌領外軍宿衛宮禁。從三品。

[12]郭文懿：人名。隋時人。事略見本書《段達傳》。

[13]趙長文：人名。隋末爲越王侗授爲黄門侍郎，其他事迹不詳。　黄門侍郎：官名。隋初於門下省置給事黄門侍郎四員，爲門下省的次官，協助長官納言掌封駁制敕，參議政令的制定，正四品上。煬帝大業三年去"給事"之名，但稱"黄門侍郎"，並減置二員，正四品。

未幾，宇文化及立秦王子浩爲天子，[1]來次彭城，[2]所經城邑多從逆黨。侗懼，遣使者蓋琮、馬公政，[3]招懷李密。[4]密遂遣使請降，侗大悦，禮其使甚厚。即拜密爲太尉、尚書令、魏國公，[5]令拒化及。下書曰：

[1]秦王：即隋文帝第三子楊俊，開皇元年被立爲秦王。傳見本書卷四五、《北史》卷七一。　浩：人名。即楊浩。本書卷四五，《北史》卷七一有附傳。

[2]彭城：郡名。治所在今江蘇徐州市。

[3]蓋琮：人名。隋時人，具體事迹不詳。事亦見《通鑑》卷

一八五《唐紀》武德元年六月條。　馬公政：人名。隋時人，具體事迹不詳。

[4]李密：人名。傳見本書卷七〇、《舊唐書》卷五三、《新唐書》卷八四。

[5]太尉：官名。隋三公之一，此爲越王侗所授僞官。　尚書令：官名。此爲越王侗所授僞官。　國公：爵名。隋九等爵的第三等。從一品。

　　我大隋之有天下，於兹三十八載。高祖文皇帝聖略神功，載造區夏。世祖明皇帝則天法地，[1]混一華戎。東暨蟠木，[2]西通細柳，[3]前逾丹徼，[4]後越幽都。[5]日月之所臨，風雨之所至，圓首方足，禀氣食芼，[6]莫不盡入提封，[7]皆爲臣妾。加以寶賝畢集，[8]靈瑞咸臻，作樂制禮，移風易俗。智周寰海，萬物咸受其賜，道濟天下，百姓用而不知。世祖往因歷試，統臨南服，自居皇極，順兹望幸。所以往歲省方，展禮肆覲，停鑾駐蹕，[9]按駕清道，八屯如昔，七萃不移。[10]豈意釁起非常，[11]逮於軒陛，灾生不意，延及冕旒。[12]奉諱之日，五情崩隕，攀號荼毒，不能自勝。

[1]世祖明皇帝：此指楊廣。宇文化及弑帝，元文都等擁立越王侗爲皇帝，並謚楊廣曰明，廟號世祖。

[2]蟠木：古代傳説中的山名。

[3]細柳：一説爲古代日落之地。一説爲古地名，其地約在今陝西咸陽市西南渭河北岸，或今陝西西安市西南古昆明池南。

[4]丹徼：指南方的邊疆。

[5]幽都：指北方。

［6］芼（máo）：通“毛”。即草，指可供食用的野菜或水草。

［7］提封：亦作“堤封”。指諸侯或宗室的封地，亦指國家四境之内。

［8］貺（kuàng）：賜予。

［9］駐蹕（bì）：指帝王出行沿途暫住。蹕，指帝王出行的車駕。

［10］八屯：泛指天子的禁衞軍或精鋭部隊。後文“七萃”意同。

［11］釁：禍患，禍亂。此指宇文化及叛亂弑君。

［12］冕旒：本指帝王之冠冕，此代之帝王。

且聞之，自古代有屯剥，[1]賊臣逆子，無世無之。至如宇文化及，世傳庸品。其父述，[2]往屬時來，早霑厚遇，賜以婚媾，置之公輔，位尊九命，[3]禄重萬鍾，[4]禮極人臣，榮冠世表。徒承海嶽之恩，未有涓塵之益。化及以此下材，夛蒙顧盼，出入外内，奉望階墀。[5]昔陪藩國，統領禁衞，及從升皇祚，陪列九卿。[6]但本性凶狠，恣其貪穢，或交結惡黨，或侵掠貨財，事重刑篇，狀盈獄簡。在上不遺簪履，恩加草芥，應至死辜，每蒙恕免。三經除解，尋復本職，再徙邊裔，仍即追還。生成之恩，昊天罔極，奬擢之義，人事罕聞。化及梟獍爲心，[7]禽獸不若，縱毒興禍，傾覆行宫。諸王兄弟，一時殘酷，痛暴行路，世不忍言。有窮之在夏時，[8]犬戎之於周代，[9]釁辱之極，亦未是過。朕所以刻骨崩心，飲膽嘗血，瞻天視地，無處容身。

［1］屯（zhūn）剥：“屯”“剥”均爲《易》卦名。“屯”卦震下坎上，指艱難。“剥”卦坤下艮上，指剥落。合用以稱衰亂之世

或不幸之遭遇。

[2]述：人名。即宇文述。傳見本書卷六一、《北史》卷七九。

[3]九命：《周禮·春官·典命》載"上公九命"，指官爵中最高的等級。

[4]萬鍾：比喻俸禄很多。鍾，爲古代計量單位。

[5]墀（chí）：臺階，亦指階面。

[6]九卿：古代中央各機關主官的總稱。隋九卿爲太常、光禄、衛尉、宗正、太僕、大理、鴻臚、司農、太府九寺的主官，均爲正三品。此處比喻官位崇高。

[7]梟獍（jìng）：比喻不孝或忘恩負義的惡人。梟，傳説中食母的惡鳥。獍，傳説中食父的惡獸。

[8]有窮：古族名。爲夏朝東夷中一個善射的部族，相傳后羿是其首領。當時夏王啓的兒子太康耽於游樂田獵，不理政事，被后羿驅逐，即"太康失國"。事見《史記》卷二《夏本紀》。

[9]犬戎：古族名。古戎人的一支，即田犬戎，亦稱田犬夷、昆夷或緄夷等。殷周時，游牧於涇渭流域（今陝西咸陽市彬縣、岐山縣一帶），爲殷周西邊的勁敵。周幽王十一年（前771），與申侯聯合攻殺幽王，迫使周室東遷。事見《史記》卷四《周本紀》。

今王公卿士，庶僚百辟，咸以大寶鴻名，不可顛墜，元凶巨猾，須早夷殄，翼戴朕躬，嗣守寶位。顧惟寡薄，志不逮此。今者出黼扆而杖旄鉞，[1]釋衰麻而擐甲胄，[2]銜冤誓衆，忍淚治兵，指日遄征，[3]以平大盜。且化及僞立秦王之子，幽遏比於囚拘，其身自稱霸相，專擅擬於九五。履踐禁御，據有宫闈，昂首揚眉，初無慚色。衣冠朝望，外懼凶威，志士誠臣，内皆憤怨。以我義師，順彼天道，梟夷醜族，匪夕伊朝。

[1]黼扆：亦作“黼依”“斧依”或“斧扆”。指古代帝王寶座後面的屏風，上有斧形花紋。　旄鉞：白旄與黃鉞，意指軍權。

[2]衰：指喪服。

[3]遄（chuán）：連續。

太尉、尚書令、魏公丹誠内發，宏略外舉，率勤王之師，討違天之逆。果毅争先，熊羆競逐，金鼓振聾，[1]若火焚毛，鋒刃縱横，如湯沃雪。魏公志在匡濟，投袂前驅，朕親御六軍，[2]星言繼進。以此衆戰，以斯順舉，擘山可以動，[3]射石可以入。況擁此人徒，皆有離德，京都侍衛，西憶鄉家，江左淳民，[4]南思邦邑，比來表書駱驛，[5]人信相尋。若王師一臨，舊章暫睹，自應解甲倒戈，冰銷葉散。[6]且聞化及自恣，天奪其心，殺戮不辜，挫辱人士，莫不道路仄目，號天蹈地。朕今復讎雪耻，梟轘者一人，拯溺救焚，所哀者士庶。唯天鑒孔殷，[7]祐我宗社，億兆感義，俱會朕心。梟戮元凶，策勳飲至，四海交泰，稱朕意焉。兵術軍機，並受魏公節度。

[1]聾（shè）：即攝。舊讀zhé。

[2]六軍：《周禮·夏官·序官》載：王六軍，大國三軍，次國二軍，小國一軍。後以六軍泛稱朝廷的軍隊。

[3]擘：剖，分開。

[4]江左：地區名。指長江下游南岸地區。古人在地理上以東爲左，以西爲右，故又稱“江東”。

[5]駱驛：宋刻遞修本、殿本、庫本、中華本同，汲古閣本作“絡繹”。

[6]銷：宋刻遞修本、中華本同，汲古閣本、殿本、庫本作
"消"。

[7]孔殷：指緊急，急迫。

密見使者，大悦，北面拜伏，[1]臣禮甚恭。密遂東
拒化及。

[1]北面：古代君主面朝南坐，臣子朝見君主則面朝北，所以
"北面"表示對人稱臣。

"七貴"頗不協，陰有相圖之計。未幾，元文都、
盧楚、郭文懿、趙長文等爲世充所殺，[1]皇甫無逸遁歸
長安。世充詣侗所陳謝，辭情哀苦。侗以爲至誠，命之
上殿，被髮爲盟，誓無貳志。自是侗無所關預。侗心不
能平，遂與記室陸士季謀圖世充，[2]事不果而止。及世
充破李密，衆望益歸之，遂自爲鄭王，總百揆，[3]加九
錫，[4]備法物，[5]侗不能禁也。段達、雲定興等十人入見
於侗曰：[6]"天命不常，鄭王功德甚盛，願陛下揖讓告
禪，遵唐、虞之迹。"侗聞之怒曰："天下者，高祖之天
下，東都者，世祖之東都。若隋德未衰，此言不可發；
必天命有改，亦何論於禪讓！公等或先朝舊臣，績宣上
代，或勤王立節，身服軒冕，忽有斯言，朕復當何所
望！"神色懍然，侍衛者莫不流汗。既而退朝，對良娣
而泣。世充更使人謂侗曰："今海內未定，須得長君。
待四方乂安，復子明辟，[7]必若前盟，義不違負。"侗不
得已，遜位於世充，遂被幽於含凉殿。[8]世充僭僞號，

封爲潞國公，[9]邑五千户。[10]

[1]盧楚：底本原作“盧逸”，中華本據上文改，今從改。

[2]記室：官名。隋制皇子爲親王後，可置屬官，記室即爲其一，隨侍皇子身邊獻納得失，掌章表書記文檄。從六品。　陸士季：人名。隋末爲越王侗記室兼侍讀，越王侗稱帝授著作郎。事見《舊唐書》卷一八八、《新唐書》卷一九五《陸南金傳》。

[3]百揆：指總理國家所有政務並統領百官。

[4]九錫（cì）：傳說古代帝王尊禮大臣所給的九種器物。不同典籍記九錫名目大同小異，包括車馬、衣服、樂則、朱户、納陛、虎賁、宮矢、鈇鉞、秬鬯等。王莽代漢建新前，先加九錫，此後掌政大臣奪取政權、建立新王朝前，都加九錫，成爲例行公事。

[5]法物：指宗廟樂器、車駕、鹵簿等器物。

[6]雲定興：人名。本書卷六一、《北史》卷七九有附傳。

[7]辟（bì）：國君。

[8]含凉殿：宫殿名。今地不詳。

[9]潞國公：此爲僞封爵。

[10]邑：也稱食邑、封邑。是古代君王封賜給有爵位之人的一種食禄制度，受封者可徵收封地内的民户租税充作食禄。魏晉以後，食邑分爲虛封和實封兩類：虛封一般僅冠以“邑”或“食邑”之名，這衹是一種榮譽性加銜，受封者並不能獲得實際的食禄收入；而實封一般須冠以“真食”“食實封”等名，受封者可真正獲得食禄收入。

月餘，宇文儒童、裴仁基等謀誅世充，[1]復尊立侗，事泄，並見害。世充兄世惲因勸世充害侗，[2]以絶民望。世充遣其姪行本齎鴆詣侗所曰：[3]“願皇帝飲此酒。”侗知不免，請與母相見，不許。遂布席焚香禮佛，咒曰：

"從今以去，願不生帝王尊貴之家。"於是仰藥。不能時絕，更以帛縊之。世充僞諡爲恭皇帝。[4]

[1]宇文儒童：人名。宇文愷之子。事見本書卷六八、《北史》卷六〇《宇文愷傳》。　裴仁基：人名。傳見本書卷七〇、《北史》卷三八。

[2]世惲：人名。即王世惲，亦名王惲，王世充之兄。王世充稱帝建鄭後，封齊王，授尚書令。武德四年（621），李世民平王世充，他與王世充一起被仇家所殺。按，《北史》卷七九《王世充傳》省"世"字，然《通鑑》卷一八五《唐紀》武德元年七月條、《舊唐書》卷五四《王世充傳》、《新唐書》卷八五《王世充傳》皆作"世惲"。

[3]行本：人名。即王行本，王世充之侄。

[4]恭皇帝：此爲僞諡。後李唐亦諡楊侑爲恭皇帝。

齊王暕，字世胐，小字阿孩。美容儀，疏眉目，少爲高祖所愛。開皇中，立爲豫章王，[1]邑千户。及長，頗涉經史，尤工騎射。初爲内史令。仁壽中，拜揚州總管沿淮以南諸軍事。[2]煬帝即位，進封齊王，增邑四千户。大業二年，帝初入東都，盛陳鹵簿，暕爲軍導。尋轉豫州牧。[3]俄而元德太子薨，朝野注望，咸以暕當嗣。帝又敕吏部尚書牛弘妙選官屬，[4]公卿由是多進子弟。明年，轉雍州牧，尋徙河南尹、開府儀同三司。[5]元德太子左右二萬餘人悉隸於暕，寵遇益隆，自樂平公主及諸戚屬競來致禮，[6]百官稱謁，填咽道路。

[1]豫章王：爵名。即豫章郡王。隋九等爵的第二等。從一品。

〔2〕揚州：治所在今江蘇揚州市。　總管：官名。此指總管府。隋於并、益、荆、揚四州置大總管，其餘州置總管。總管分上、中、下三等。總管的統轄範圍可達數州至十餘州，成一軍政管轄區。　淮：即淮河。

〔3〕“煬帝即位”至“尋轉豫州牧”：此句記載諸事前後順序有誤。按，關於上述諸事，本卷與《北史》卷七一《齊王暕傳》記載基本一致。但查本書卷三《煬帝紀上》、《北史》卷一二《隋煬帝紀》以及《通鑑》卷一八〇，均載暕被進封爲齊王的時間是大業二年六月壬子。又本書《煬帝紀上》、《北史·隋煬帝紀》都記載豫章王轉豫州牧的時間是大業元年正月己亥。故可以判定，本卷和《北史·齊王暕傳》對於該事的記載均有誤，而應遵從本紀記載。正確的順序爲，煬帝即位後，於大業元年正月己亥以豫章王爲豫州牧。大業二年六月壬子，進封豫章王爲齊王。鹵簿，古代帝王外出時在其前後的儀仗隊。同時，自東漢以後，后、妃、太子、王公、大臣亦有鹵簿，各有定制。豫州牧，官名。隋煬帝大業元年正月，改洛州爲豫州（治所在今河南洛陽市），以豫章王暕爲州牧，負責州内行政事務。不久，煬帝命於豫州内營造東都洛陽城。故可以推斷，豫州牧的品秩概與當時雍州牧品秩相當，爲從二品。大業三年，煬帝改制，廢州置郡，州官一並被廢止。豫州改爲河南郡。由於其地爲帝都所在，爲區別他郡，故置尹爲最高行政長官。正三品。

〔4〕牛弘：人名。傳見本書卷四九、《北史》卷七二。

〔5〕河南尹：官名。其前身爲豫州牧，大業元年置，掌管東都洛陽在内的州内各項事務。大業三年豫州改爲河南郡。由於其地爲帝都洛陽所在，爲區別他郡，故置尹爲最高行政長官。正三品。河南，郡名。治所在今河南洛陽市。　開府儀同三司：官名。隋置十一等散實官，加文武官之德聲者，並不理事。開府爲第六等。正四品。隋煬帝改制時，改爲從一品。

〔6〕樂平公主：即隋文帝長女楊麗華，爲周宣帝皇后，入隋封

樂平公主。傳見《周書》卷九、《北史》卷一四。

　　暕頗驕恣，昵近小人，所行多不法，遣喬令則、劉
虔安、裴該、皇甫諶、庫狄仲錡、陳智偉等求聲色狗
馬。[1]令則等因此放縱，訪人家有女者，輒矯暕命呼之，
載入暕宅，因緣藏隱，恣行淫穢，而後遣之。仲錡、智
偉二人詣隴西，[2]摣灸諸胡，[3]責其名馬，得數匹以進於
暕。暕令還主，仲錡等詐言王賜，將歸於家，暕不之知
也。又樂平公主嘗奏帝，言柳氏女美者，帝未有所答。
久之，主復以柳氏進於暕，暕納之。其後帝問主柳氏女
所在，主曰："在齊王所。"帝不悦。暕於東都營第，大
門無故而崩，聽事栿中析，[4]識者以爲不祥。其後從帝
幸榆林，[5]暕督後軍步騎五萬，恒與帝相去數十里而舍。
會帝於汾陽宮大獵，[6]詔暕以千騎入圍。暕大獲麋鹿以
獻，而帝未有得也，乃怒從官，皆言爲暕左右所遏，獸
不得前。帝於是發怒，求暕罪失。

　　[1]喬令則：人名。隋時人，具體事迹不詳。　劉虔安：人名。
隋時人，具體事迹不詳。　裴該：人名。隋時人，具體事迹不詳。
　皇甫諶（chén）：人名。隋時人，具體事迹不詳。　庫狄仲錡：
人名。隋時人，具體事迹不詳。　陳智偉：人名。隋時人，具體事
迹不詳。
　　[2]隴西：地區名。泛指隴山以西地區，約今甘肅隴山以西，
黃河以東一帶。
　　[3]摣（zhuā）：打擊。按，宋刻遞修本、中華本同，汲古閣
本、殿本、庫本作"樝"。
　　[4]栿（fú）：房梁。

　　[5]榆林：郡名。治所在今內蒙古鄂爾多斯市准格爾旗東北黃河南岸十二連城。

　　[6]汾陽宮：宮殿名。隋大業四年建，故址在今山西寧武縣西南管涔山上。

　　時制縣令無故不得出境，有伊闕令皇甫翊幸於㑦，[1]違禁將之汾陽宮。又京兆人達奚通有妾王氏善歌，[2]貴游宴聚，多或要致，於是展轉亦出入王家。御史韋德裕希旨劾㑦，[3]帝令甲士千餘大索㑦第，[4]因窮治其事。㑦妃韋氏者，[5]民部尚書沖之女也，[6]早卒，㑦遂與妃姊元氏婦通，[7]遂產一女，外人皆不得知。陰引喬令則於第內酣宴，令則稱慶，脫㑦帽以為歡樂。召相工令遍視後庭，相工指妃姊曰：“此產子者當為皇后。王貴不可言。”時國無儲副，㑦自謂次當得立。又以元德太子有三子，內常不安，陰挾左道，為厭勝之事。[8]至是，事皆發，帝大怒，斬令則等數人，妃姊賜死，㑦府僚皆斥之邊遠。時趙王杲猶在孩孺，帝謂侍臣曰：“朕唯有㑦一子，不然者，當肆諸市朝，以明國憲也。”㑦自是恩寵日衰，雖為京尹，[9]不復關預時政。帝恒令武賁郎將一人監其府事，[10]㑦有微失，武賁輒奏之。帝亦常慮㑦生變，所給左右，皆以老弱，備員而已。㑦每懷危懼，心不自安。又帝在江都宮，[11]元會，㑦具法服將朝，無故有血從裳中而下。又坐齋中，見群鼠數十，至前而死，視皆無頭。㑦意甚惡之。俄而化及作亂，兵將犯蹕，帝聞，顧謂蕭后曰：“得非阿孩邪？”其見疏忌如此。化及復令人捕㑦，㑦時尚臥未起，賊既進，㑦驚曰："是何人？"莫有報者，暕猶謂帝令捕之，因曰："詔使且緩。兒不負國家。"賊於是曳至街而斬之，及其二子亦遇害。暕竟不知殺者爲誰。時年三十四。

[1]伊闕：縣名。治所在今河南伊川縣西南。　皇甫翊：人名。隋煬帝大業四年官任伊闕縣令，受河南尹齊王楊暕寵信，違制貶官。事亦見本書卷五六《張衡傳》。按，汲古閣本、殿本、庫本同。宋刻遞修本、中華本及《北史·楊暕傳》作"皇甫詡"。

[2]京兆：郡名。治所在今陝西西安市。　達奚通：人名。隋京兆郡人，涉齊王楊暕謀亂之事，煬帝下令窮治其罪。事亦見本書卷五二、《北史》卷六八《韓僧壽傳》。

[3]韋德裕：人名。隋煬帝時任御史之職，事略見唐人趙蕤《長短經》卷四《霸圖》。

[4]千：底本原作"十"，據宋刻遞修本、汲古閣本、中華本及《北史·楊暕傳》改。

[5]韋氏：即韋沖之女，仁壽中齊王暕納爲妃。事略見本書卷四七、《北史》卷六四《韋沖傳》。

[6]沖：人名。即韋沖。本書卷四七、《北史》卷六四有附傳。

[7]元氏：楊暕妃韋氏之姊。具體事迹不詳。

[8]厭勝：古代方士的一種巫術，謂能以詛咒制服人或物。

[9]京尹：官名。即京兆尹。

[10]武賁郎將：官名。隋中央軍事機關十二衛屬官。十二衛掌領外軍宿衛宮禁。各置大將軍一人、將軍二人，總理府事。大業中，於每衛增置護軍四人，掌副二將軍。將軍無則一人攝之。尋改護軍爲武賁郎將。正四品。

[11]江都宮：宮殿名。隋煬帝置，在今江蘇揚州市。

有遺腹子政道，[1]與蕭后同入突厥，[2]處羅可汗號爲隋王，[3]中國人没入北蕃者，悉配之以爲部落，以定襄城處之。[4]及突厥滅，歸于大唐，授員外散騎侍郎。[5]

[1]政道：人名。即楊政道。楊暕之子。事見《舊唐書》卷一九四《突厥傳》、《通鑑》卷一九三《唐紀》太宗貞觀二年。

[2]突厥：古族名、國名。廣義包括突厥、鐵勒諸部落，狹義專指突厥。公元六世紀時游牧於金山（今阿爾泰山）以南，因金山形似兜鍪，俗稱"突厥"，遂以名部落。西魏廢帝元年（552），土門自號伊利可汗，建立突厥汗國，樹庭於鬱督軍山（今杭愛山東段，鄂爾渾河左岸）。隋開皇二年西面可汗達頭與大可汗沙鉢略不睦，分裂爲西突厥、東突厥兩個汗國。傳見本書卷八四、《周書》卷五〇、《北史》卷九九、《舊唐書》卷一九四、《新唐書》卷二一五。

[3]處羅可汗：西突厥可汗號，全稱爲泥撅處羅可汗，即西突厥泥利可汗之子達漫。事迹見本書卷八四《西突厥傳》、《北史》卷九九《西突厥傳》、《舊唐書》卷一九四《突厥傳下》、《新唐書》卷二一五《突厥傳下》。

[4]定襄城：城名。其地在今山西定襄縣附近。

[5]員外散騎侍郎：官名。屬散官，隋門下省置六人，掌部從朝直，並出使勞問。正五品。

趙王杲，小字季子。年七歲，以大業九年封趙王。尋授光禄大夫，[1]拜河南尹。從幸淮南，[2]詔行江都太守事。杲聰令，美容儀，帝有所製詞賦，杲多能誦之。性至孝，常見帝風動不進膳，杲亦終日不食。又蕭后當灸，杲先請試炷，后不許之，杲泣請曰："后所服藥，皆蒙嘗之。今灸，願聽嘗炷。"悲咽不已。後竟爲其停灸，由是尤愛之。後遇化及反，杲在帝側，號慟不已。裴虔通使賊斬之於帝前，[3]血濺御服。時年十二。

［1］光禄大夫：官名。屬散實官。煬帝大業三年廢特進，改置光禄大夫等九大夫。從一品。

［2］淮南：地區名。指淮河以南、長江以北的廣大地區，又稱江淮地區。

［3］裴虔通：人名。傳見本書卷八五，《北史》卷七九有附傳。

史臣曰：元德太子雅性謹重，有君人之量，降年不永，哀哉！齊王敏慧可稱，志不及遠，頗懷驕僭，故煬帝疏而忌之。心無父子之親，貌展君臣之敬，身非積善，國有餘殃。至令趙及燕、越皆不得其死，悲夫！

隋書　卷六〇

列傳第二十五

崔仲方

崔仲方，[1]字不齊，博陵安平人也。[2]祖孝芬，[3]魏荊州刺史。[4]父宣猷，[5]周小司徒。[6]仲方少好讀書，有文武才幹。年十五，周太祖見而異之，[7]令與諸子同就學。時高祖亦在其中，[8]由是與高祖少相款密。

[1]崔仲方：人名。《北史》卷三二有附傳。

[2]博陵：郡名。治所在今河北定州市。　安平：縣名。治所在今河北安平縣。

[3]孝芬：人名。即崔孝芬，崔仲方之祖。北魏官任車騎大將軍、兼吏部尚書。《魏書》卷五七、《北史》卷三二有附傳。

[4]魏：即北魏（386—557），亦稱後魏。初都平城（今山西大同市東北），公元494年遷都洛陽（今河南洛陽市東北白馬寺東）。公元534年分裂爲東魏和西魏兩個政權。東魏（534—550）都於鄴（今河北臨漳縣西南鄴鎮東），西魏（535—557）都於長安（今陝西西安市西北郊）。　荊州：俗稱"西荊州"，治所在今陝西

商洛市。太和中移治今河南鄧州市。

[5]宣猷：人名。即崔猷，字宣猷，崔仲方之父。北周爲小司徒、開府儀同大將軍，入隋授大將軍，進爵汲郡公。傳見《周書》卷三五，《北史》卷三二有附傳。

[6]周：即北周（557—581），都長安（今陝西西安市西北郊）。 小司徒：官名。北周置，全稱爲小司徒上大夫。北周仿《周禮》建六官。地官府設小司徒上大夫爲副職，輔助正職大司徒卿掌建邦之教法等。正六命。（參見王仲犖《北周六典》卷三《地官府第八》，中華書局1979年版，第87頁。另，後凡西魏、北周官爵注釋，多參閱本書，不再一一注明）

[7]周太祖：指宇文泰。“太祖”是其死後北周閔帝受禪稱帝後追尊的廟號。紀見《周書》卷一、《北史》卷九。

[8]高祖：隋文帝楊堅的廟號。紀見本書卷一、二，《北史》卷一一。

後以明經爲晉公宇文護參軍事，[1]尋轉記室，[2]遷司玉大夫，[3]與斛斯徵、柳敏等同修禮律。[4]後以軍功，授平東將軍、銀青光禄大夫，[5]賜爵石城縣男，[6]邑三百户。[7]時武帝陰有滅齊之志，[8]仲方獻二十策，帝大奇之。後與少内史趙芬删定格式。[9]

[1]明經：古代選舉科目之一。漢代始以明經取士。魏晉以來，行九品中正之法，明經含義則指德行高遠，明於經國之道。 晉公：爵名。全稱爲晉國公。北周十一等爵的第四等。正九命。 宇文護：人名。北周權臣。西魏時追隨宇文泰征戰，北周建立後，宇文護專政，歷大司馬、大冢宰等職，進爵晉國公。天和七年（572）爲北周武帝宇文邕所殺。傳見《周書》卷一一，《北史》卷五七有附傳。 參軍事：官名。北周王府、國公府有參軍事，爲府主的幕

僚，參與軍政等事務的決策。品秩不詳。

[2]記室：官名。全稱爲記室參軍。北周國公府、王府有記室參軍，爲府主的幕僚，掌府内文書之事。品秩不詳。

[3]司玉大夫：官名。全稱爲司玉下大夫。北周冬官府置長官大司空卿，其屬官有司玉下大夫。負責玉石製作。正四命。

[4]斛斯徵：人名。從北魏孝武帝西遷，累遷太常卿。西魏恭帝末，拜司樂中大夫。入周，進驃騎大將軍、開府。宣帝即位，遷上大將軍、大宗伯。隋初除太子太傅，著《樂典》十卷。傳見《周書》卷二六，《北史》卷四九有附傳。　柳敏：人名。起家北魏員外散騎侍郎。西魏時參與制定新法，官至禮部郎中、吏部郎中，封爵武成縣子，加散官帥都督、大都督。北周時累遷河東郡守、鄜州刺史、司宗中大夫、春官府小宗伯、相州刺史等職，並進位大將軍。傳見《周書》卷三二、《北史》卷六七。

[5]平東將軍：軍號名。北周置諸戎號，授予有軍功的大臣，平東將軍爲其中之一。正七命。　銀青光禄大夫：官名。北周置諸散官，授予文武官員有德聲者，並不理事，唯假章綬禄賜班位而已。銀青光禄大夫爲其中之一，銀章青綬。分左右。正七命。

[6]石城縣男：爵名。北周十一等爵的第十等。正五命。

[7]邑：即食邑。古代承受封爵者的食禄，以其封地内民户賦稅撥充，並隨爵位的黜升而損益。但自三國魏始有“實（真）封”和“虛封”之分。後者有封邑但不食租稅。

[8]武帝：即北周皇帝宇文邕的謚號。紀見《周書》卷五、六，《北史》卷一〇。　齊：即北齊（550—577），都鄴（今河北臨漳縣西南鄴鎮東）。

[9]少内史：官名。即小内史，全稱爲小内史下大夫。爲北周春官府屬官，輔助内史上大夫、中大夫，擬寫皇帝詔令、參議刑罰爵賞等軍國大事。正四命。　趙芬：人名。傳見本書卷四六、《北史》卷七五。

　　尋從帝攻晉州，[1]齊之亞將崔景嵩請爲內應，[2]仲方與段文振等登城應接，[3]遂下晉州，語在《文振傳》。又令仲方説翼城等四城，[4]下之。授儀同，[5]進爵范陽縣侯。[6]後以行軍長史從郯公王軌禽陳將吳明徹於吕梁，[7]仲方計策居多。宣帝嗣位，[8]爲少內史，奉使淮南而還。[9]

[1]晉州：治所在今山西臨汾市。

[2]亞將：副將。　崔景嵩：人名。建德五年（576），北周武帝攻齊，崔景嵩時任北齊晉州刺史守北城，請降於周，助北周兵將攻克晉州。事略見《周書》卷六《武帝紀下》、《通鑑》卷一七二《陳紀》太建八年。

[3]段文振：人名。傳見本書卷六〇、《北史》卷七六。

[4]翼城：縣名。治所在今山西翼城縣東南。

[5]儀同：官名。周齊交戰之際，北周始置十一等勳官，以酬戰士。儀同全稱爲儀同三司，爲勳官第八等，九命。武帝建德四年改稱儀同大將軍。品秩不變。

[6]范陽縣侯：爵名。北周十一等爵的第七等。正八命。

[7]行軍長史：官名。北周至隋時出征軍統帥屬下的幕府僚佐官，位居幕府內衆幕僚之首，掌領幕府行政事務。屬臨時差遣任命之職，事罷則廢。　郯（tán）公：爵名。北周郯國公省稱。　王軌：人名。北周名將，官至上大將軍，封郯國公。周宣帝即位不久被殺。傳見《周書》卷四〇、《北史》卷六二。　陳：即南朝陳（557—589），都建康（今江蘇南京市）。　吳明徹：人名。南朝陳將領，多次大敗北齊軍，以軍功累遷車騎大將軍、豫州刺史、南兗州刺史等職，進位司空。太建十年（578），吳明徹北伐，爲北周大將王軌所俘。傳見《陳書》卷九、《南史》卷六六。　吕梁：地名。南朝梁時置吕梁郡，治所在今江蘇淮陰市西北。後東魏並綏

化、呂梁二郡置綏化縣。後北周改縣爲淮陽，故呂梁，地應在淮陽縣境内。

[8]宣帝：北周宇文贇的謚號。紀見《周書》卷七、《北史》卷一〇。

[9]淮南：地區名。指淮河以南、長江以北的廣大地區。

　　會帝崩，高祖爲丞相，[1]與仲方相見，握手極歡，仲方亦歸心焉。其夜上便宜十八事，高祖並嘉納之。又見衆望有歸，陰勸高祖應天受命，高祖從之。及受禪，上召仲方與高熲議正朔服色事。[2]仲方曰：“晋爲金行，[3]後魏爲水，周爲木。皇家以火承木，[4]得天之統。又聖躬載誕之初，有赤光之瑞，車服旗牲，並宜用赤。”[5]又勸上除六官，[6]請依漢、魏之舊。上皆從之。

[1]丞相：官名。大丞相的簡稱。周靜帝授楊堅左大丞相。後去左、右之號，獨以楊堅爲大丞相，實爲控制朝政的權臣。

[2]高熲：人名。傳見本書卷四一、《北史》卷七二。　正朔：一年的第一天。此處指曆法之事。正，一年的開始；朔，一月的開始。

[3]金行：古代陰陽家把金、木、水、火、土五行看成五德（運），認爲歷代王朝各代表一德，按照五行相克或相生的順序，交互更替，周而復始。金行，指晋是金德。（參見任繼愈主編《中國道教史》，上海人民出版社1990年版，第15頁）

[4]皇家以火承木：指北周是木德，隋是火德。

[5]並宜用赤：此反映中國古代五色説。即五行學説與五種顏色一一對應，並遵循五行相生相克的規律。此五色指青、赤、黃、白、黑，與五行的搭配關係爲：木對青、火對赤、土對黃、金對

白、水對黑。因隋爲火德，故對應的是赤色。

[6]六官：北周仿《周禮》建六官而形成的一套行政體制，即天官冢宰、地官司徒、春官宗伯、夏官司馬、秋官司寇和冬官司空分掌邦政。

　　進位上開府，[1]尋轉司農少卿，[2]進爵安固縣公。[3]令發丁三萬，[4]於朔方、靈武築長城，[5]東至黃河，西拒綏州，[6]南至勃出嶺，[7]緜亙七百里。明年，上復令仲方發丁十五萬，[8]於朔方已東緣邊險要築數十城，以遏胡寇。[9]丁父艱去職。[10]未期，[11]起爲虢州刺史。[12]

　　[1]上開府：官名。全稱爲上開府儀同三司。隋文帝因改北周之制，置十一等散實官，以酬勤勞，上開府爲第五等。從三品。

　　[2]司農少卿：官名。隋九寺中有司農寺，掌全國的倉市薪米、園池果實等農業事宜。長官爲司農卿，副長官爲少卿，一人。正四品上。隋煬帝改制時，增員二人，品秩降爲從四品。

　　[3]安固縣公：爵名。隋九等爵的第五等。從一品。

　　[4]發丁：隋代國家的編戶民要向國家繳納租調，並服力役。開皇二年（582），隋頒布了關於均田和租調的新令，其中規定丁男每年要給政府服役一月。開皇三年又將成丁的年齡由十八歲提高爲二十一歲，每年服役期限由一個月減爲二十天。

　　[5]朔方：郡名。治所在今陝西靖邊縣東北白城子。　靈武：郡名。治所在今寧夏靈武市西南。

　　[6]東至黃河，西拒綏州：綏州故址在今陝西綏德縣，位於朔方、靈武之東。且綏州與州東黃河的直綫距離僅三十多公里，而靈武附近的黃河距綏州約三百五十公里，恰與本書記載的長城長度"七百里"基本相符。由此可見，本書中的這段關於築長城的記載很可能表達有錯，應是"西拒黃河，東至綏州"。

[7]勃出嶺：今地不明。一説在今陝西綏德縣東南。

[8]上復令仲方發丁十五萬：諸本皆同，《通鑑》卷一七六《陳紀》長城公至德四年亦同。然《北史》卷三二《崔仲方》作"發丁十萬"。本書卷一《高祖紀上》和《北史》卷一一《隋文帝紀》則載"發丁男十一萬"。

[9]胡：古代稱北方和西方的少數民族爲胡。此指突厥等少數民族。

[10]丁父艱去職：中國古代，凡父母之喪，需服斬衰居喪三年，以報父母養育之恩。東漢以後，服斬衰之喪者如是現任官員，必須離職成服，歸家守制，叫做"丁艱"或"丁憂"，至喪期結束纔能復職。在特殊情況下，皇帝常會以處理軍國大事的需要爲由，不讓高級官員離職守喪，或者喪期未滿就令提前復職。

[11]未期（jī）：喪期未滿。

[12]虢州：治所在今河南盧氏縣。

上書論取陳之策曰：

臣謹案晉太康元年歲在庚子，[1]晉武平吳，[2]至今開皇六年歲次丙午，[3]合三百七載。《春秋寶乾圖》云："王者三百年一蠲法。"[4]今三百之期，可謂備矣。陳氏草竊，起於丙子，至今丙午，又子午爲衝，[5]陰陽之忌。昔史趙有言曰：[6]"陳，顓頊之族，[7]爲水，故歲在鶉火以滅。"[8]又云："周武王克商，封胡公滿於陳。"[9]

[1]太康：西晉武帝司馬炎年號（280—289）。

[2]晉武：即西晉武帝司馬炎。紀見《晉書》卷三。

[3]開皇：隋文帝楊堅年號（581—600）。

[4]《春秋寶乾圖》：漢代讖緯之書，著者不詳。亦名《春秋

緯寶乾圖》，今已散佚。　蠲：除。

　　[5]衝：舊時術數家謂相忌相克。

　　[6]史趙：人名。春秋時晉國太史，事見《左傳》昭公八年。

　　[7]顓頊：古帝名。號高陽氏。詳見《史記》卷一《五帝本紀》。

　　[8]歲在鶉火：古代歲星（即木星）紀年法的一種表述語。如果某年歲星運行到某星紀範圍，這一年就記做"歲在星紀"。如若歲星運行在鶉火之次，就記做"歲在鶉火"。鶉火，星次名。南方有井、鬼、柳、星、張、翼、軫七宿稱朱鳥七宿。位中部者（柳、星、張）稱鶉火，也叫鶉心。在十二辰爲午。古以爲周之分野。

　　[9]胡公滿：即西周封國陳的第一代諸侯王。事見《史記》卷三六《陳杞世家》。

　　至魯昭公九年，[1]陳災，裨竈曰：[2]"歲五及鶉火而後陳亡，楚剋之。"楚，祝融之後也，[3]爲火正，[4]故復滅陳。陳承舜後，舜承顓頊，雖太歲左行，[5]歲星右轉，鶉火之歲，陳族再亡，戊午之年，嬀虞運盡。[6]語迹雖殊，考事無別。

　　[1]魯昭公：即春秋時期魯國第二十六代君主姬裯。詳見《史記》卷三三《魯周公世家》。

　　[2]裨竈：人名。春秋時期鄭國大夫，善占星相。稱其爲"昔之傳天數者"。事見《左傳》昭公九年、《史記·天官書》。

　　[3]祝融：一說爲傳說中的古帝。一說爲傳說中的神名，一是帝嚳時的火官，後尊爲火神；一是南方之神，南海之神。事略見唐人司馬貞《史記·補三皇本紀》。

　　[4]火正：上古官名。據《漢書·五行志上》記載："古之火正，謂火官也。掌祭火星，行火政。"可知火正爲古代專門負責觀測大火星的官員。

　　[5]太歲：星名。即木星，亦作"蒼龍""太陰"。一般認爲太歲是凶神，故以太歲所在爲凶方。

　　[6]嬀（guī）虞：即舜。舜嬀姓，一説姚姓，號有虞氏。

　　皇朝五運相承，感火德而王，[1]國號爲隋，與楚同分。楚是火正，午爲鶉火，未爲鶉首，[2]申爲實沈，[3]酉爲大梁。[4]既當周、秦、晉、趙之分，若當此分發兵，將得歲之助，以今量古，陳滅不疑。臣謂午未申酉，並是數極。[5]蓋聞天時不如地利，地利不如人和，況主聖臣良，兵強國富，動植迴心，人神叶契。陳既主昏於上，民讟於下，[6]險無百二之固，[7]衆非九國之師。[8]夏癸、殷辛尚不能立，[9]獨此島夷而稽天討！[10]

　　[1]火德：此爲"五德"説。"五德"指五行的屬性，即土德、木德、金德、水德、火德。按陰陽家的説法，宇宙萬物與五行對應，各具其德，而天道的運行、人世的變遷、王朝的更替等，則是五德轉移的結果。

　　[2]鶉首：星次名。南方有井、鬼、柳、星、張、翼、軫七宿稱朱鳥七宿。位首部者（井、鬼）稱鶉首。在十二辰爲未。古以爲秦之分野。

　　[3]實沈：星次名。大致相當於二十八宿的觜、參。在十二辰爲申。古以爲晉之分野。

　　[4]大梁：星次名。大致相當於二十八宿的胃、昴、畢。在十二辰爲酉。古以爲趙之分野。

　　[5]午未申酉，並是數極：午、未、申、酉分別代表八卦成列之數中的七、八、九、十，是最大的幾個數值。

　　[6]讟（dú）：誹謗，怨言。

[7]百二：以二敵百。一説百的一倍。後以喻山河險固之地。典出《史記》卷八《高祖本紀》。

[8]九國之師：語出賈誼《過秦論》，指齊、楚、燕、趙、魏、韓、宋、衛、中山，共九國。

[9]夏癸：即夏朝最後一個國君夏桀，名癸。詳見《史記》卷二《夏本紀》。　殷辛：即商朝最後一個國君殷紂王，名辛。詳見《史記》卷三《殷本紀》。

[10]島夷：南北朝時，北朝對南朝人的蔑稱。

　　伏度朝廷自有宏謨，但芻蕘所見，[1]冀申螢爝。[2]今唯須武昌已下，[3]蘄、和、滁、方、吳、海等州更帖精兵，[4]密營渡計。益、信、襄、荊、基、郢等州速造舟楫，[5]多張形勢，爲水戰之具。蜀、漢二江，[6]是其上流，水路衝要，必爭之所。

[1]芻蕘（ráo）：割草打柴的人。後多用於指草野鄙陋的人。

[2]螢爝（jué）：指微弱的光。常作能力薄弱的謙詞。

[3]武昌：郡名。治所在今湖北鄂州市鄂城區。

[4]蘄：州名。治所在今湖北蘄春縣。　和：州名。治所在今安徽和縣。　滁：州名。治所在今安徽滁州市。　方：州名。治所在今江蘇南京市六合區。　吳：州名。治所在今江蘇蘇州市。海：州名。治所在今江蘇連雲港市海州區。

[5]益：州名。治所在今四川成都市。　信：州名。治所在今重慶市奉節縣東白帝城。　襄：州名。治所在今湖北襄樊市襄陽舊城。　荊：州名。治所在今湖北荊州市。　基：州名。治所在今湖北鍾祥市南。　郢：州名。治所在今湖北武漢市武昌區。

[6]蜀：指今四川境内的長江。　漢：即今漢水。

賊雖於流頭、荊門、延洲、公安、巴陵、隱磯、夏首、蘄口、盆城置船，[1]然終聚漢口、峽口，[2]以水戰大決。若賊必以上流有軍，令精兵赴援者，下流諸將即須擇便橫渡。如擁衆自衛，上江水軍鼓行以前。[3]雖恃九江五湖之險，[4]非德無以爲固，徒有三吳、百越之兵，[5]無恩不能自立。

[1]流頭：古地名。即流頭灘。在今湖北宜昌市西。　荊門：山名。即荊門山。在今湖北宜都市西北長江南岸。　延洲：地名。在今湖北枝江市附近長江中。按，“洲”字宋刻遞修本、中華本同，汲古閣本、殿本、庫本作“州”。　公安：縣名。治所在今湖北公安縣。　巴陵：郡名。治所在今湖南岳陽市。　隱磯：江中巨石。在今湖南臨湘市東北。“磯”字汲古閣本作“饑”。　夏首：古地名。指夏水（漢水下游的古稱）注入長江處。在今湖北武漢市境內。　蘄口：古地名。即蘄水注入長江處。在今湖北蘄春縣西南。　盆城：古地名。亦作“溢城”。即溢口城。在今江西九江市境內。

[2]漢口：一名沔口。即今湖北漢水入長江之口。　峽口：指西陵峽口，爲長江出蜀的險隘通道。

[3]上江水軍：《通鑑》卷一七六《陳紀》長城公禎明元年胡三省注云：“上江諸軍，謂蜀江、漢江順流東下之軍也。”

[4]九江：九江之稱，最早見於《尚書·禹貢》。稱謂的來歷有兩種，一是“九”爲古代中國人認爲的最大數字，“九江”的意思是衆水匯集的地方，“九”是虛指；二是據《晉太康地記》記載，九江源於“劉歆以爲湖漢九水（即贛江水、鄱水、餘水、修水、淦水、盱水、蜀水、南水、彭水）入彭蠡澤（鄱陽湖）也”。即九條江河匯集的地方，“九”是實指。　五湖：先秦古籍常謂吳越地區有五湖，六朝以來有多種解釋，近代一般以洞庭湖、鄱陽湖、太湖、巢湖和洪澤湖爲“五湖”。

[5]三吳：古地區名。説法不一。《水經注》以吳郡、吳興、會稽爲三吳；《通典》《元和郡縣志》以吳郡、吳興、丹陽爲三吳。大致相當於現在的太湖以東、以南和浙江的紹興、寧波一帶。　百越：古族名。秦漢前分布於長江中下游以南，因部落衆多而得名。秦漢以後逐漸與漢人融合。也常泛指南方衆多少數民族。傳見《史記》卷一一三、一一四。

　　上覽而大悦，轉基州刺史，徵入朝。仲方因面陳經略，上善之，賜以御袍袴，并雜彩五百段，進位開府而遣之。[1]及大舉伐陳，以仲方爲行軍總管，[2]率兵與秦王會。[3]及陳平，坐事免。未幾，復位。後數載，轉會州總管。[4]時諸羌猶未賓附，[5]詔令仲方擊之，與賊三十餘戰，紫祖、四鄰、望方、涉題、千碉、小鐵圍山、白男王、弱水等諸部悉平。[6]賜奴婢一百三十口，黃金三十斤，雜物稱是。

　　[1]進位開府而遣之：此句有疑。各本俱載隋文帝先任崔仲方爲上開府，而此進位開府在其後，官位反低於上開府，又未見中途降免職。故前文應爲“開府”，此處爲“上開府”。開府，官名。全稱爲開府儀同三司。隋置十一等散實官，加文武官之德聲者，並不理事。開府爲第六等，正四品。隋煬帝改制時，改爲從一品。
　　[2]行軍總管：出征軍統帥名。北周至隋時所置的統領某部或某路出征軍隊的軍事長官。根據需要其上還可置行軍元帥以統轄全局。屬臨時差遣任命之職，事罷則廢。
　　[3]秦王：指隋文帝第三子楊俊。傳見本書卷四五、《北史》卷七一。
　　[4]會州：治所在今甘肅靖遠縣。　總管：官名。北周置諸州

總管，隋承繼，又有增置。全稱爲總管刺史加使持節。總管的統轄範圍可達數州至十餘州，成一軍政管轄區。隋文帝在并、益、荆、揚四州置大總管，其餘州置總管。總管分上、中、下三等，品秩爲流内視從二品、正三品、從三品。

[5]羌：古族名。又稱西羌。秦漢時部落衆多，多以游牧爲主。但與漢人雜處者，則早在戰國、秦漢時已逐漸定居農耕。傳見本書卷八三、《魏書》卷一〇一、《北史》卷九六。

[6]紫祖、四鄰、望方、涉題、千碉、小鐵圍山、白男王、弱水：諸羌族部落名。事略見本書卷八三、《北史》卷九六《附國傳》。按，中華本校勘記云："'題'，《册府》三五六作'匙'。'千'原作'干'，據本書《附國傳》及《册府》三五六改。"今從改。

仁壽初，[1]授代州總管，[2]在職數年，被徵入朝。會上崩，漢王諒餘黨據吕州不下，[3]煬帝令周羅睺攻之，[4]中流矢卒，乃令仲方代總其衆，月餘拔之。進位大將軍，[5]拜民部尚書，[6]尋轉禮部尚書。[7]後三載，坐事免。尋爲國子祭酒，[8]轉太常卿。[9]朝廷以其衰老，出拜上郡太守。[10]未幾，以母憂去職。歲餘，起爲信都太守，[11]上表乞骸骨，[12]優詔許之。尋卒於家，時年七十六。

[1]仁壽：隋文帝楊堅年號（601—604）。

[2]代州：治所在今山西代縣。

[3]諒：人名。即隋文帝第五子楊諒。傳見本書卷四五、《北史》卷七一。　吕州：治所在今山西汾陽市。

[4]煬帝：即楊廣的謚號。紀見本書卷三、四，《北史》卷一二。　周羅睺：人名。傳見本書卷六五、《北史》卷七六。

[5]大將軍：官名。隋文帝因改北周之制，置十一等散實官，以酬勤勞，大將軍爲第四等。正三品。

[6]民部尚書：官名。隋沿北魏、北齊置度支尚書，開皇三年改稱民部尚書，是尚書省下轄六部之一民部的長官。職掌全國土地、戶口、賦稅、錢糧之政令。正三品。

[7]禮部尚書：官名。尚書省下轄六部之一禮部的長官。掌禮儀、祭祀、宴享等政令，總判禮部、祠部、主客、膳部四曹。置一員，正三品。

[8]國子祭酒：官名。爲國子寺長官。初隸太常寺，統國子、太學、四門、書算學。開皇十三年不隸太常寺，改爲國子學長官。仁壽元年罷，唯置太學，以博士領之。大業三年改置國子監，依舊置祭酒爲長官。從三品。

[9]太常卿：官名。爲太常寺長官。掌宗廟、郊社、禮樂等，總判所屬各署事。正三品。

[10]上郡：治所在今陝西富縣。

[11]信都：郡名。治所在今河北冀州市舊城。

[12]乞骸骨：又稱乞身。意謂使骸骨可歸葬故土。舊時官員年老自請退休之辭。

子民壽，[1]官至定陶令。[2]

[1]民壽：人名。隋任定陶令，其他事迹不詳。

[2]定陶：縣名。治所在今山東定陶縣。

于仲文　兄顗　從父弟璽

于仲文字次武，[1]建平公義之兄子。[2]父寔，[3]周大左輔、燕國公。[4]仲文少聰敏，髫齔就學，[5]耽閱不倦。其父異之曰：“此兒必興吾宗矣。”九歲，嘗於雲陽宮見周太祖，[6]太祖問曰：“聞兒好讀書，書有何事？”仲文對曰：“資父事君，忠孝而已。”太祖甚嗟歎之。其後就博士李祥受《周易》《三禮》。[7]略通大義。及長，倜儻有大志，氣調英拔，當時號爲名公子。

[1]于仲文：人名。《北史》卷二三有附傳。

[2]建平公：爵名。全稱爲建平郡公。北周十一等爵的第五等。正九命。　義：人名。即于義。傳見本書卷三九，《北史》卷二三有附傳。

[3]寔：人名。即于寔。北周八柱國于謹之子，大象二年（580）拜大左輔，開皇元年卒。《周書》卷一五、《北史》卷二三有附傳。

[4]大左輔：官名。北周宣帝大成元年（579）置四輔官（大前疑、大右弼、大左輔、大後丞），爲主要執政大臣，大左輔爲其中之一。

[5]髫（tiáo）齔（chèn）：指童年。髫，指古時小孩兒下垂的頭髮。齔，指小孩兒換齒。

[6]雲陽宮：宮殿名。即甘泉宮，在今陝西淳化縣西北甘泉山上。

[7]博士：官名。全稱爲太學博士下大夫。北周春官府屬官，負責皇家王公等子弟的經學教育工作。正四命。　李祥：人名。其他事迹不詳。　《周易》：亦稱《易經》《易》。周代的占卜書。後成爲儒家的經典之一。　《三禮》：儒家經典《儀禮》《周禮》《禮記》的合稱。

　　起家爲趙王屬，[1]尋遷安固太守。[2]有任、杜兩家各

失牛，後得一牛，[3]兩家俱認，州郡久不能決。益州長
史韓伯儁曰：[4]"于安固少聰察，可令決之。"仲文曰：
"此易解耳。"於是令二家各驅牛群至，乃放所認者，遂
向任氏群中。又陰使人微傷其牛，任氏嗟惋，杜家自
若。仲文於是訶詰杜氏，杜氏服罪而去。始州刺史屈突
尚，[5]宇文護之黨也，先坐事下獄，無敢繩者。仲文至
郡窮治，遂竟其獄。蜀中爲之語曰："明斷無雙有于公，
不避強禦有次武。"未幾，徵爲御正下大夫，[6]封延壽郡
公，邑三千五百户。數從征伐，累勳授儀同三司。宣帝
時，爲東郡太守。[7]

[1]趙王：北周太祖宇文泰之子，建德三年，進爵爲趙王。傳
見《周書》卷一三、《北史》卷五八。　屬：即趙王府的屬官、
僚佐。

[2]安固：郡名。治所在今四川營山縣東北。

[3]後：宋刻遞修本、中華本、《北史》卷二三《于仲文傳》
同底本，殿本作"任"。據文意，應爲"後"，殿本誤。

[4]益州：北周時治所在今四川成都市。　長史：官名。北周
州置長史，協助刺史處理州内各項事務。其品秩依其州户數和刺史
品秩而定。正八命州長史，六命；八命州長史，正五命；正七命州
長史，五命；七命州長史，正四命；正六命州長史，四命。　韓伯
儁：人名。北周時官任益州長史，其他事迹不詳。

[5]始州：北周時治所在今四川劍閣縣。　屈突尚：北周時官
任始州刺史，其他事迹不詳。

[6]御正下大夫：官名。全稱爲小御正下大夫，北周天官府屬
官。御正任總絲綸，職在弼諧。於皇帝左右，凡諸刑罰爵賞，爰及
軍國大事，皆須參議。下大夫爲正四命。

[7]東郡：北周時治所在今河南滑縣東南城關鎮。

高祖爲丞相，尉迥作亂，[1]遣將檀讓收河南之地。[2]復使人誘致仲文，仲文拒之。迥怒其不同己，遣儀同宇文威攻之。[3]仲文迎擊，大破威衆，斬首五百餘級。以功授開府。[4]迥又遣其將宇文冑渡石濟，[5]宇文威、鄒紹自白馬，[6]二道俱進，復攻仲文。賊勢逾盛，人情大駭，郡人赫連僧伽、敬子哲率衆應迥。[7]仲文自度不能支，棄妻子，將六十餘騎，開城西門，潰圍而遯。爲賊所追，且戰且行，所從騎戰死者十七八。仲文僅而獲免，達於京師。迥於是屠其三子一女。高祖見之，引入臥内，爲之下泣。賜彩五百段，黄金二百兩，進位大將軍，[8]領河南道行軍總管。[9]給以鼓吹，[10]馳傳詣洛陽發兵，以討檀讓。

[1]尉迥：人名。即尉遲迥。北周太祖宇文泰之甥，周宣帝時任大前疑、相州總管。傳見《周書》卷二一、《北史》卷六二。

[2]檀讓：人名。亦稱獨孤讓。北周末爲尉遲迥部下，並隨其起兵反楊堅。兵敗後被于仲文擒送京師。事略見《北史》卷六二《尉遲迥傳》、本書卷六〇《于仲文傳》以及《王幹墓誌》（見羅新、葉煒《新出魏晋南北朝墓誌疏證》一七〇，中華書局2016年版）。　河南：地區名。泛指黄河以南的廣大地區。

[3]宇文威：人名。北周末年任儀同，事略見《通鑑》卷一七四《陳紀》宣帝太建十二年。

[4]開府：官名。即開府儀同三司，北周府兵制中二十四軍每一軍長官均加此勳官名。北周爲九命。

[5]宇文冑：人名。北周末爲滎州刺史，舉兵應尉遲迥，爲楊

素所敗被斬。《周書》卷一〇、《北史》卷五七有附傳。　石濟：
地名。亦名棘津或南津。北周時在今河南滑縣西南古黃河上。

[6]鄒紹：人名。尉遲迴屬將，其他事迹不詳。　白馬：縣名。
北周時治所在今河南滑縣東南城關鎮。

[7]赫連僧伽：人名。事迹不詳。　敬子哲：人名。事迹不詳。

[8]大將軍：官名。周齊交戰之際，北周始置十一等勳官，以
酬戰士。大將軍爲第四等。正九命。

[9]河南道：特區名。即在黃河中下游以南設置的特區。隋朝
在戰爭中於地方設置的特區稱“道”。　行軍總管：出征軍統帥名。
北周至隋時所置的統領某部或某路出征軍隊的軍事長官。根據需要
其上還可置行軍元帥以統轄全局。屬臨時差遣任命之職，事罷
則廢。

[10]鼓吹：演奏鼓吹樂的樂隊。

時韋孝寬拒迴於永橋，[1]仲文詣孝寬有所計議。時
總管宇文忻頗有自疑之心，[2]因謂仲文曰：“公新從京師
來，觀執政意何如也？[3]尉迴誠不足平，正恐事寧之後，
更有藏弓之慮。”[4]仲文懼忻生變，因謂之曰：“丞相寬
仁大度，明識有餘，苟能竭誠，必心無貳。仲文在京三
日，頻見三善，以此爲觀，非尋常人也。”忻曰：“三善
如何？”仲文曰：“有陳萬敵者，[5]新從賊中來，即令其
弟難敵召募鄉曲，[6]從軍討賊。此其有大度一也。上士
宋謙，[7]奉使勾檢，[8]謙緣此別求他罪。丞相責之曰：
‘入網者自可推求，何須別訪，以虧大體。’此其不求人
私二也。言及仲文妻子，未嘗不潸泫。[9]此其有仁心三
也。”忻自此遂安。

[1]韋孝寬：人名。北朝名將，歷北魏、西魏、北周，卒於北周大象二年（580）。傳見《周書》卷三一、《北史》卷六四。　永橋：鎮名。北周治所在今河南武陟縣西。

[2]總管：此指行軍總管。　宇文忻：人名。傳見本書卷四〇，《北史》卷六〇有附傳。

[3]執政：此指楊堅。

[4]藏弓之慮：語出《史記》卷四一《越王句踐世家》。越王句踐平吳後，范蠡寫信勸告文種“蜚鳥盡，良弓藏；狡兔死，走狗烹”，宜速離開越國，以免殺身之禍。於是文種稱病不朝，但最終爲句踐逼迫自盡。後人常以此比喻效勞之人在事成之後被拋棄或遭害。

[5]陳萬敵：人名。具體事迹不詳。

[6]難敵：人名。即陳難敵。具體事迹不詳。

[7]上士：官名。北周各府均置上士，此處指代不明。　宋謙：人名。具體事迹不詳。

[8]勾檢：考核檢查。

[9]潸泫：流淚。

仲文軍至汴州之東倪塢，[1]與迥將劉子昂、劉浴德等相遇，[2]進擊破之。軍次蓼隄，[3]去梁郡七里，[4]讓擁衆數萬，仲文以贏師挑戰。讓悉衆來拒，仲文僞北，讓軍頗驕。於是遣精兵左右翼擊之，大敗讓軍，生獲五千餘人，斬首七百級。進攻梁郡，迥守將劉子寬棄城遁走。[5]仲文追擊，禽斬數千人，子寬僅以身免。初，仲文在蓼隄，諸將皆曰：“軍自遠來，士馬疲弊，不可決勝。”仲文令三軍趣食，列陳大戰。既而破賊，諸將皆請曰：“前兵疲不可交戰，竟而尅勝，其計安在？”仲文笑曰：“吾所部將士皆山東人，[6]果於速進，不宜持久。乘勢擊之，所以制勝。”諸將皆以爲非所及也。進擊曹州，[7]獲迴所署刺史李仲康及上儀同房勁。[8]

　　[1]汴州：北周時治所在今河南開封市西北。　東倪塢：地名。今地不詳。

　　[2]劉子昂：人名。尉遲迴屬將，其他事迹不詳。　劉浴德：人名。尉遲迴屬將，其他事迹不詳。

　　[3]蓼隄：北周大堤名。即蓼堤，又作漻堤。在今河南東部，西北起今杞縣境，東南抵今商丘市境。

　　[4]梁郡：北周時治所在今河南商丘市南。

　　[5]劉子寬：人名。尉遲迴屬將，其他事迹不詳。

　　[6]山東：地區名。戰國、秦、漢時代，通稱華山或崤山以東爲山東。文中意同此。

　　[7]曹州：北周時治所在今山東曹縣西北。

　　[8]李仲康：人名。尉遲迴屬將，其他事迹不詳。　上儀同：官名。無具體職掌。九命。　房勁：人名。尉遲迴屬將，其他事迹不詳。

　　檀讓以餘衆屯城武，[1]別將高士儒以萬人屯永昌。[2]仲文詐移書州縣曰：“大將軍至，可多積粟。”讓謂仲文未能卒至，方椎牛享士。仲文知其怠，選精騎襲之，一日便至，遂拔城武。迴將席毗羅，[3]衆十萬，屯於沛縣，[4]將攻徐州。[5]其妻子在金鄉。[6]仲文遣人詐爲毗羅使者，謂金鄉城主徐善净曰：[7]“檀讓明日午時到金鄉，將宣蜀公令，[8]賞賜將士。”金鄉人謂爲信然，皆喜。仲文簡精兵，僞建迴旗幟，倍道而進。善净望見仲文軍且至，以爲檀讓，乃出迎謁。仲文執之，遂取金鄉。諸將多勸屠之，[9]仲文曰："此城是毗羅起兵之所，當寬其妻子，其兵可自歸。如即屠之，彼望絶矣。"衆皆稱善。於是毗羅恃衆來薄官軍，[10]仲文背城結陣，去軍數里，設伏於麻田中。兩陣纔合，伏兵發，俱曳柴鼓噪，塵埃張天。毗羅軍大潰，仲文乘之，賊皆投洙水而死，[11]爲之不流。獲檀讓，檻送京師，河南悉平。毗羅匿滎陽人家，[12]執斬之，傳首闕下。勒石紀功，樹於泗上。[13]

[1]城武：縣名。北周時治所在今山東成武縣東南。按，《北史》卷二三《于仲文傳》、《通鑑》卷一七四《陳紀》宣帝太建十二年俱作"成武"，爲隋改城武置。

[2]高士儒：人名。隋朝將領，其他事迹不詳。　永昌：城名。北周時在今河南洛寧縣西。

[3]席毗羅：人名。原爲北齊將領，後降北周，任北周徐州總管司録，據兗州，響應尉遲迥起兵反楊堅。兵敗後被于仲文斬殺。事略見本書卷五〇《李禮成傳》、《北史》卷一〇〇《李禮成傳》、《通鑑》卷一七四《陳紀》太建十二年。

[4]沛縣：北周時治所在今江蘇沛縣。

[5]徐州：北周時治所在今江蘇徐州市。

[6]金鄉：縣名。北周時治所在今山東金鄉縣。

[7]徐善净：人名。隋末任金鄉城主，其他事迹不詳。

[8]蜀公：即尉遲迥。按，《周書》卷二一《尉遲迥傳》記載，孝閔帝踐阼之初，因尉遲迥有平蜀之功，故封其爲蜀公。

[9]屠之：《通鑑》卷一七四《陳紀》宣帝太建十二年載"諸將多勸屠其城"。

[10]薄：侵犯，迫近。

[11]洙水：泗水的支流，主要流域在今山東省西南部地區。

[12]滎陽：縣名。北周時治所在今河南滎陽市。按，底本原作
“榮陽”，據宋刻遞修本、中華本改。

[13]泗：水名。即泗水，又名清水，一作清泗。主要流域在今
山東南部和江蘇北部地區。

入朝京師，高祖引入臥內，宴享極歡。賜雜彩千餘
段，妓女十人，[1]拜柱國、河南道大行臺。[2]屬高祖受
禪，不行。未幾，其叔父太尉翼坐事下獄，[3]仲文亦爲
吏所簿，於獄中上書曰：

[1]妓女：古指歌女或舞女。

[2]柱國：官名。全稱爲柱國大將軍。爲北周十一等勳官的第
二等，可開府置官屬。正九命。　大行臺：官名。隋朝在道設行臺
尚書省，簡稱行臺，是中央最高行政機關尚書省的派出機構。長官
稱行臺尚書令，執掌道區域的大權。流內視正二品。

[3]太尉：官名。隋置三公，作爲朝中重臣的加銜，以示尊崇，
並無實際執掌，但可參議國家大事，置府僚。無其人則缺。太尉爲
三公之一，祭祀時亞獻。正一品。　翼：人名。即于翼。北周武帝
建德四年位居柱國，官任安州總管，奉詔統率數萬大軍東伐北齊，
克齊十九城而還。後官任太尉。傳見《周書》卷三〇，《北史》卷
二三有附傳。

臣聞春生夏長，天地平分之功，子孝臣誠，人倫不
易之道。曩者尉迥逆亂，[1]所在影從。臣任處關、河，[2]
地居衝要，嘗膽枕戈，誓以必死。迥時購臣，位大將
軍，邑萬户。臣不顧妻子，不愛身命，冒白刃，潰重

圍，三男一女，相繼淪没，披露肝膽，馳赴闕庭。蒙陛
下授臣以高官，委臣以兵革。于時河南凶寇，狼顧鴟
張，[3]臣以羸兵八千，掃除氛祲。[4]摧劉寬於梁郡，[5]破
檀讓於蓼隄，平曹州，復東郡，安城武，定永昌，[6]解
亳州圍，[7]殄徐州賊。席毗十萬之衆，一戰土崩，河南
蟻聚之徒，應時戡定。

[1]曩者：往昔，從前。

[2]關：要塞，出入的要道。 河：指黄河。

[3]狼顧鴟（chī）張：語出北魏人楊衒之《洛陽伽藍記》卷
二《城東·平等寺》。意爲如狼凶視，如鴟（一種肉食性的大鳥）
張翼，形容凶暴、囂張。

[4]氛祲：指妖氣。比喻戰亂、叛亂。祲，指陰陽之氣。

[5]劉寬：前文稱梁郡守將名爲劉子寬，不知何者爲確。

[6]復東郡，安城武，定永昌：此句斷句，諸書不一。中華本
爲“復東郡、安城、武定、永昌”。《北史》卷二三《于仲文傳》
爲“復東郡，安城武，定永昌”。考前文，城武、永昌爲于仲文作
戰並取勝之處。安成、武定，雖亦爲古地名，但均未在前文出現，
是否爲前文漏記之地，尚難判斷。另《北史》斷句更加符合語句規
範，故今暫從《北史》。

[7]亳州：治所在今安徽亳州市。

當群凶問鼎之際，黎元乏主之辰，臣第二叔翼先在
幽州，[1]總馭燕、趙，[2]南鄰群寇，北捍旄頭，内外安
撫，得免罪戾。臣第五叔智建旗黑水，[3]與王謙爲鄰，[4]
式遏蠻陬，[5]鎮綏蜀道。臣兄顗作牧淮南，[6]坐制勍
敵，[7]乘機勦定，傳首京師。王謙竊據二江，[8]叛换三

蜀。[9]臣第三叔義受脤廟庭，[10]龔行天討。自外父叔兄弟，皆當文武重寄，或銜命危難之間，或侍衛鉤陳之側，[11]合門誠款，冀有可明。伏願下垂泣辜之恩，降雲雨之施，追草昧之始，録涓滴之功，則寒灰更然，枯骨生肉，不勝區區之至，謹冒死以聞。

[1]幽州：北周時治所在今北京城西南。

[2]燕、趙：地區名。春秋戰國時期燕國和趙國的屬地，範圍大約爲今河北省和河南省一部分。

[3]智：人名。即于智，北周拜柱國、大司空。《北史》卷二三有附傳。　旟（yú）：古代旗的一種，上畫鳥隼，進兵時所用。黑水：在今四川黑水縣、松潘縣境内，爲岷江的支流。

[4]王謙：人名。北周柱國大將軍，因反對楊堅輔政，兵敗被殺。傳見《周書》卷二一，《北史》卷六〇有附傳。

[5]蠻：泛指古代南方各少數民族。漢至南北朝時，主要分布在長江和淮河流域的廣大地區。無統一語言，居住在深山峽谷之中。主要從事農業生産，手工業也較發達。傳見《魏書》卷一〇一、《北史》卷九五、《南史》卷七九。　陬（zōu）：隅，角落。

[6]顗（yǐ）：人名。即于顗。《北史》卷二三有附傳。

[7]勍（qíng）敵：勁敵。

[8]二江：《北史》卷二三《于仲文傳》作“二州”。按，如“二州”爲確，則二州具體指代不明。而“二江”爲古代郫、檢二江的總稱。戰國時，秦蜀守李冰興修都江堰，分岷江爲二支：北支叫郫江，又叫北江；南支叫檢江，又名流江或南江。分流經過成都城北面和南面，然後合而南流。結合前文所述的地區，概“二江”爲確。

[9]三蜀：地區名。漢初分蜀郡置廣漢郡，武帝時又分置犍爲郡，合稱“三蜀”。其地約在今四川中部、貴州赤水河流域、三岔

河上游及雲南金沙江下游以東和會澤以北地區。按，汲古閣本作
"二蜀"，誤。

[10]受脤（shèn）：指受命統軍。脤，古代王侯祭社稷所用的
生肉。

[11]鈎陳：星官名。亦作"勾陳"。屬紫薇垣，共六星。此代
指皇帝後宮。

上覽表，并翼俱釋之。

未幾，詔仲文率兵屯白狼塞以備胡。[1]明年，拜行
軍元帥，[2]統十二總管以擊胡。出服遠鎮，[3]遇虜，[4]破
之，斬首千餘級，六畜巨萬計。於是從金河出白道，[5]
遣總管辛明瑾、元濟、賀蘭志、呂楚、段諧等二萬人出
盛樂道，[6]趨那頡山。[7]至護軍川北，[8]與虜相遇，可汗
見仲文軍容齊肅，不戰而退。仲文率精騎五千，逾山追
之，不及而還。

[1]白狼塞：要塞名。在今山西應縣境内。

[2]行軍元帥：出征軍的統帥名。根據需要臨時任命，事罷
則廢。

[3]服遠鎮：王莽以雲中縣改置，治所在今内蒙古托克托縣東
北。東漢初復雲中縣。北周治所不詳。

[4]虜：對敵方的蔑稱。此指胡。

[5]金河：河名。即今大黑河。流經内蒙古烏蘭察布市、呼和
浩特市，至托克托縣南入黄河。　白道：地名。在今内蒙古呼和浩
特市西北，爲河套東北地區通往陰山以北的交通要道。

[6]辛明瑾：人名。隋曾任行軍總管，其他事迹不詳。　元濟：
人名。隋曾任行軍總管，其他事迹不詳。　賀蘭志：人名。隋曾任

行軍總管，其他事迹不詳。　呂楚：人名。隋曾任行軍總管，其他事迹不詳。　段諧：人名。隋曾任行軍總管，其他事迹不詳。　盛樂道：戰區名。其地約在今內蒙古和林格爾縣。

[7]那頡山：今地不詳。

[8]護軍川：地名。今地不詳。《北史》卷二三《于仲文傳》作"護軍州"。

上以尚書文簿繁雜，[1]吏多姦計，令仲文勘録省中事。其所發擿甚多，[2]上嘉其明斷，厚加勞賞焉。上每憂轉運不給，仲文請決渭水，[3]開漕渠。[4]上然之，使仲文總其事。及伐陳之役，拜行軍總管，以舟師自章山出漢口。[5]陳鄆州刺史荀法尚、魯山城主誕法澄、鄧沙彌等請降，[6]秦王俊皆令仲文以兵納之。高智慧等作亂江南，[7]復以行軍總管討之。時三軍乏食，米粟踊貴，仲文私糶軍糧，坐除名。明年，復官爵，率兵屯馬邑以備胡。[8]數旬而罷。

[1]尚書：官署名。即尚書省，總全國政事，長官爲尚書令，其副職爲左右僕射。下置吏、户、禮、兵、刑、工六部分理各項事務。按，《北史》卷二三《于仲文傳》"尚書"後有"省"字。

[2]發擿：揭發，舉發。

[3]渭水：即今黃河中游支流渭河。

[4]漕渠：泛指由人工開鑿或疏浚的河道。隋開皇初，自長安西北引渭水爲源，浚復舊渠通運，定名廣通渠，但習俗仍稱漕渠。

[5]章山：指代不清。一説爲山名，即古內方山，在今湖北鍾祥市西南。另一説爲郡名，治所在今湖北鍾祥市南。

[6]鄆州：南朝陳時治所在今湖北武漢市武昌區。　荀法尚：

人名。歷仕南朝陳、隋。《陳書》卷一三、《南史》卷六七有附傳。

　　魯山：城名。又作“魯山城”，南朝陳時在今湖北武漢市漢陽區東北隅。　　誕法澄：人名。具體事迹不詳。　　鄧沙彌：人名。具體事迹不詳。

　　[7]高智慧：人名。開皇十年十一月舉兵反，後被鎮壓遭誅。事略見本書卷二《高祖紀下》、《通鑑》卷一七七《隋紀》開皇十年十一月條。　　江南：地區名。泛指長江以南的地區。

　　[8]馬邑：郡名。治所在今山西朔州市。

　　晋王廣以仲文有將領之才，[1]每常屬意，至是奏之，乃令督晋王軍府事。後突厥犯塞，[2]晋王爲元帥，[3]以仲文將前軍，大破賊而還。仁壽初，拜太子右衛率。[4]煬帝即位，遷右翊衛大將軍，[5]參掌文武選事。從帝討吐谷渾，[6]進位光禄大夫，[7]甚見親幸。

　　[1]晋王廣：即隋煬帝楊廣。紀見本書卷三、四，《北史》卷一二。按，廣，底本原作空格，汲古閣本作“□”宋刻遞修本作“諱”。據中華本補。

　　[2]突厥：古族名、國名。廣義包括突厥、鐵勒各部落。狹義專指突厥汗國。公元六世紀，突厥汗國爲北方最强大的國家，是隋朝在北方及西域的主要勁敵。傳見本書卷八四、《周書》卷五〇、《北史》卷九九。

　　[3]元帥：即行軍元帥。本書卷二《高祖紀下》載開皇二十年“夏四月壬戌，突厥犯塞，以晋王廣爲行軍元帥，擊破之”。

　　[4]太子右衛率：官名。隋朝實行府兵制，分置左右虞候率府等十府，統部分府兵，以備儲閣武衛之職。右衛率爲其府最高長官。置一人，正四品上。

　　[5]右翊衛大將軍：官名。隋中央軍事機關十二衛中有左右衛，

長官爲大將軍，掌領外軍宿衛宮禁。正三品。隋煬帝時，改左右衛爲左右翊衛，仍置大將軍，品秩不變。

[6]吐谷渾：古族名。亦作"吐渾"。本遼東鮮卑之種，姓慕容氏，西晉時西遷至群羌故地，北朝至隋唐時期游牧於今青海北部和新疆東南部地區。傳見本書卷八三、《晉書》卷九七、《魏書》卷一〇一、《周書》卷五〇、《北史》卷九六、《舊唐書》卷一九八、《新唐書》卷二二一上。

[7]光禄大夫：官名。屬散實官。煬帝大業三年廢特進，改置光禄大夫等"九大夫"。光禄大夫，從一品。

遼東之役，[1]仲文率軍指樂浪道。[2]軍次烏骨城，[3]仲文簡羸馬驢數千，置於軍後。既而率衆東過，高麗出兵掩襲輜重，[4]仲文迴擊，大破之。至鴨緑水，[5]高麗將乙支文德詐降，[6]來入其營。仲文先奉密旨，若遇高元及文德者，[7]必禽之。至是，文德來，仲文將執之。時尚書右丞劉士龍爲慰撫使，[8]固止之。仲文遂捨文德。尋悔，遣人紿文德曰："更有言議，可復來也。"文德不從，遂濟。仲文選騎渡水追之，每戰破賊。文德遺仲文詩曰："神策究天文，妙算窮地理。戰勝功既高，知足願云止。"仲文答書諭之，文德燒栅而遁。

[1]遼東之役：指大業八年隋煬帝征高麗的戰爭。

[2]樂浪道：特區名。征伐高麗的戰爭中，隋軍被分成二十四路，征戰相應的二十四個戰區，每一個戰區爲一道。樂浪道爲其中之一。《通鑑》卷一八一《隋紀》煬帝大業八年胡注載"帝指授諸軍所出之道，多用漢縣舊名"。西漢元封三年（前108）置樂浪郡，治所在朝鮮縣。今地一說在朝鮮平壤市大同江南岸土城洞；一說在

今平壤市。

[3]烏骨城：高麗城名。在今遼寧鳳城市東南鳳凰山山城。

[4]高麗：國名。朝鮮高句麗之別稱。傳見本書卷八一、《北史》卷九四。 輜重：指軍隊出征所帶的物資，包括器械、糧草、營帳、服裝等。輜，指裝載軍需物資的車。

[5]鴨綠水：即今中、朝界鴨綠江。

[6]乙支文德：人名。高句麗大將。事略見本書卷六一《宇文述傳》、《通鑑》卷一八一《隋紀》煬帝大業八年。

[7]高元：人名。即高麗王元。事見本書卷八一、《北史》卷九四《高麗傳》。

[8]尚書右丞：官名。尚書省屬官，與尚書左丞對置，各一人，分掌尚書都省事務，糾駁諸司文案，總判兵、刑、工三部之事。隋初爲從四品下，煬帝大業三年升爲正四品。 劉士龍：人名。隋開皇中爲考功侍郎，大業八年以尚書右丞爲撫慰使，因事被斬。事略見《通鑑》卷一八一《隋紀》大業八年條。 慰撫使：差遣職名。爲臨時指派之職，一般由君主直接任命，可以繞開銓選授職的一套繁瑣程序，完成某些緊急複雜的使命，如調查一地的民政、軍政，安撫百姓等。

時宇文述以糧盡欲還，[1]仲文議以精銳追文德，可以有功。述固止之，仲文怒曰：“將軍仗十萬之衆，不能破小賊，何顏以見帝！且仲文此行也，固無功矣。”述因厲聲曰：“何以知無功？”仲文曰：“昔周亞夫之爲將也，[2]見天子，軍容不變。此決在一人，所以功成名遂。今者人各其心，何以赴敵！”初，帝以仲文有計畫，令諸軍諮稟節度，故有此言。由是述等不得已而從之，遂行。東至薩水，[3]宇文述以兵餒退歸，師遂敗績。帝以屬吏，[4]諸將皆委罪於仲文。帝大怒，釋諸將，獨繫仲文。仲文憂恚發病，[5]困篤方出之，卒於家，時年六十八。撰《漢書刊繁》三十卷、《略覽》三十卷。有子九人，欽明最知名。[6]

[1]宇文述：人名。傳見本書卷六一、《北史》卷七九。

[2]周亞夫：人名。西漢名將周勃次子，曾率軍平定吳楚七國之亂。事見《史記》卷五七《絳侯周勃世家》，《漢書》卷四〇《周勃傳》。

[3]薩水：即今朝鮮清川江。

[4]屬（zhǔ）吏：交給主管官吏處理。

[5]恚：憤怒，怨恨。

[6]欽明：人名。即于欽明，襲爵延壽公。事略見《舊唐書》卷一九三《于敏直妻張氏傳》。

顥字元武，身長八尺，美鬚眉。周大冢宰宇文護見而器之，[1]妻以季女。尋以父勳賜爵新野郡公，邑三千戶。授大都督，[2]遷車騎大將軍、儀同三司。[3]其後累以軍功，授上開府，[4]歷左、右宮伯，[5]鄆州刺史。[6]大象中，[7]以水軍總管從韋孝寬經略淮南。顥率開府元紹貴、上儀同毛猛等，[8]以舟師自潁口入淮。[9]陳防主潘深棄柵而走，[10]進與孝寬攻拔壽陽。[11]復引師圍硤石，[12]守將許約懼而降，[13]顥乃拜東廣州刺史。[14]

[1]大冢宰：官名。全稱大冢宰卿。西魏恭帝三年（556）仿《周禮》建六官，置大冢宰卿一人，北周正七命，爲天官冢宰府最高長官。掌邦治，以建邦之六典佐皇帝治邦國。北周沿置，然其權

力却因人而異，若有“五府總於天官”之命，則稱冢宰，能總攝百官，實爲大權在握之宰輔；若無此命，即稱太宰，與五卿並列，僅統本府官。

[2]大都督：官名。周齊交戰之際，北周始置十一等勳官，以酬戰士。大都督爲勳官第九等。八命。

[3]車騎大將軍：官名。北周置諸戎號，授予有軍功的官員，車騎大將軍爲其一。九命。

[4]上開府：官名。全稱爲上開府儀同大將軍。爲北周十一等勳官的第五等。九命。

[5]左、右宮伯：官名。北周天官府屬官，全稱爲左、右宮伯中大夫。掌侍衛之禁，專司宮廷警衛，爲宮内侍衛之長。正五命。

[6]郢州：北周時治所在今湖北鍾祥市。

[7]大象：北周靜帝宇文闡年號（579—580）。

[8]元紹貴：人名。北周末授開府，其他事迹不詳。　毛猛：人名。北周末授上儀同，其他事迹不詳。

[9]穎口：即今安徽穎上縣東南，穎河入淮河之口。　淮：水名。即淮河。

[10]防主：官名。南朝陳時專爲鎮守一城以防變故而設，品秩不清。　潘深：人名。南朝陳人，具體事迹不詳。

[11]壽陽：縣名。南朝陳時治所在今安徽壽縣。

[12]硤石：山名。在今安徽鳳臺縣和壽縣之間，淮河兩岸。

[13]許約：人名。南朝陳將領，具體事迹不詳。

[14]東廣州：北周時治所在今江蘇揚州市西北蜀崗上。

尉迴之反也，時總管趙文表與顗素不協，[1]顗將圖之，因臥閤内，詐得心疾，謂左右曰：“我見兩三人至我前者，輒大驚，即欲斫之，不能自制也。”其有賓客候問者，皆令去左右。顗漸稱危篤，文表往候之，令從者至大門而止，文表獨至顗所。顗欻然而起，抽刀斫殺之，"因唱言曰："文表與尉迴通謀，所以斬之。"其麾下無敢動者。時高祖以尉迴未平，慮顗復生邊患，因而勞勉之，即拜吳州總管。[2]陳將錢茂和率數千人襲江陽，[3]顗逆擊走之。陳復遣將陳紀、周羅睺、燕合兒等襲顗，[4]顗拒之而退，賜彩數百段。

[1]總管：官名。《北史》卷六九《趙文表傳》記載，文表時爲吳州總管。周明帝武成元年（559），以都督諸州軍事爲總管。其授總管、刺史，則加使持節諸軍事。總管的統轄範圍可達數州至十餘州，成一軍政管轄區。品秩不詳。　趙文表：人名。北周大象年間爲吳州總管。傳見《周書》卷三三、《北史》卷六九。

[2]吳州：即前文東廣州。

[3]錢茂和：人名。南朝陳將領，其他事迹不詳。　江陽：郡名。北齊置，北周時治所在今江蘇揚州市西北蜀崗上。

[4]陳紀：人名。南朝陳高祖陳霸先之從孫，太建十年爲持節、緣江都督，兗州刺史。傳見《陳書》卷一五、《南史》卷六五。燕合兒：人名。南朝陳將領，其他事迹不詳。

高祖受禪，文表弟詣闕稱兄無罪。[1]上令案其事，太傅竇熾等議顗當死。[2]上以門著勳績，特原之，貶爲開府。後襲爵燕國公，[3]邑萬六千户。尋以疾免。開皇七年，拜澤州刺史。[4]數年，免職，卒於家。子世虔嗣。[5]

[1]詣闕："闕"字底本作"關"，今據中華本改。

[2]太傅：官名。隋三師之一，作爲朝臣的加銜，以示崇敬。

無實際執掌，唯與天子坐而論道。正一品。 竇熾：人名。北周大臣，柱國大將軍。傳見《周書》卷三○、《北史》卷六一。

[3]燕國公：爵名。隋九等爵的第三等。從一品。

[4]澤州：治所在今山西晉城市東北。

[5]世虔：人名。即于世虔。具體事迹不詳。

璽字伯符。父翼，仕周爲上柱國、幽州總管、任國公。[1]高祖爲丞相，尉迥作亂，遣人誘翼。翼鎖其使，送之長安，[2]高祖甚悦。及高祖受禪，翼入朝，上爲之降榻，握手極歡。數日，拜爲太尉。歲餘，卒，謚曰穆。

[1]上柱國：官名。周齊交戰之際，北周始置十一等勳官，以酬戰士。上柱國爲第一等。正九命。

[2]長安：北周都城。在今陝西西安市西北郊。

璽少有器幹，仕周，起家右侍上士。[1]尋授儀同，領右羽林，[2]遷少胥附。[3]武帝時，從齊王憲破齊師於洛陽，[4]以功賜爵豐寧縣子，[5]邑五百户。尋從帝平齊，加開府，改封黎陽縣公，[6]邑千二百户，授職方中大夫。[7]及宣帝嗣位，轉右勳曹中大夫。[8]尋領右忠義。[9]

[1]右侍上士：官名。北周天官府置左、右侍上士，掌御寢南門之左右。正三命。

[2]右羽林：軍名。漢武帝始置，北周時爲禁衛軍之一。其官署有右羽林率上士，右羽林率倅長中士和右羽林率長下士等，屬大司馬統轄。

[3]少胥附：官名。即小胥附，全稱爲小胥附下大夫。執掌不詳。正四命。

[4]齊王憲：北周宇文泰第五子宇文憲，封齊王。傳見《周書》卷一二、《北史》卷五八。

[5]豐寧縣子：爵名。北周十一等爵的第七等。正六命。

[6]黎陽縣公：爵名。北周十一等爵的第六等。品秩不詳，非正九命則當是九命。

[7]職方中大夫：官名。北周夏官府屬官。掌天下地圖，主四方之職貢。正五命。

[8]右勳曹中大夫：官名。北周有左右勳曹中大夫，執掌不詳。正五命。

[9]右忠義：所指不詳，或爲軍職名。

高祖爲丞相，加上開府。及受禪，進位大將軍，拜汴州刺史，甚有能名。上聞而善之，優詔褒揚，賜帛百匹。尋加上大將軍，[1]進爵郡公。[2]轉邵州刺史，[3]在州數年，甚有恩惠。後檢校江陵總管，[4]邵州人張願等數十人，[5]詣闕上表，請留璽。上嘉歎良久，令還邵州，父老相賀。尋遷洛州刺史，[6]復爲熊州刺史，[7]並有惠政。以疾徵還京師。仁壽末，卒于家，諡曰靜。有子志本。[8]

[1]上大將軍：官名。隋文帝因改北周之制，置十一等散實官，以酬勤勞，上大將軍爲第三等。從二品。

[2]郡公：爵名。隋九等爵的第四等。從一品。

[3]邵州：治所在今山西垣曲縣東南城關。

[4]檢校：代理。 江陵：縣名。即南郡治。治所在今湖北江

陵縣。

[5]邵：底本原無，據《北史》卷二三《于璽傳》補。　張願：人名。具體事迹不詳。

[6]洛州：治所在今河南洛陽市東北。

[7]熊州：治所在今河南宜陽縣西福昌村。

[8]志本：人名。即于志本。具體事迹不詳。

段文振

段文振，[1]北海期原人也。[2]祖壽，[3]魏滄州刺史。[4]父威，[5]周洮、河、甘、渭四州刺史。[6]文振少有膂力，膽氣過人，性剛直，明達時務。初爲宇文護親信，護知其有幹用，擢授中外府兵曹。[7]

[1]段文振：人名。傳另見《北史》卷七六。

[2]北海：郡名。治所在今山東青州市。　期原：地名。今地不詳。

[3]壽：人名。即段壽。北魏爲滄州刺史，具體事迹不詳。

[4]滄州：治所在今河北鹽山縣西南。

[5]威：人名。即段威。北周官任刺史。有墓誌出土，見《段威及妻墓誌》（載王其禕、周曉薇《隋代墓誌銘彙考》一四六，綫裝書局2007年版）。

[6]洮：州名。北周時治所在今甘肅甘南藏族自治州臨潭縣。河：州名。北周時治所在今甘肅臨夏市西南。　甘：州名。北周時治所在今甘肅張掖市西北。　渭：州名。北周時治所在今甘肅隴西縣東南。

[7]中外府兵曹：官名。全稱爲都督中外諸軍事府兵曹參軍。

保定元年（561）春，宇文護爲都督中外諸軍事，其府名爲中外府。中外府兵曹爲其僚佐，品秩不詳。

後武帝攻齊海昌王尉相貴於晋州，[1]其亞將侯子欽、崔景嵩爲内應。[2]文振杖矟登城，[3]與崔仲方等數十人先登。文振隨景嵩至相貴所，拔佩刀劫之，相貴不敢動，城遂下。帝大喜，賜物千段。進拔文侯、華谷、高壁三城，[4]皆有力焉。及攻并州，[5]陷東門而入，齊安德王延宗懼而出降。[6]録前後勳，將拜高秩，以讒毁獲譴，因授上儀同，賜爵襄國縣公，邑千户。進平鄴都，又賜綺羅二千匹。後從滕王逌擊稽胡，[7]破之。歷相州別駕、揚州總管長史。[8]入爲天官都上士，[9]從韋孝寬經略淮南。

[1]海昌王：爵名。全稱爲海昌郡王。爲北齊爵位第一等。第一品。　尉相貴：人名。北齊任晋州刺史。事見《北齊書》卷一九、《北史》卷五三《張保洛傳》。

[2]侯子欽：人名。即侯明，字子欽。北齊將領，生平見出土《侯明及妻郭氏鄧氏墓誌》（載王其禕、周曉薇《隋代墓誌銘彙考》四四）。

[3]矟（shuò）：古代兵器。即長矛。

[4]文侯：城名。北齊時在今山西新絳縣境内。　華谷：城名。北齊時在今山西稷山縣西北。　高壁：城名。北齊時在今山西靈石縣東南。

[5]并州：北齊時治所在今山西太原市西南。

[6]安德王：爵名。即安德郡王。　延宗：人名。即北齊世宗第五子高延宗。傳見《北齊書》卷一一、《北史》卷五二。

　　[7]滕王逌（yóu）：即北周宗室親王宇文逌。北周武帝時位居柱國，爵封滕王，建德六年爲行軍總管，率軍征討龍泉、文城等地稽胡之叛，多有戰功。　　稽胡：古族名。亦稱步落稽。匈奴別種。十六國時匈奴所建的幾個政權滅亡後，餘部分散各地，稱山胡、西河胡、離石胡、吐京胡、石樓胡等，北周時統稱爲稽胡。傳見《周書》卷四九、《北史》卷九六。

　　[8]相州：北周時治所在今河北臨漳縣西南，大象二年移治今河南安陽市南。　　別駕：官名。北周州刺史的佐官，總理州内衆務，職權較重。其品秩依州户數和刺史品級而定，從正四命到正三命不等。　　揚州：北周時治所在今江蘇南京市。　　總管長史：官名。北周時全稱爲總管府長史，爲總管府僚佐，協助總管處理州内各項事務，品秩不詳。

　　[9]天官都上士：官名。全稱爲天官府都上士。北周天官府屬官，協助大冢宰卿、小冢宰上大夫處理府内各項事務。正三命。

　　俄而尉迥作亂，時文振老母妻子俱在鄴城，迥遣人誘之，文振不顧，歸於高祖。高祖引爲丞相掾，[1]領宿衛驃騎。[2]司馬消難之奔陳也，[3]高祖令文振安集淮南，還除衛尉少卿，[4]兼内史侍郎。[5]尋以行軍長史從達奚震討叛蠻，[6]平之，加上開府。歲餘，遷鴻臚卿。[7]

　　[1]丞相掾：官名。全稱爲大丞相府掾。北周末，丞相府置僚佐，掾爲其一，多爲丞相自行辟舉。品秩不詳。
　　[2]驃騎：官署名。此指驃騎府。西魏、北周實行府兵制，全國置二十四軍，各置開府府。隋初改爲驃騎府，爲一級府兵指揮機構，分設各地，統領府兵。
　　[3]司馬消難：人名。初仕北齊，官至北豫州刺史，後被猜忌迫害舉州降周，歷遷大後丞，出爲鄖州總管。傳見《周書》卷二

一，《北史》卷五四有附傳。

　　[4]衛尉少卿：官名。衛尉寺次官，佐衛尉卿掌供宮廷、祭祀、朝會之儀仗帷幕，通判本寺事務。隋初置一人，正四品上；煬帝時置二人，從四品。

　　[5]内史侍郎：官名。隋内史省副長官，佐宰相之職的本省長官内史監、令處理政務。初設四員，正四品下；大業三年減爲二員，正四品。

　　[6]達奚震：人名。北周官任原州刺史，卒於開皇初。《周書》卷一九、《北史》卷六五有附傳。

　　[7]鴻臚卿：官名。隋鴻臚寺長官，掌諸侯王及少數族首領的迎送、接待、朝會、封授等禮儀以及贊導郊廟行禮、管理郡國計吏等事。正三品。開皇三年曾廢鴻臚寺，十二年復置。隋煬帝改制時，降爲從三品。

　　衛王爽北征突厥，[1]以文振爲長史，[2]坐勳簿不實免官。後爲石、河二州刺史，[3]甚有威惠，遷蘭州總管，[4]改封龍崗縣公。突厥犯塞，以行軍總管擊破之，逐北至居延塞而還。[5]九年，大舉伐陳，以文振爲元帥秦王司馬，[6]別領行軍總管。及平江南，授揚州總管司馬。[7]尋轉并州總管司馬，[8]以母憂去職。未幾，起令視事，固辭不許。後數年，拜雲州總管，[9]尋爲太僕卿。[10]

　　[1]衛王爽：即衛昭王爽，隋文帝楊堅弟楊爽。傳見本書卷四四、《北史》卷七一。

　　[2]長史：此指行軍長史。

　　[3]石：州名。治所在今山西呂梁市離石區。　河：州名。治所在今甘肅臨夏市西南。

［4］蘭州：治所在今甘肅蘭州市。

［5］居延塞：古邊塞名。即西漢武帝時派遣强弩都尉路博德在居延澤上興築的長城，遺迹分布在今内蒙古阿拉善盟額濟納旗金斯圖淖北面及額濟納河沿岸，以及甘肅金塔縣境内的額濟納河沿岸。

［6］元帥：官名。即行軍元帥。　　司馬：官名。即行軍元帥府司馬。隋軍隊出征時，臨時任命行軍統帥，其僚佐有司馬，協助統帥處理戰事事宜，參與軍事決策，戰事結束即撤。

［7］總管司馬：官名。隋文帝在并、益、荆、揚四州置大總管，開府置僚佐，司馬爲其一，協助總管處理州内事務。品秩不詳。

［8］并州：治所在今山西太原市西南。

［9］雲州：治所在今内蒙古和林格爾縣西北土城子。

［10］太僕卿：官名。隋太僕寺長官，掌皇帝的輿馬和馬政。正三品。

　　十九年，突厥犯塞，文振以行軍總管拒之，遇達頭可汗於沃野，[1]擊破之。文振先與王世積有舊，[2]初，文振北征，世積遺以駝馬。比還，世積以罪被誅，文振坐與交關，功遂不録。明年，率衆出靈州道以備胡，[3]無虜而還。越嶲蠻叛，[4]文振擊平之，賜奴婢二百口。仁壽初，嘉州獠作亂，[5]文振以行軍總管討之。引軍山谷間，爲賊所襲，前後阻險，不得相救，軍遂大敗。文振復收散兵，擊其不意，竟破之。文振性素剛直，無所降下，初，軍次益州，謁蜀王秀，[6]貌頗不恭，秀甚銜之，及此，奏文振師徒喪敗。右僕射蘇威與文振有隙，[7]因而譖之，坐是除名。及秀廢黜，文振上表自申理，高祖慰諭之，授大將軍。尋拜靈州總管。[8]

[1]達頭可汗：西突厥汗國的首領之一，又稱步迦可汗。室點密之子。屢擾隋境。事見本書卷八四、《北史》卷九九《突厥傳》。

沃野：縣名。治所在今陝西延安市附近。

[2]王世積：人名。傳見本書卷四〇，《北史》卷六八有附傳。

[3]靈州道：特區名。在靈州（治所在今寧夏靈武市西南）一帶設置的特區。隋朝在戰爭中於地方設置的特區，稱“道”。

[4]越巂（xī）：郡名。治所在今四川西昌市。

[5]嘉州：一說北周以青州改置，隋文帝時治所在今四川眉山市；另一説爲北周大成元年置，隋文帝時治所在今四川樂山市。

獠：古族名。曾活動於今廣東、廣西、湖南、四川、雲南、貴州等地區，多以漁獵爲生，已消失數百年。傳見《魏書》卷一〇一、《周書》卷四九、《北史》卷九五。

[6]蜀王秀：即隋文帝第四子楊秀。傳見本書卷四五、《北史》卷七一。

[7]右僕射：官名。隋置尚書省總理政事，其主官爲尚書令，另置左、右二僕射副之。開皇三年四月詔右僕射掌判都官、度支、工部三尚書事，又知用度。從二品。　蘇威：人名。傳見本書卷四一，《北史》卷六三有附傳。

[8]靈州：治所在今寧夏靈武市西南。大業元年改置靈武郡。

煬帝即位，徵爲兵部尚書，[1]待遇甚重。從征吐谷渾，文振督兵屯雪山，[2]連營三百餘里，東接楊義臣，[3]西連張壽，[4]合圍渾主於覆袁川。[5]以功進位右光禄大夫。[6]帝幸江都，[7]以文振行江都郡事。

[1]兵部尚書：官名。隋兵部長官，掌全國武官選用和兵籍、軍械、軍令之政，下統兵部、職方、駕部、庫部四曹。正三品。

[2]雪山：即今祁連山。

[3]楊義臣：人名。傳見本書卷六三、《北史》卷七三。

[4]張壽：人名。歷北周、隋二朝，官至右翊衛大將軍、光禄大夫。生平見《張壽墓誌》（載王其禕、周曉薇《隋代墓誌銘彙考》四三九）。

[5]覆袁川：地區名。其地約在今青海湖東北一帶。

[6]右光禄大夫：官名。屬散實官。隋文帝置特進、左右光禄大夫等，以加文武官之有德聲者，並不理事。隋文帝時左、右光禄大夫皆正二品；煬帝大業三年定令，"左"爲正二品，"右"爲從二品。

[7]江都：郡名。隋大業初以揚州改置，治所在今江蘇揚州市。

文振見高祖時容納突厥啓民居于塞内，[1]妻以公主，[2]賞賜重疊；及大業初，[3]恩澤彌厚。文振以狼子野心，恐爲國患，乃上表曰："臣聞古者遠不間近，夷不亂華，[4]周宣外攘戎狄，[5]秦帝築城萬里，[6]蓋遠圖良算，弗可忘也。竊見國家容受啓民，資其兵食，假以地利。如臣愚計，竊又未安。何則？夷狄之性，無親而貪，弱則歸投，强則反噬，蓋其本心也。臣學非博覽，不能遠見，且聞晉朝劉曜，[7]梁代侯景，[8]近事之驗，衆所共知。以臣量之，必爲國患。如臣之計，以時喻遣，令出塞外。然後明設烽候，緣邊鎮防，務令嚴重，此乃萬歲之長策也。"時兵曹郎斛斯政專掌兵事，[9]文振知政險薄，不可委以機要，屢言於帝，帝並弗納。

[1]啓民：即東突厥啓民可汗，名染干，沙鉢略可汗之子。事見本書卷八四、《舊唐書》卷一九四、《新唐書》卷二一五《突厥傳》。

[2]妻以公主：隋文帝曾兩度將宗女嫁與啓民可汗，一位是開

皇十七年下嫁的安義公主，另一位是開皇十九年下嫁的義成公主。

［3］大業：隋煬帝楊廣年號（605—618）。

［4］夷：古族名。中國古代對東方各族的泛稱，亦稱“東夷”，或用以泛指異族人。傳見《史記》卷一一六、《漢書》卷九五、《後漢書》卷八六、《南史》卷七九。

［5］戎：古族名。中國古代中原人對西北各族的泛稱之一，有時也泛稱東方和南方的一些民族。傳見《南史》卷七九、《舊唐書》卷一九八。　狄：中國古代中原人對北方各族的泛稱之一。傳見《南史》卷七九、《舊唐書》卷一九九下、《新唐書》卷二一九。

［6］秦帝：即秦始皇嬴政。紀見《史記》卷六。

［7］劉曜：人名。前趙昭文帝，未稱帝前參與滅西晉之戰。載記見《晉書》卷一〇三。

［8］梁：即南朝梁（502—557），都建康（今江蘇南京市）。侯景：人名。原爲東魏將領，後降南朝梁，後發動歷時五年的叛亂。傳見《梁書》卷五六、《南史》卷八〇。

［9］兵曹郎：官名。隋尚書省下設兵部，掌全國武官選用和兵籍、軍械、軍令之政。長官爲兵部尚書，下統兵部、職方、駕部、庫部四曹。兵曹長官爲侍郎二人。大業中，諸曹侍郎並改爲郎。正四品。　斛斯政：人名。傳見本書卷七〇，《北史》卷四九有附傳。

及遼東之役，授左候衛大將軍，[1]出南蘇道。[2]在道疾篤，上表曰：“臣以庸微，幸逢聖世，濫蒙獎擢，榮冠儕伍。而智能無取，叨竊已多，言念國恩，用忘寢食。常思效其鳴吠，以報萬分，而攝養乖方，[3]疾患遂篤。抱此深愧，永歸泉壤，不勝餘恨，輕陳管穴。竊見遼東小醜，未服嚴刑，遠降六師，親勞萬乘。但夷狄多詐，深須防擬，口陳降款，心懷背叛，詭伏多端，勿得便受。水潦方降，不可淹遲，唯願嚴勒諸軍，星馳速發，水陸俱前，出其不意，則平壤孤城，[4]勢可拔也。若傾其本根，餘城自剋。如不時定，脱遇秋霖，深爲艱阻，兵糧又竭，强敵在前，靺鞨出後，[5]遲疑不决，非上策也。」後數日，卒於師。帝省表，悲歎久之，贈光禄大夫、尚書右僕射、北平侯，[6]謚曰襄。賜物一千段，粟麥二千石，威儀鼓吹，送至墓所。有子十人。

[1]左候衛大將軍：官名。隋初中央軍事機關十二衛中有左右武候府，掌車駕出，先驅後殿，晝夜巡察，執捕奸非，烽候道路，水草所置。巡狩師田，則掌其營禁。置大將軍一人爲長官。大業三年，改左右武候府爲左右候衛府，仍負責宮廷守備及隨侍皇帝出行、護衛。左候衛大將軍爲其衛最高軍事長官，正三品。

[2]南蘇道：特區名。以南蘇爲中心的區。南蘇，西漢縣治所在今朝鮮境。

[3]攝養乖方：指調養失宜，身體極度虚弱。

[4]平壤：城名。爲隋時古高句麗國都城，舊址在今朝鮮平壤市大同江南岸。

[5]靺鞨：古族名。西漢以前稱肅慎，東漢稱挹婁，南北朝以來稱勿吉，隋唐稱靺鞨。所處東至日本海，西接突厥，南界高麗，北臨室韋。大體以今吉林松花江流域爲中心，分布在東至俄羅斯濱海邊疆區，北至黑龍江、烏蘇里江的廣大地區。分數十部，互不統一，社會發展不平衡。傳見本書卷八一、《北史》卷九四、《舊唐書》卷一九九下、《新唐書》卷二一九。

[6]北平侯：爵名。隋九等爵的第六等。正二品。

長子詮，[1]官至武牙郎將。[2]次綸，[3]少以俠氣聞。

文振弟文操，[4]大業中，爲武賁郎將，[5]性甚剛嚴。帝令督秘書省學士。[6]時學士頗存儒雅，文操輒鞭撻之，前後或至千數，時議者鄙之。

[1]詮：人名。即段詮。隋時任武牙朗將，其他事迹不詳。

[2]武牙郎將：官名。隋煬帝時，中央十二衛屬官，參與宮廷守備。從四品。

[3]綸：人名。即段綸。事略見《新唐書》卷八三《諸帝公主·高密公主傳》。

[4]文操：人名。即段文操。事亦見《北史》卷七六《段文振傳》。

[5]武賁郎將：官名。隋煬帝時，中央十二衛各置大將軍、將軍爲長官，又置護軍四人，掌副貳將軍。將軍無，則一人攝之。尋改護軍爲武賁郎將，參與宮廷守備。正四品。

[6]秘書省：官署名。掌管全國圖籍，領著作、太史二曹，長官爲監，又置丞、郎、校書郎、正字、録事等官。

史臣曰：仲方兼資文武，雅有籌算，伐陳之策，信爲深遠矣。聲績克舉，夫豈徒言哉！仲文博涉書記，以英略自許，尉迥之亂，遂立功名。自兹厥後，屢當推轂。遼東之役，實喪師徒。斯乃大樹將顛，蓋亦非戰人之罪也。文振少以膽略見重，終懷壯夫之志，時進讜言，頻稱諒直。其取高位厚秩，良有以也。